Kohlhammer

Der Autor

Dr. Mathias Schwabe (Dipl.-Päd., systemischer Berater und Supervisor) lehrt und forscht als Professor für Methoden der Sozialen Arbeit an der Evangelischen Hochschule Berlin.

Mathias Schwabe

Die Jugendlichen und ihr Verhältnis zu Ordnungen, Regeln und Grenzen

Verlag W. Kohlhammer

Dieses Werk einschließlich aller seiner Teile ist urheberrechtlich geschützt. Jede Verwendung außerhalb der engen Grenzen des Urheberrechts ist ohne Zustimmung des Verlags unzulässig und strafbar. Das gilt insbesondere für Vervielfältigungen, Übersetzungen, Mikroverfilmungen und für die Einspeicherung und Verarbeitung in elektronischen Systemen.

Die Wiedergabe von Warenbezeichnungen, Handelsnamen und sonstigen Kennzeichen in diesem Buch berechtigt nicht zu der Annahme, dass diese von jedermann frei benutzt werden dürfen. Vielmehr kann es sich auch dann um eingetragene Warenzeichen oder sonstige geschützte Kennzeichen handeln, wenn sie nicht eigens als solche gekennzeichnet sind.

Es konnten nicht alle Rechtsinhaber von Abbildungen ermittelt werden. Sollte dem Verlag gegenüber der Nachweis der Rechtsinhaberschaft geführt werden, wird das branchenübliche Honorar nachträglich gezahlt.

Dieses Werk enthält Hinweise/Links zu externen Websites Dritter, auf deren Inhalt der Verlag keinen Einfluss hat und die der Haftung der jeweiligen Seitenanbieter oder -betreiber unterliegen. Zum Zeitpunkt der Verlinkung wurden die externen Websites auf mögliche Rechtsverstöße überprüft und dabei keine Rechtsverletzung festgestellt. Ohne konkrete Hinweise auf eine solche Rechtsverletzung ist eine permanente inhaltliche Kontrolle der verlinkten Seiten nicht zumutbar. Sollten jedoch Rechtsverletzungen bekannt werden, werden die betroffenen externen Links soweit möglich unverzüglich entfernt.

Gewidmet in Dankbarkeit meinen Eltern, Anneliese und Gottfried Schwabe (1928–2016), mit denen ich als Jugendlicher viel und heftig gestritten habe.

1. Auflage 2021

Alle Rechte vorbehalten
© W. Kohlhammer GmbH, Stuttgart
Gesamtherstellung: W. Kohlhammer GmbH, Stuttgart

Print:
ISBN 978-3-17-030563-2

E-Book-Formate:
pdf: ISBN 978-3-17-030564-9
epub: ISBN 978-3-17-030565-6
mobi: ISBN 978-3-17-036313-7

Inhaltsverzeichnis

1	**Entwicklungsgrundlagen und -herausforderungen**	**11**
1.1	Was Kinder an Regelbewusstsein und Selbststeuerungs-Kompetenzen ins Jugendalter mitbringen sollten	14
1.2	Jugendspezifische Moralentwicklung als Entwicklung selbstbestimmter Ziele	28
1.3	Kritik und Ergänzung	39
1.3.1	Autonomie trotz Heteronomie: Jugendliche als Tänzer*innen zwischen Ordnungssystemen und Hybrid-Moral(en)	41
1.3.2	Drei Muster der Ausbalancierung	48
2	**Regeln, Strukturen und Ordnungen in Jugendkulturen**	**53**
2.1	Regeln, Rituale und Grenzsetzungen in der Hip-Hop-Kultur	57
2.1.1	Eine komplexe Textstruktur und die ihr zugrunde liegenden Regeln	60
2.1.2	Regeln, Rituale und szenische Ordnungen	66
2.1.3	Ein Konflikt und was er über Jugendliche bzw. Jugendkulturen enthüllt	76
2.1.4	Battle als eine Form des (Theater-)Spielens von Adoleszenten bzw. jungen Erwachsenen	88
2.2	Regeln, Ritualsystem und Objektbeziehungen in der Skater-Kultur	93
2.3	Gemeinsamkeiten und Unterschiede der beiden jugendkulturellen Praxen	108

3 Konflikte von Jugendlichen im Zusammenhang mit Regeln und Grenzen — 112

3.1	Konstruktivistische Rahmung: Zwei Typologien von Spannungen	116
3.1.1	Konflikte, Stress, Kummer: Wie erleben Jugendliche Konflikte und wie gehen sie damit um?	122
3.1.2	Eine Konflikttypologie aus Sicht der Erwachsenen	125
3.1.3	Passungen und Spannungen zwischen den Konfliktlogiken von Jugendlichen und Erwachsenen.	128
3.2	Konflikte mit den Eltern und in der Familie	132
3.2.1	... erstaunlich wenig Ärger	133
3.2.2	Worüber streiten die Jugendlichen mit ihren Eltern?	134
3.2.3	Sich verstärkende Autonomie-Feedbackschleifen	138
3.2.4	... doch mehr Belastungen in der und durch die Adoleszenz der Kinder?	139
3.3	Regel-Konflikte in der Schule	142
3.3.1	Differenzierte Antworten auf Regelbefolgungsansprüche	147
3.3.2	Wie kooperativ oder subversiv stellen sich Schüler*innen selbst dar?	149
3.3.3	Legitimierung von Disziplinregeln durch Schüler*innen und Enttäuschung von Autonomieerwartungen	152
3.4	Grenzverletzungen gegenüber Peers und Partner*innen	154
3.4.1	Aggressionen und Konflikte in Liebesbeziehungen Jugendlicher	156
3.4.2	Mobbing an Schulen	160
3.5	Konflikte mit dem Gesetz	163

3.5.1	Ubiquitäre, bagatellhafte und episodische Verstöße	164
3.5.2	Vom Verstoß zum offenen Konflikt mit und ohne Konfliktbewusstsein	165
3.5.3	Umgang mit Schuld und Scham bei straffälligen Jugendlichen	168

4 Krisenhafte Entwicklungen und ihre Bewältigung bzw. Eskalation — 171

4.1	Celine: Die Entwicklung eines Zwangs und seine Auflösung	172
4.2	Alice: eine mörderische Phantasie	177
4.3	Matthias: von beiden Eltern verlassen	180
4.4	Frank: ein drogenabhängiger, krimineller Jungunternehmer lernt das Fürchten und steuert um	185
4.5	Ute und Tobias: Zwei Provinzpunks in der biographischen Sackgasse Großstadt	190

5 Selbstbildungsprozesse in Bezug auf Ordnungen, Grenzen und Regeln — 196

5.1	Gemeinsames Basteln an einer komplexen Ordnung für erotische Berührungen	197
5.2	Schritte zur Autonomie anlässlich von Festivalbesuchen	221
5.2.1	Sechs Szenen aus den Besuchen zweier Festivals	221
5.2.2	Initiationsreisen	232

| 6 | Zusammenfassung in 12 Thesen | 235 |

Literaturverzeichnis 241

Vorwort

Ich bin sehr froh, mit diesem Buch die Gelegenheit bekommen zu haben, mich auf eine doppelte Reise zu begeben: Auf eine Rundreise in Sachen Literatur zum Jugendalter, bei der ich mir neues, spannendes Wissen aneignen konnte, und auf mehrere Beobachtungsreisen in Sachen Jugendkulturen bzw. Verhalten konkreter Jugendlicher, die sich von mir befragen oder beobachten ließen. Das Besondere dabei war für mich nicht in erster Linie, als Pädagoge unterwegs zu sein, von dem man erwartet, dass er auf Erziehungsprobleme fokussiert und anzugeben weiß, wie diese, wenn schon nicht zu lösen, so doch wenigstens so zu behandeln sind, dass sie nicht weiter eskalieren. Das war und ist meine Rolle seit vielen Jahren als Sozialpädagoge in Wohngruppen, als Heimleiter, Fortbildner, Supervisor und als Experte in Sachen »schwierige« Jugendliche. In diesem Buch war ich und habe ich mich von dieser Aufgabe befreit. Ich habe den Blick eher auf normal belastete und mit vielen Ressourcen ausgestattete Jugendliche gerichtet, habe mir von ihnen ihre Welt erklären lassen und war überrascht, wie viel mir eingeleuchtet und mich fasziniert hat. Dafür danke ich allen Jugendlichen, die in diesem Buch eine Rolle spielen.

Danken möchte ich aber auch Rolf Göppel als Herausgeber dieser Reihe für das Vertrauen, das er in mich gesetzt hat, als er mir diesen Titel anvertraut hat, dem Kohlhammer-Verlag für den Langmut und das Verständnis für meine wiederholten Terminverschiebungen beim Anfangen und Fertigwerden des Buches, und meinem Freund Karlheinz Thimm, der mich erneut als Erstleser mit klugen Kommentaren unterstützt hat. Herrn Magister Paulus Fischer habe ich zunächst über seine herausragende Diplomarbeit über Skater bzw. das Skaten kennen gelernt. Er hat mich aber auch intensiv bei meinen weiteren Recherchearbeiten beraten und mir viele Quellen erschlossen, die ich alleine nicht gefunden hätte.

Danken möchte ich aber auch meinen Kolleg*innen von der Evangelischen Hochschule Berlin: Aristi Born für wichtige Hinweise auf entwicklungspsychologische Theoriezusammenhänge, Rebecca Streck für die Erinnerung an die Gender- und Konstruktivismus-Dimensionen beim Ausdeuten von Lebenswelt-Szenen und Sebastian Schröer als Experten für die Hip-Hop-Kultur für sachkundige Hinweise und die Ermutigung, mich als auch Fremder in die Szene zu mengen. Dr. Elisabeth Tornow hat nicht nur gewissenhaft lektoriert, sondern mir auch zahlreiche Fragen gestellt, die an mehreren Stellen zu einer Verbesserung des Buches geführt haben.

Nicht zuletzt danke ich meiner Frau Sylvia, die mich auch dieses Mal hat ziehen lassen, damit ich weit weg von Berlin und für Wochen ganz alleine meine Gedanken sammeln und niederschreiben konnte.

Berlin im September 2020

Mathias Schwabe

1

Entwicklungsgrundlagen und -herausforderungen

Beobachtet man Jugendliche beim Übergang von der Kindheit ins Erwachsenenalter, stellt sich die Frage, in welchen Bereichen sie Umbrüche erleben und mit Neuorientierungen beschäftigt sind und in welchen anderen sie bisher Entwickeltes weiter nutzen können oder lediglich ausbauen müssen. So ist z. B. der Bereich der Sexualität einer, bei dem mit dem Einsetzen der Pubertät eher Um- und Aufbrüche zu erwarten sind (vgl. Wendt 2019). In sexueller Hinsicht wird vieles erstmalig erlebt und ausprobiert und drängt darauf, alleine oder im Austausch mit anderen verarbeitet zu werden (▶ Kap. 4.1). Dagegen stellt die Orientierung des eigenen Verhaltens an Normen und Regeln und die Beachtung von

1 Entwicklungsgrundlagen und -herausforderungen

Grenzen Anderer einen Bereich dar, in dem im Verlauf der Kindheit bereits vieles grundgelegt wurde. Daran können junge Menschen und Pädagog*innen unmittelbar anknüpfen. Es kann sich im Übergang zur Adoleszenz allerdings auch zeigen, dass in der Kindheit diesbezüglich einiges versäumt wurde und nun, angesichts gestiegener Erwartungen an Selbstregulierung, fehlt, sodass es über kurz oder lang zu Konflikten mit Vertretern der Gesellschaft kommen muss, auch weil mit 14 Jahren die Strafmündigkeit einsetzt.

Aber das ist nur die eine Seite der Medaille. Denn bei aller Gewöhnung an den Anspruch, dass Regeln und Grenzen zu beachten sind, kann es geradezu als Beweis für den Eintritt ins Jugendalter gelten, wenn Jugendliche auf Verhaltensvorschriften zunehmend widerständig reagieren und den Anspruch erheben, selbst bestimmen zu wollen, wie sie ihr Leben und ihre Beziehungen gestalten. Konkret bedeutet das z. B. für das Ordnungssystem Familie: Jugendliche wollen selbst entscheiden, ob bzw. wie oft sie ihr Zimmer aufräumen oder weiter am gemeinsamen Abendessen teilnehmen, wann sie ihre Hausaufgaben erledigen oder Samstagnacht von der Disko nach Hause kommen etc. Auch wenn damit über Jahre eingespielte Regeln angezweifelt werden und ihre Beachtung brüchig wird, bedeutet das in den meisten Fällen nicht, dass die Jugendlichen das Beziehungsgefüge Familie oder die Werte ihrer Eltern grundsätzlich in Frage stellen (▶ Kap. 3.2). Die »alte« Ordnung der Familie wird umgebaut, flexibilisiert und an neue Bedürfnisse angepasst, aber nicht aufgelöst. Dabei zeigt sich aber, dass Jugendliche sehr genaue Vorstellungen davon haben, was ihre eigenen Domänen sind oder sein sollten, und wo sie glauben, sich gegen Einmischungs- und Kontrollversuche zur Wehr setzen zu müssen, auch wenn das zu Konflikten führt.

Aber damit ist nur die eine Seite einer umfassenderen Autonomieentwicklung skizziert, der Strang, in dem es um Ablösung, Orientierung an den eigenen Bedürfnissen und mehr Freiräume geht. Denn parallel dazu lassen sich viele Jugendliche in durchaus verbindlicher und disziplinierter Weise auf neue Aktivitäten ein, die wir (mit Deci & Ryan 1993) *Autonomieprojekte* nennen wollen.

Damit ist die Arbeit an und in einem Rahmen gemeint, in dem sich Jugendliche organisieren und in dem sie alleine oder gemeinsam etwas Eigenes, Neues gestalten: Musik Machen in einer Band; stundenlanges Üben auf dem Skateboard, um einen anspruchsvollen Sprung zu meistern; eine Umweltschutzinitiative auf die Beine stellen oder sich als Influencerin im Internet etablieren … oder … oder. Dies alles machen Jugendliche in erster Linie für sich selbst bzw. weil es ihnen unmittelbar Freude macht, entwickeln dabei aber beinahe zwangsläufig auch Kompetenzen und Wertehaltungen für ein zunehmend Eltern-unabhängiges, selbstständiges und zugleich auf Gemeinschaften bezogenes Leben. Die meisten Jugendlichen – so die These dieses Buches – begeben sich auf die Suche nach solchen für sie passenden Autonomieprojekten (vgl. hierzu den Begriff der *Generativität* bzw. des *Neuen* bei King 2004 oder des *Offenen* bei Kristeva 1987). Viele realisieren sie auch und sind dafür bereit, Verbindlichkeiten einzugehen und harte Arbeit auf sich zu nehmen.

Mit Blick auf die eingangs gestellte Frage können wir also formulieren: Bezogen auf das Verhältnis von Jugendlichen zu Regeln, Grenzen und Ordnungssystemen haben wir es mit beidem zu tun: mit Kontinuitäten *und* mit Auf- und Umbrüchen, die zu Neuorientierungen führen. Deswegen schildere ich in diesem Einführungskapitel zunächst, was Kinder in Bezug auf die Beachtung von Normen ins Jugendalter mitbringen (sollten) (▶ Kap. 1.1). Danach stelle ich den Ansatz von Deci & Ryan vor, der die Entwicklung von Autonomie und damit den Übergang von extrinsischen Formen der Beachtung von Regeln zu einer Identifikation mit diesen als zentrale Aufgabe des Jugendalters erachtet (▶ Kap. 1.2). Ich unterziehe ihn aber auch einer Kritik und schlage vor, Kontextorientierung und hybride Formen der Moral (Bhabha 2000) als ebenso wichtige Entwicklungsziele für das Jugendalter anzusetzen (▶ Kap. 1.3).

1 Entwicklungsgrundlagen und -herausforderungen

1.1 Was Kinder an Regelbewusstsein und Selbststeuerungs-Kompetenzen ins Jugendalter mitbringen sollten

Aufgrund ihres hohen Spezialisierungsgrades trennt die Entwicklungspsychologie häufig emotionale, kognitive bzw. sprachliche und soziale Entwicklung voneinander ab. Damit sich ein Kind in einem bestimmten Ordnungssystem an Regeln halten und Grenzen beachten kann, müssen aber alle diese Dimensionen in Austausch miteinander treten und auf komplexe Weise zusammenspielen. Nur wenig hängt dabei vom guten Willen des Kindes ab oder seiner Bereitschaft zu regelkonformem Verhalten.

Worin bestehen die Erwartungen an Regelbeachtung/Selbstkontrolle, die an Kinder zwischen 4 und 12 Jahren gerichtet werden? Kinder sollten

- körperliche Gewalt (schlagen, schubsen, treten, spucken etc.) gegen andere beenden können, wenn sie dazu aufgefordert werden, oder (bei Älteren ab 8 bis 10 Jahren) gar nicht erst damit anfangen;
- schwächere Kinder nicht ärgern und drangsalieren bzw. dies auf Aufforderung unterlassen, auch wenn Erwachsene nicht kontrollierend danebenstehen;
- die Intimzonen und intime Verrichtungen anderer Kinder (und Erwachsener) respektieren; z. B. nicht die Toilettentüre öffnen oder die Genitalien berühren, wenn das andere Kind nicht damit rechnet;
- Unmut und Ärger zunehmend äußern, ohne zu schreien oder zu schlagen;
- fremdes Eigentum respektieren; fragen, wenn man sich etwas von einem anderen nehmen will bzw. es auf Aufforderung wieder zurückgeben;

1.1 Was Kinder ins Jugendalter mitbringen sollten

- sich an festgelegten Orten aufhalten; sich nicht unerlaubt aus Elternhaus oder Schule entfernen; nicht ohne zu fragen, Räume betreten, die von anderen genutzt werden;
- Aktivitäten beenden, von dem Erwachsene meinen, dass sie gefährlich oder schädlich wären (z. B. zu viel essen, zu wild rennen);
- jemandem eine Hilfestellung anbieten bzw. geben, wenn sie darum gebeten werden, oder wenn sie selbst sehen, dass jemand in Not ist oder sehr traurig;
- etwas auf Aufforderung einer Autoritätsperson holen, beenden oder aufräumen, auch wenn man dafür eine andere Aktivität unterbrechen muss (spielen);
- eine Situation verlassen, in der sich ein Konflikt zugespitzt hat, alleine oder an der Hand eines zugewandten Erwachsenen;
- für eine gewisse Zeit zuhören, stillsitzen und selbst nicht sprechen (von 5 Minuten bis 4 Stunden Schule unterbrochen von Pausen) bzw. sich melden und warten bis man aufgefordert wird, sich zu äußern;
- aufmerken, wenn eine offiziell ernannte Autoritätsperson das Wort an es wendet, und dieser Auskunft geben;
- auf Aufforderung darüber nachdenken, was ein Anderer anderes von einem erwartet hätte, bzw. darüber nachdenken, inwieweit man mit dem eigenen Handeln die Handlungspläne anderer behindert oder verunmöglich hat;
- kollektiven Ordnungsanweisungen Folge leisten wie z. B. sich in einer Reihe aufstellen und an der Hand fassen. Gemeinsam losgehen oder stehenbleiben, wenn man dazu aufgefordert wird etc. Auf ein Klingelsignal achten und ihm Folge leisten wie z. B. ins Klassenzimmer zurückkehren.

Die aufgezählten Beispiele umfassen sicher nicht alle Erwartungen, die an Kinder im Alter von vier, fünf bis zwölf Jahren bezüglich Regelbeachtung herangetragen werden, summieren sich aber bereits zu einer eindrucksvollen Liste. In der Regel wird von Kindern nicht verlangt, dass sie alle Regeln jederzeit in ihrem Verhalten umsetzen können. Gleichwohl wird von ihnen erwartet, dass sie Hinweise auf Regelverstöße ernst nehmen und sich damit auseinandersetzen, d. h. ein generalisiertes *Regelbewusstsein* entwickeln (Textor 2005) und auf dessen Grundlage zu *Befriedigungsaufschub* und *Frustrationstoleranz* in der Lage sind (Mischel 2015; Peters 2007, 200; Rosenzweig 1938). Kinder, die in einem oder mehreren Ordnungssystemen häufig gegen Regeln verstoßen und kein Regelbewusstsein zeigen, fallen damit auf und werden sich mittelfristig weder im Kindergarten noch der Schule wohlfühlen, keine guten Lernerfahrungen machen und wohl auch keine Freunde gewinnen (vgl. dazu Opp/Otto 2016, 186 f.).

Gebote und Verbote werden von Kindern in der Regel nicht einzeln und isoliert wahrgenommen und angeeignet, sondern im Rahmen von Beziehungen mit Personen aus dem Nahraum und als miteinander verbundene Elemente von Ordnungssystemen. Weil man als Mitglied eines Systems betrachtet wird und auch selbst zu diesem gehören möchte, schenkt man den dort vertretenen Regeln Beachtung. Im jeweiligen System beziehen sich die Regeln jeweils aufeinander, ergänzen sich und stabilisieren sich wechselseitig. Dasselbe gilt zwischen den Ordnungssystemen wie Elterhaus, Schule und Öffentlichkeit: Auch wenn es in jedem System spezifische Regeln gibt und nur ein Teil von ihnen überall mit der gleichen Dringlichkeit eingefordert wird, nehmen Kinder doch wahr, ob die Erwachsenen in den verschiedenen Systemen in zentralen Werten übereinstimmen und ihnen Ähnliches oder das Gleiche abverlangen.

Viele Erwartungen werden zunächst im Ordnungssystem Familie thematisiert und eingeübt (Unmut, Ärger und Gier kontrollieren; Gewaltverbot beachten; Verhandlungen führen; Hilfe annehmen und anbieten) und aus dieser Keimzelle in andere Ordnungssysteme übertragen (Krappmann 1983). Einige der Anforderungen stehen überwiegend im institutionellen Ordnungssystem KiTa und/oder Schule im Fokus (Regeln, die mit Autoritäts- und Aufsichtspersonen zu tun haben, mit Raumregeln, Stillsitzen und Disziplin). Hier stellt sich die Frage, ob das, was zum Funktionieren der Institution beträgt, auch der Entwicklung der Kinder dient oder diese belastet und/oder behindert? Häufig wird sowohl das eine als auch das andere der Fall sein (▶ Kap. 3.3). Das in Institutionen gebildete Regelbewusstsein kann wiederum in informelle soziale Begegnungen wie einen Spielplatz oder einen Kindergeburtstag eingebracht werden (Eigentum respektieren, Hilfeleistungen erbringen, Empathie gegenüber Schwächeren). Davon profitieren vor allem die sozialen Beziehungen mit den Peers. Gemeinsam bilden diese Regeln ein gesellschaftliches Ordnungssystem, das einen bestimmten Zivilisationsstandard repräsentiert, der für alle Teilnehmer*innen ein gewisses Maß an Sicherheit und Berechenbarkeit garantiert (Elias 1939/1976, Reemtsma 2008).

Was sind die entwicklungspsychologischen Voraussetzungen dafür, dass ein Kind diesen Ansprüchen nachkommen kann, ohne damit zu sehr unter Druck zu geraten? Für die sechs wichtigsten halte ich diese (▶ Abb. 1):

1. eine basale Fähigkeit zur *Besorgnis* (D.W. Winnicott) und die Entstehung eines *moralischen Selbst* (M. Hoffmann)
2. Grundlagen von *Empathie* (H. Kohut) und *Mentalisierung* (P. Fonagy/M. Target)
3. Grundlagen der Selbstregulierung von Erregung (*arousal*) und Stimmungen sowie *Impulskontrolle* (P. Fonagy und M. Target; M. Dornes)
4. Erste und zweite Schritte bei der Fähigkeit zur Überwindung einer ausschließlich *egozentrischen Weltsicht* (J. Piaget)
5. Erste und zweite Schritte bei der Fähigkeit zur *Perspektivenübernahme* (H. Kohlberg und J. Selman)
6. die *Fähigkeit zum Spielen* als Raum der Transformation von triebhaften Impulsen und als Ort der Verständigung über Regeln (G. Bateson, D.W. Winnicott, J. Piaget, P. Fonagy).

Zu (1): Mit der *Fähigkeit zur Besorgnis* meint D.W. Winnicott einen Entwicklungsprozess, der in der frühen Kindheit noch vor dem ersten Lebensjahr stattfindet (Winnicott 1988, 134 f.). Wie Melanie

1 Entwicklungsgrundlagen und -herausforderungen

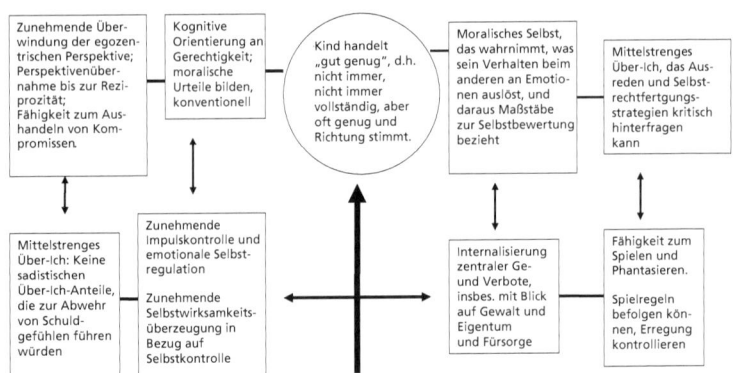

Abb. 1: Entwicklungspsychologische Voraussetzungen für das Befolgen-Können von Regeln und das Einhalten von Grenzen

Klein unterstellt auch er dem Säugling aggressive und sadistische Impulse, die sich gegen die Brust bzw. die Mutter richten (Klein 1972). Sie entwickeln sich, weil das Kind nach und nach erkennt, dass das, was es am meisten braucht und am heftigsten begehrt, zugleich etwas ist, was es nicht kontrollieren kann. Vorher hatte es die Mutter als verlängerten Teil des eigenen Selbst empfunden und behandelt. Nun dämmert ihm, dass sie ein eigenes Wesen darstellt, das ein Eigenleben führt. Nach Winnicott bewegt sich das Kind zunächst in einem *Stadium der Unbarmherzigkeit* (Winnicott 1988, 136). Es würde die Brust mit der geballten Ladung seiner Destruktivität angreifen, teils aus Hass aufgrund ihrer Nicht-Verfügbarkeit, teils weil eine gewollte Zerstörung immerhin noch eine Form von Kontrolle darstelle. Irgendwann in diesem Prozess würde der Säugling aber Ängste entwickeln, weil die Brust bzw. die Mutter, die es angreift, zugleich die ist, die er liebt, und er mit deren Vernichtung auch die Gemeinschaft mit ihr zerstören würde. Das ist mit dem Begriff *Besorgnis* (concern) gemeint. Es handelt sich um eine Form einer Rücksichtnahme, die sich auf ein Objekt

1.1 Was Kinder ins Jugendalter mitbringen sollten

bezieht, von dem sich das Kind abhängig sieht, mit dem es einerseits immer wieder verschmilzt und das es andererseits schon als Gegenüber erleben kann. Diesem gegenüber mäßigt es seine Aggressionen und zeigt Gesten des Bedauerns und/oder der Wiedergutmachung, wenn es die Mutter doch wieder einmal heftig angegriffen haben sollte. Aus der Fähigkeit zur Besorgnis entwickeln sich nach Winnicott nach und nach reifere Formen des Schuldgefühls und der Verantwortungsübernahme bzw. der Wiedergutmachungsbereitschaft, die durch kognitive Schemata und über Sprache verfestigt werden. Diese bauen jedoch auf einer präverbalen, leibnahen und unbewussten emotionalen Grundlage auf. Wenn diese fehlt, können die kognitiven Schemata moralischen Denkens und Handelns schnell brüchig werden und/oder bleiben die Selbst- oder Fremdeinredungen, mit denen Aggressionen kontrolliert werden sollen, wirkungslos, weil sie nicht tief genug ansetzen. Wer aber über eine Erlebnisschicht verfügt, in der er sich mit anderen bzw. mit dem Angewiesen-Sein und der Bedürftigkeit aller Lebewesen identifizieren kann und mit diesen eine Art Körpergemeinschaft bildet, der kann nicht quälen, foltern oder töten, weil ihn sonst sein eigener Leib schmerzen würde. Der würde, selbst wenn er wütend wird und hasst, nicht mehr unbarmherzig zerstören wollen, sondern seine aggressiven Handlungen mäßigen können oder anschließend bedauern und reparieren wollen. Mit der Fähigkeit zur Besorgnis wäre somit ein leibseelisches Bollwerk gegen ungebremste Gewalt und Sadismus errichtet. Dabei müssen wir davon ausgehen, dass dies nicht in jeder Frühentwicklung gelingt und dass wir auf Kinder, Jugendliche und Erwachsene stoßen können, denen die *Fähigkeit zur Besorgnis* abgeht.

Sicher spielen für die Bezähmung der Aggression auch andere emotionale Grundlagen eine Rolle, die sich weit unspektakulärer ausnehmen. Nach Hoffman (1984, 1991, 2000) vollzieht sich die Entwicklung der moralischen Gefühle in zwei Etappen: In der ersten vollziehen Kinder nach, dass Handlungen negative Auswirkungen auf andere haben und diese traurig sind oder enttäuscht oder Schmerzen haben, weil man sie geschlagen oder ihnen ein Spielzeug abgenommen hat. Die Kinder entwickeln also zunächst eine nachträglich einsetzende empathische Kompetenz, zumindest, wenn sie danach gefragt werden. In der zweiten Phase entdecken Kinder, dass ihr Verhalten moralische Beurteilungen anderer nach sich zieht, und erleben, dass diese Fremdurteile Folgen für ihre Selbstbewertung haben. Sie können sich nicht länger gut fühlen, wenn andere davon überzeugt sind, dass sie etwas Unrechtes getan haben. Auch wenn diese Gefühle im Eifer des Gefechts von anderen, stärkeren Gefühlen dominiert werden können, so formieren sie doch immer stärker eine eigene emotionale Wirklichkeit, die zur Ausprägung eines moralischen Selbst führt. In diesem verbinden sich das Vermögen zur sozialen Empathie (Segal 2011) mit dem zur Wahrnehmung von Fremdbeurteilung und ihre Anwendung auf die Bewertung des eigenen Verhaltens. Dieser Trias gelingt es, das eigene Handeln immer stärker zu kontrollieren; sei es prospektiv bezogen auf die Handlungsplanung oder die Antizipation von Handlungsfolgen, sei es retrospektiv hinsichtlich der Reflexion bereits vollzogener Handlungen (Nunne-Winkler & Sodan 1988). Bei dem Konzept des *Moralischen Selbst* handelt es sich demnach um eine wichtige alternative Theorie zur Entstehung des Gewissens.

Zu (2) und (3): Alle Kinder werden immer wieder von heftigen Erregungszuständen (arousal) ergriffen und erfahren über die Reaktionen ihrer Bezugspersonen, wie diese abklingen und Entspannung zustande kommen kann. Konkret vollzieht sich das mit Hilfe beruhigender Worte, rhythmischer Bewegungen wie Schaukeln, Streicheln oder Pressen von Körperteilen oder mit dem Aufsuchen anderer, ablenkender Aktivitäten oder Orte (Dornes 2000, 45). Das Kind erlebt auf diese Weise leibhaft, welche Formen der Fremdberuhigung ihm guttun, fordert deren Wiederholung ein, wenn es ihrer bedarf, und kann diese irgendwann auch selbst auf sich anwenden. Das entwickelt sich in kleinen und kleinsten Schritten und einem stetigen Pendeln zwischen Selbstberuhigungsversuchen und der Suche nach Beruhigung durch vertraute Andere. Dafür ist das Kind auf eine halbwegs sichere Bindung zu seinen primären Bezugspersonen angewiesen (Großmann u. a. 1989). Das Gleiche gilt auch für die Regulation anderer Stimmungen wie Traurigkeit, Wut oder ungestüme Lebensfreude. Auch hier sind es zunächst Erwachsene, die solche Gefühle von Kindern wahrnehmen, als berechtigt anerkennen, sie benennen und adäquat darauf antworten, d. h. sich bei Freude mit dem Kind freuen und bei Ärger, Kummer und Schmerz diesen zunächst teilen, noch bevor sie trösten. Es ist klar, dass Kinder anderen nur dann empathisch begegnen können, wenn sie selbst ausreichend Empathie erfahren haben (Körner 1992, Kohut 1979 und 1989; Segal 2011, Stern 1992, 34 f.). Durch die Bildung von Sprachmustern für Emotionen und ihre Benennung entsteht ein erster Abstand zu ihnen, der irgendwann in die Fähigkeit der Mentalisierung mündet (Fonagy, Gergely & Target 2002, Dornes 2000, 58). Damit ist ein Zustand gemeint, in dem ich noch in meinem Gefühl bin, aber zugleich schon darüber sprechen kann und dadurch weiter Abstand dazu gewinne. Das Gefühl überschwemmt mich nicht mehr, aber ist noch präsent. Gerade diese mittlere Distanz scheint die beste, um über das, was passiert ist, so zu sprechen, dass man belastendes Geschehen aufklären und etwas daraus lernen kann (Fonagy, Gergely & Target 2002, 163 ff.; Redl & Wineman 1972, siehe hier insbesondere die Methode des »Life Space Interview«).

Empathie auf Seiten der Eltern bedeutet nicht, dass man vor lauter Mitgefühl die eigenen Ansprüche aufgibt oder Regeln außer Kraft setzt, sondern dem Kind spiegelt, dass und warum es ihm schwer fällt, sich z. B. aus einem Spiel zu lösen und zum Essen zu kommen. Dadurch lernt das Kind einerseits, dass seine Gefühle geachtet werden, dass man sich aber auch daraus lösen kann und muss. Nicht immer, nicht immer sofort, aber immer wieder.

Auch Impulskontrolle stellt das Hineinnehmen einer Bewegung ins eigene Selbst dar, die zunächst von außen kommt. Eltern halten ihr Kind fest, wenn dieses mit seinem Handeln in Gefahr zu kommen droht. Den Schaden, den sie dadurch verhindern, kann das Kind noch nicht überblicken. Dennoch etablieren sich die Eltern dadurch zu mächtigen Wesen, mit deren Aktionen man rechnen sollte. Schon Kinder mit einem Jahr schauen deswegen häufig zu ihren Eltern, wenn sie etwas tun wollen, was verboten ist, oder von dem sie nicht wissen, ob sie es dürfen. Sie haben gelernt, mit der Aufmerksamkeit ihrer Eltern zu rechnen, und wollen zugleich verhindern, dass diese plötzlich und ohne dass das Kind damit rechnet, in sein Handeln eingreifen. Das scheint das Kind zunächst zu erschrecken und später auch zu kränken. Die zweite Bewegung, die von außen kommt, ist das Verzögern einer Aktion des Kindes: Es darf die Handlung ausführen, nur muss man noch rasch z. B. etwas Verletzungsträchtiges aus dem Weg räumen, damit es ungefährdet krabbeln oder laufen kann. Hier werden *Bedürfnisaufschubmuster* trainiert, bei denen das Kind umso williger mitmachen wird, je häufiger es erkennt, dass sich Abwarten und Kooperation lohnen, weil es gerade damit zu seinem Recht kommt. Die dritte Form liegt in der Verbindung mit Sprache. Die Eltern rufen »Stopp« und unterbrechen eine unerwünschte Aktion, kommentieren sie mit »Nein«, geben dem Kind aber anschließend die Möglichkeit, damit fortzufahren oder ihr Nein zu beachten. Kann das Kind sich selbst kontrollieren, ist es gut, falls nicht, folgt ein erneutes Nein oder eine Form der Abwendung, die dem Kind signalisiert, dass es sich besser selbst kontrolliert hätte – was es das nächste Mal vielleicht tut oder auch nicht. Viele der hier geschilderten Eingriffe werden von den Kindern zunächst als unerwünschte Störungen erlebt. Älteren Kindern gegenüber sollten sie zunehmend so begründet werden, dass sie diesen einleuchten. Zunächst reicht aber, dass die Eltern davon überzeugt sind, dass die Unterbrechung richtig ist, und sie diese auch ohne Zustimmung des Kindes durchsetzen. Nur damit entwickelt sich das innere Bild eines klaren Nein und einer verhindernden Instanz, die ins Kind einwandern und aus deren Position es zu sich selbst »nein« sagen kann.

Zu (4) und (5): Schritte bei der Überwindung des egozentrischen Weltbildes (Piaget), Entwicklungen von Ordnungen der Moral (Kohlberg) und die Fähigkeit zur Perspektivenübernahme (Kohlberg und Selman). Ein Schema soll der ersten Orientierung dienen, es wird auf der folgenden Seite erläutert.

1.1 Was Kinder ins Jugendalter mitbringen sollten

Die *Stufe 1* des so genannten präkonventionellen moralischen Urteils wird wie bei Piaget als egozentrisch gekennzeichnet, da die Interessen anderer mit den eigenen gleichsetzt werden oder das Kind die Unterschiede von eigenen und fremden Handlungsplänen zwar erkennt, aber den eigenen Priorität gibt. Moralische Urteile gelten als selbstevident und sind in der Setzung von Autoritäten begründet.

Autorität und moralischer Wert werden kategorial und *physikalistisch* bestimmt (zum Beispiel ist der Vater deshalb der »Boss«, weil er stärker ist). Negative Konsequenzen im Falle einer Regelverletzung werden nicht nur als unvermeidliche Folge einer Verletzung von Regeln und Geboten betrachtet, sondern die Tatsache der Bestrafung durch Autoritäten weist diese Handlung als moralisch falsch aus.

Moralische Stufe	Orientierung	Perspektive
Präkonventionelle Moral	*Stufe 1:* Orientierung an Gehorsam und Strafe	Egozentrisch/meine Perspektive ist zentral; eine andere tritt noch gar nicht ins Bewusstsein
	Stufe 2: Instrumenteller Austausch	Perspektivenkoordination/ Anspruch auf gegenseitige Perspektivenübernahme
Konventionelle Moral	*Stufe 3:* Moral der guten Beziehung	Perspektive der Beziehung: Was ist gut für uns/ Beobachterperspektive: Wie würde ein Dritter das sehen?
	Stufe 4: Mitglied einer Gesellschaft	Perspektive des relevanten sozialen Systems (die Clique, die Klasse etc.)
Postkonventionelle Moral	Moral *Stufe 5 und 6:* universelle Moral	Perspektive aller rationalen Subjekte

1 Entwicklungsgrundlagen und -herausforderungen

Die *Stufe 2* des präkonventionellen moralischen Urteils beruht auf der Fähigkeit zur Koordination konkreter individueller Perspektiven (zwischen 4 und 8 Jahren). Dazu muss der Egozentrismus bereits ein Stück weit aufgebrochen worden sein. Der moralische Realismus der Stufe 1 wird durch einen moralischen Relativismus abgelöst. Was moralisch richtig ist, wird aus der Situation sowie der Perspektive des jeweiligen Handelnden bestimmt. Interessen anderer, die den eigenen entgegenstehen, können wahrgenommen werden. Man versucht Regelungen für solche Konflikte zu entwickeln und bietet z. B. Kompensationen an. Die Person verfolgt pragmatisch-instrumentelle Motive: die möglichst maximale Befriedigung eigener Interessen und/oder die Vermeidung negativer Folgen für einen selbst. Es gilt die einfache Handlungsregel des *tit for tat*: »Wie du mir, so ich dir.«

Auf *Stufe 3* des so genannten konventionellen moralischen Urteils werden die individuellen Perspektiven in eine Beobachterperspektive der dritten Person integriert (ca. 7–12 Jahre). Dies ermöglicht zugleich eine Perspektive der Beziehung, in der die individuellen Interessen den gemeinsamen Interessen der Gruppe untergeordnet werden. Der Egozentrismus ist überwunden, auch wenn er in bestimmten Momenten immer wieder die Oberhand gewinnt. Die sozialen Beziehungen beruhen auf der gegenseitigen Anerkennung von Normen der Reziprozität. Das drückt sich in der Regel aus: »Was du nicht willst, das man dir tu, das füg auch keinem andern zu.« Als emotionale Grundlagen für diese Verabredung auf Gegenseitigkeit fungieren Vertrauen und Dankbarkeit bzw. die Anerkennung der Leistung des Anderen als Leistung für mich. In einem Gruppenzusammenhang entwickelt sich Loyalität und wird als Verpflichtung erlebt. Die Geltung dieser Normen resultiert aus einer Perspektive, die sowohl die eigenen wie auch die Interessen der Anderen im Blick hat (zu Kohlberg: Kapitel 17 bei Göppel 2019).

Zu (6): Spielen-Können stellt in zweierlei Hinsicht eine nicht zu unterschätzende und wahrscheinlich nicht ersetzbare Voraussetzung für moralisches Verhalten dar. Zum einen lassen sich ins

Spiel gefahrlos aggressive, sadistische oder verführerische Impulse einbringen, weil sie nicht tatsächlich ausgeführt, sondern nur angedeutet werden (Bittner 1983; Schwabe 2019, 210 ff.). Im Spiel jemanden totzuschießen oder ihm einen Kinnhaken zu verpassen oder – wie bei Mädchen beobachtet – einem untreuen Ehemann Nägel und Scherben ins Bett zu legen oder das eigene Kind in den Keller zu sperren, schadet niemandem, der sich auf das Spiel als einem der Wirklichkeit enthobenen Rahmen eingelassen hat. Winnicott hat für die Welt des Spiels den Ausdruck *intermediär* geprägt und meint damit einen eigenen Bereich zwischen Realität und Traum (Winnicott 1987, 49 ff.). Die dort eingebrachten Impulse fühlen sich echt an und werden doch fiktionalisiert, indem sie mit Gesten angedeutet (das Hineinstreuen der Glasscherben) oder kontrolliert ausgeführt werden (z. B. der Schlag stoppt weit vor dem Körper des mitspielenden Kindes). So werden für diese Impulse, die im Alltag nicht mehr toleriert werden, Orte gefunden, wo sie einerseits ausgedrückt werden dürfen und andererseits beherrscht werden. Dass sie zuverlässig einen Platz im Spiel haben, hilft dem Kind dabei, in der Realität auf sie zu verzichten und sich dort strengeren Maßstäben zu unterwerfen.

Freilich kann die mit diesen Impulsen verbundene Erregung ins Spiel einbrechen (die Kontrolle gelingt nicht) und es verderben, weil es damit entgleist. Das passiert immer wieder, wobei Kinder lernen, damit umzugehen, und sich diesbezüglich genau beobachten und kontrollieren. Insofern handelt es sich beim Spielen um einen Selbstbildungsprozess par excellence, der die Kinder weiterbringt, meist ohne dass Erwachsene eingreifen müssten. Freilich wird das Mitspielen von Erwachsenen diese Prozesse mit befördern.

Genauso wichtig für die moralische Entwicklung wie das Phantasiespiel ist das Regelspiel wie Mensch-Ärgere-Dich-Nicht, Mau-Mau oder auch Fangen und Fußballspielen. Alle diese Spiele operieren mit vorgegebenen Regeln, denen sich das Kind unterwerfen muss, wenn es »richtig« spielen will (Krappmann 1983). Schon bei sechsjährigen Kindern kontrollieren beide Spieler die Einhaltung der Regeln und geben sich darüber Rückmeldungen: »Schummeln gilt nicht!«. In den Rahmen von Spielen mit Wettkampfcharakter kann man (Größen-)Phantasien vom Besiegen eines Gegners einbringen, muss aber damit zurechtkommen, dass das Gegenüber ähnliche Phantasien hegt. Das Spiel eröffnet einen Raum und organisiert einen geordneten Prozess, in dem Sieg und Niederlagen erlebt und zugleich begrenzt bleiben (G. Bateson, ebd. 246 ff.). Dazu müssen die Gewinnchancen und damit die für das Spiel erforderlichen Fähigkeiten halbwegs gleich verteilt sein (wenn die Chancen zu unterschiedlich verteilt sind, macht das Spiel keinen Spaß). Im besten Fall erlebt man, dass es eine nächste Runde gibt und sich Sieg und Niederlage abwechseln. Auch hier kann die mit dem Spiel verbundene Erregung ins Spiel einbrechen, sodass man versucht, die Regeln zu verändern oder zu unterlaufen, wenn man zu verlieren droht. Nirgendwo wird so oft diskutiert und gestritten wie bei Regelspielen, da diese den Rahmen, aber nicht alle Eventualitäten festlegen (Krappmann, ebd. 116 f.). Manchmal entstehen daraus neue Abmachungen, die sich noch echter anfühlen, weil man selbst bei ihrer Aushandlung mitgewirkt hat. Manchmal eskaliert der Streit aber auch und läuft ein Spielpartner anschließend wütend weg und erklärt den Sieg des Anderen für ungerecht. Dennoch machen die meisten Kinder immer wieder neue Anläufe mit Spielen nach Regeln, so als hätten sie verstanden, dass sie weder um diese Form noch um das Aushalten der damit verbundenen Frustrationen herumkommen, sondern daran wachsen.

So weit ein Überblick über das, was Kinder ins Jugendalter mitbringen sollten, um den Erwartungen von Schule und Freunden an regelkonformes Verhalten und die Einhaltung von Grenzen halbwegs gerecht werden zu können. Diese Ansprüche lassen sich nicht mit Hilfe von ein, zwei oder drei Kompetenzen erfüllen, schon gar nicht mit isolierten Fähigkeiten wie dem moralischen Räsonieren oder einem prompten Gehorsam. Das Entscheidende ist, dass von außen gesetzte Regeln zu inneren Strukturen und Grenzen werden.

1.1 Was Kinder ins Jugendalter mitbringen sollten

Dazu bedarf es eines ganzen Netzwerks interagierender Fähigkeiten auf unterschiedlichen Ebenen (emotional, kognitiv, sozial) und in unterschiedlichen Modi der Existenz (Erleben, Reflektieren, Handeln). Anders als aus einem Netzwerk – oder aus einem individuellen Dickicht –, aus persönlichen Befähigungen ist das, was Kinder und Jugendliche brauchen, um sich sozial verträglich zu bewegen und Konflikte auf faire Weise auszutragen, nicht zu bekommen.

Es ist klar, dass es diesbezüglich eine erhebliche Varianz zwischen Kindern und Jugendlichen einer Klasse oder einer Konfirmandengruppe etc. geben wird. Kinder sind in diesem Alter hinsichtlich ihrer kognitiven und emotionalen Kompetenzen unterschiedlich weit entwickelt. Es ist gut möglich, dass manche sprachlich genau anzugeben wissen, was von ihnen erwartet wird, und das auch selbst richtig finden. Aber sie sind noch nicht in der Lage, ihr Verhalten entsprechend zu steuern. Andere verhalten sich zwar diszipliniert, lassen es aber an Interesse an Anderen und an Empathie fehlen und können sich nicht gut mit anderen abstimmen. Wieder andere haben keine Probleme damit, sich in offizielle Ordnungen einzufügen, verhalten sich aber unsozial, wenn sie sich unbeobachtet wähnen.

Neben individuellen Variationen, die mit angeborenem Temperament und unterschiedlichem Entwicklungstempo zu tun haben, muss man damit rechnen, dass die skizzierten Voraussetzungen nicht überall gleichermaßen gefördert bzw. erreicht wurden und sich einzelne Kompetenzen häufig nicht so verbunden haben, wie es nötig wäre, um sich gegenseitig unterstützen zu können. Ähnlich wie bei der sprachlichen Entwicklung und dem Zugang zu Bildung sind die familiären Bedingungen dafür nicht immer günstig. Die Lernprozesse, die in KiTa und Schule stattfinden, können hier einiges kompensieren, aber nur eingeschränkt Grundlagen dafür schaffen. »Wissenschaftliche Studien zeigen übereinstimmend eine Prävalenz psychischer Störungen bei Kindern in Deutschland zwischen 15 und 20 % in Verbindung mit einer deutlichen Risikoverschärfung von Kindern und Jugendlichen aus niedrigen Statusgruppen« (Opp & Otto, 2016, 186). Nach einer Untersuchung von Groos & Jehles weisen dort etwa 30 % der Kinder mit zehn Jahren deutliche Entwicklungsverzögerungen auf (Groos & Jehles 2015; Alt & Beier 2012), die, wenn sie erkannt werden und förderlich mit ihnen umgegangen wird, durchaus noch aufgeholt werden können (Dornes 2012, 400). Für emotionale Grundlagen, insbesondere die Frage von Bindungsformen, können sich aber Entwicklungsfenster bereits geschlossen haben (Großmann u. a. 1989). Solche Entwicklungen können, wenn überhaupt, nur noch unter therapeutischen Bedingungen nachgeholt werden. Dabei können sie in sozialpädagogisch ausgerichteten Erziehungshilfen oft besser hergestellt und genutzt werden als in klassischen Therapieformen, weil sich Jugendliche oft schlicht weigern, dort hinzugehen, oder nicht über die inneren Strukturen verfügen, regelmäßige Termine pünktlich wahrzunehmen (Baer 2019, Schmid 2004).

1.2 Jugendspezifische Moralentwicklung als Entwicklung selbstbestimmter Ziele

Jugendliche bauen auf vielem auf, was sie in der Kindheit gelernt haben, um damit neue und alte Aufgaben zu bewältigen (vgl. Zimmermann 1999; Göppel 2019, 164, von Salisch/Seiffge-Krenke 2008). Insbesondere Empathie und Perspektivenübernahme, aber auch das Spielen werden zuverlässige Stützen für die Bewältigung der Anforderungen in der nächsten Lebensetappe. wenn auch in erweiterten bzw. neuen Formen (▶ Kap. 2 und ▶ Kap. 5). Aber das moralische Selbst kann, will und muss sich weiterentwickeln. Die wichtigsten jugendspezifischen Aufgaben bestehen in einer Autonomisierung der Moral, die sich von externen Autoritäten ablösen können muss, und der kontextspezifischen Ausbalancierung von Normenbeachtung und Eigensinn. Wie wir sehen werden, geht es in diesem Lernprozess nicht nur darum, »hinreichend gut«, sondern immer wieder auch »hinreichend schlecht« oder besser »hinreichend unangepasst« handeln zu können (Bittner 2016, 31). Denn an unterschiedlichen Orten wird von den Jugendlichen Unterschiedliches erwartet und erwarten sie auch von sich selbst die Beachtung je anderer Werte und Regeln wie auch je andere Formen dieser Ausbalancierung. Es kommt demnach darauf an, sich flexibel verhalten zu können, was Nicht-Angepasstheit impliziert, ohne dabei gegen zentrale Werte zu verstoßen oder die eigene, sich formierende Identität ins vollends Diffuse entgleiten zu lassen.

Was meint *Autonomisierung der Moral*? Für Kinder stellt es häufig kein Problem dar, sich einem fremden Regime wie dem der Schule unterzuordnen und dort gleichsam mitzuschwimmen, vor allem, wenn sie erleben, dass dies von allen gefordert wird. Sie spüren häufig sogar einen gewissen Stolz darüber, dass sie diesen Disziplinanforderungen außerhalb des Elternhauses gewachsen sind, und wenden dafür mitunter ein Ausmaß an Impulskontrolle auf, zu dem sie zu Hause manchmal nicht (mehr) bereit sind. Zugleich betrachten sie andere, denen das nicht gelingt, mit Missbilligung oder gar Verachtung.

Für Jugendliche wird eine solche fraglose Anpassung in dem Maße schwieriger, in dem sich ihr Selbstbild verändert (King 2004, 55; Müller, B. 2010, 397 f.). Die Unterwerfung unter fremdbestimmte Regeln kollidiert mit ihren Autonomieansprüchen. Entweder gelingt ihnen, was von ihnen gefordert wird, als sinnvoll anzuerkennen und sich zu eigen zu machen, weshalb sie solche Regeln auch einhalten oder es zumindest von sich selbst erwarten. Oder aber sie erleben diese als fremdbestimmt, zweifeln deren Sinn an und unterstellen, dass man sie damit unnötig gängeln möchte, weshalb Widerstand und/oder Ignorieren zur Wahrung der eigenen Autonomieansprüche geboten erscheinen.

Serkan, ein gerade 14 Jahre alt gewordener türkischstämmiger deutscher Junge, bringt das so auf den Punkt:

> »Ey, Mann ich bin jetzt doch schon groß. Nachmittags helfe ich meinem Onkel im Laden und geb' Wechselgeld (aus der Kasse) und so was alles bis abends um zehn. Ohne Pause, oder nur mal kurz so 5 Minuten, wenn's gra-

de geht. Mit so ne Kunden, manchmal ..., die sind nicht gerad nett (verdreht die Augen). Aber mein Onkel sagt: der Kunde hat immer Recht. Also kneif Arsch zusammen und lächel! (grinst breit). Glaub mir Alter, das is kein Sahneessen, das is Maloche, richtig hart. Aber hier (gemeint ist die Schule) werd ich immer noch behandelt wie Kindergarten! Von wegen keine Kappen im Unterricht, nimm die ab, und Handyverbot und keine Musik hören in der Pause und diese Musik geht nicht und die Texte von dem Heino sind verboten und von jenem und keine Filme anschauen, und schon gar keine Pornos und noch tausend so Sachen. Mann, wo sind wir da? Und dann die ganze Zeit stillsitzen und das Gelaber anhören. Und dann noch ja, Frau S. und ja Herr B. danke für die Fünf in Mathe ... bin ich selbst schuld, dass ich das nicht kapiere und lauter so Faxen ...«

Wie man hört, gibt es auch im Laden seines Onkels viele, explizite und implizite Regeln, an die er sich halten muss, wenn er dort arbeiten will (nicht erwähnt hat er in diesem Interviewabschnitt das strikte Rauchverbot, was für ihn, der regelmäßig heimlich raucht, eine große Herausforderung darstellt). Aber er hält sich an sie. Der Unterschied ist, dass er sich im Laden und mit den Kunden in der Welt der Erwachsenen bewegt und von diesen als Großer ernst genommen wird, während für ihn in der Schule immer noch die gleichen Regeln gelten wie seit seiner Kindheit. Zudem hat er das eine Betätigungsfeld selbst gewählt und verdient dort eigenes Geld und ist deswegen auch bereit dazu, Neues zu lernen und gewisse Härten in Kauf zu nehmen. Bei Schule handelt es sich aber für ihn um eine seit Jahren auferlegte Pflichtveranstaltung, bei der er sich von den Erwachsenen als Kind behandelt sieht und mehr Misserfolgs- als Erfolgserlebnisse bilanziert und damit – ganz anders als im Laden des Onkels – wenig Gelegenheit für *Selbstwirksamkeitserfahrungen* und den Aufbau einer positiven Identität erhält.

Sicher könnten Vertreter*innen der Schule häufig ausführlicher begründen, welche vernünftigen Gründe hinter den unverhandelbaren Regeln stehen, und könnten andere Regeln zur Aushandlung freigeben, sodass diese auf Klassenebene als selbst- oder mitbestimmt erlebt werden könnten. Das würde nicht schaden, aber ob es dabei hilft, dass sich die Jugendlichen vermehrt an die Regeln halten, bleib fraglich. Offensichtlich hält sich Serkan an die Regeln im Laden seines Onkels, weil er dort sein will, nicht weil sie ihm gut begründet erscheinen und er ihre Geltung einsehen könnte. Die Bedeutung von Einsicht für die Einhaltung von Regeln scheint ein häufiges rationales Missverständnis vieler Erwachsener im Umgang mit Jugendlichen darzustellen. Es motiviert sie zu langen Erklärungen, die viele Jugendliche gar nicht interessieren. Jugendliche können sich an die (in Erwachsensicht) absurdesten und pingeligsten Regeln halten, wenn sie sich mit dem Rahmen identifizieren können wie z. B. mit einer bestimmten Jugendkultur oder der Zugehörigkeit zu einer bestimmten Clique (▶ Kap. 2). Beachtung oder Missachtung von Regeln hängt in erster Linie von der performativen Attraktivität des Rahmens ab, konkret davon, ob das Handeln in diesem Rahmen Freude macht und/oder neue interessante Erfahrungen bietet oder glaubhafte Zukunftsperspektiven eröffnet. Nur wenn Aushandlungsprozesse dazu beitragen, werden sie auch einen Beitrag zu regelkonformen Verhalten darstellen.

Bei der Frage, ob Regeln eingehalten und Grenzen beachtet werden, stellt sich für Jugendliche demnach zunächst die Frage, aus welcher Motivation heraus das geschehen kann und soll, oft noch vor der Frage nach den konkreten Inhalten der Erwartungen. Dafür ist die von Deci & Ryan ausdifferenzierte Unterscheidung von *extrinsischer und intrinsischer Motivation* zentral (Deci & Ryan 1993 und 2017). Bei einer intrinsischen Motivation gibt es »keinen vom Handlungsgeschehen separierbaren Kontrollimpuls« (222). Aus einer intrinsischen Motivation entsteht freudvolle Aktivität, die mit Neugier, Explorationslust, Spontaneität und Interesse einhergeht (ebd.). Misserfolge werden als Herausforderungen betrachtet, die man überwinden kann und will. Liegt eine intrinsische Motivation vor, braucht es keine Aufforderung zum Handeln und müssen auch keine Ordnungsregeln dafür formuliert werden. Noch bevor der Lehrer die Klasse betritt, hat das Kind z. B. sein Buch aufgeschlagen und liest den Text, weil ihn der Inhalt interessiert. Intrinsische Motivationen können aber auch zu Problemen führen, z. B. weil das Kind ganze Nächte durchliest oder – wahrscheinlicher – sich auch nach vielen Stunden nicht von seinem Computerspiel lösen kann.

Extrinsische Motivationen werden dagegen durch eine Aufforderung in Gang gesetzt, die von außen gestellt und deswegen als fremdbestimmt erlebt wird, aber dennoch mehr oder weniger internalisiert werden kann. Mit Blick auf diese Möglichkeit unterscheiden Deci & Ryan vier Stufen extrinsischer Motivation:

A) *Externale Regulation:* Man befolgt die Regel, weil damit Belohnungen oder Bestrafungen verbunden sind. Das eine ist erwünscht, das andere gefürchtet oder geht sogar mit Angst einher: Angst vor den unangenehmen Folgen einer Anzeige, wenn man im Supermarkt gestohlen hat, oder der Meldungen über schulisches Fehlverhalten an die Eltern, aber auch Angst vor einer öffentlichen Beschämung (wenn man z. B. beim Schwarzfahren erwischt wird und meint, von allen Passagieren missbilligend angestarrt zu werden). Wer sein Verhalten über externale Regulation steuert, wird seine Umwelt beobachten. Wenn diese aufhört zu belohnen oder zu bestrafen, wird man auch die eigene Handlungsregulierung zurücknehmen. Sie bleibt sozusagen auf Nachschub angewiesen. Das bedeutet aber auch, dass die externen Regulatoren, um zuverlässig lohnen und strafen zu können, leibhaft oder vermittelt z. B. über eine Beobachtungskamera präsent sein müssen. Als extern Regulierter versucht man, das, was man abweichend von den Regeln machen will, in den Momenten der Abwesenheit der Kontrollierenden oder in toten Winkeln zu praktizieren. Man verändert sein Verhalten nicht, sondern passt es nur so lange an, wie man sich davon Vorteile bzw. die Vermeidung von Unlust verspricht.

Man mag *externale Regulation* als eine niedrige Stufe der Moralentwicklung einschätzen. Sie ist auch weit davon entfernt, als autonom gelten zu können. Und doch stellt sie eine Stufe dar, die manche Jugendliche nicht zuverlässig bedienen können – oder wollen. Ihre egozentrische Weltsicht und ihre Unfähigkeit zum Bedürfnisaufschub sind so groß, dass sie trotz möglicher Sanktionen bestimmte Regelverstöße begehen. Die Unlust einer späteren negativen Konsequenz kann entweder nicht vorausgesehen werden oder verblasst angesichts des momentanen Lusterlebens und bleibt deswegen für die Steuerung des eigenen Verhaltens irrelevant.

Andere Jugendliche – wenn auch nur wenige – fühlen sich von beinahe jedem Versuch der externen Regulierung herausgefordert und lassen es auf einen Machtkampf mit dem Regelvertreter ankommen. Die Ansprache lautet dabei oft. »Was wollen Sie von mir? Sie haben mir gar nichts zu sagen!« Hierbei kann es sich um ein Omnipotenzgebaren handeln, mit dem der Jugendliche schon seit Langem, auch schon als Kind, aufgetreten ist mit der Folge, dass sich die meisten Erwachsenen zurückgezogen und Regelübertretungen geduldet haben, um eine Konflikteskalation zu vermeiden. Es kann sich aber auch um eine Kompensationshaltung handeln, denn manchmal werden (oder wurden) solche Jugendliche in anderen Kontexten brutal gezwungen, sich zu unterwerfen (Familie, Peers), und versuchen, diese Kränkung durch auftrumpfendes Verhalten an anderen Orten, an denen sie mit weniger drastischen Maßnahmen rechnen, zu reparieren. Es kann sich aber auch um einen radikalisierten Autonomieanspruch eines Jugendlichen handeln, der sich vor einigen Jahren an fremdbestimmte Regeln anpassen konnte, die ihm heute aber als eine Form der Unterwerfung erscheinen, die er nicht mehr mit seinem Selbstbild vereinbaren kann (siehe oben Serkan).

B) *Introjizierte Regulation* meint, dass sich interne Anstöße zur Verhaltenssteuerung mit internem Druck verbinden. Zu den internen Anstößen kommt es, weil das Kind inzwischen die Gebote von Respektspersonen (Eltern, Lehrer*innen) verinnerlicht hat. Sie sind und bleiben in ihm präsent und beanspruchen Geltung, unabhängig davon, ob diese Personen anwesend sind oder nicht. Das Kind würde leiden, wenn es diesen verinnerlichten Ansprüchen nicht Folge leistete. Entweder brächte es seine Selbstachtung in Gefahr oder bekäme ein schlechtes Gewissen und zwar unabhängig davon, ob externe Autoritäten seine Regelverletzung mitbekommen oder nicht. Mit den Stichworten »Selbstachtung« und »schlechtes Gewissen« spielen Deci & Ryan auf die Konzepte *Ich-Ideal* und *Über-Ich* an. Mit diesen beiden entsteht das, was Fritz Redl *control from within* genannt hat (Redl & Wineman 1976). Introjizierte Regulation wäre nach diesem Verständnis eine Form der inneren Kontrolle, deren Inhalte auf die Wünsche und Gebote relevanter Anderer (Eltern, größere Geschwister, geachtete Lehrer*innen) zurückgeführt werden können, sich aber von diesen zuverlässig abgelöst hat. Diese relevanten Anderen müssen nicht mehr explizit erinnert werden. Die Inhalte können vor- oder unbewusst geworden sein. Die Regulative sind so verinnerlicht, dass sie sofort wirksam werden und in den laufenden Handlungsprozess intervenieren und diesen mitsteuern oder aber sofort nach Beendigung ins Bewusstsein schießen oder sich als Gefühl von Stolz oder Unwohlsein Präsenz verschaffen. Damit ist viel erreicht, aber noch keine autonome Handlungsregulierung.

Deci & Ryan schreiben:

> »Eine introjizierte Handlungsregulation ist insofern internal, als keine äußeren Anstöße mehr nötig sind, aber sie bleibt doch weiterhin vom Selbst separiert. Metaphorisch gesprochen: Regulator und Regulierender sind verschieden, obwohl sie beide derselben Person innewohnen« (ebd. S. 226).

Auch hier lässt die Sprache von Deci & Ryan Vertrautheit mit der psychoanalytischen Terminologie vermuten. Denn dort würde man etwas Introjiziertes als Introjekt bezeichnen und damit ein inneres Objekt mit dem Charakter eines Fremden meinen. Es kann als unterstützend erlebt werden, als eine wohlwollende innere Stimme, oder als innerer Verfolger, dessen Einredungen einen bedrängen oder quälen und die man mit noch so viel Anstrengung nicht zur Ruhe bringen kann. Oder aber, das wird im folgenden Zitat von Bittner deutlich, sie bleiben unverbindlich und irrelevant:

> »Wird nur (...) das verbal formulierte Gebot oder Verbot des Vaters oder der Mutter verinnerlicht, dann handelt es sich um keine ›innere‹, sondern nur um eine wahrscheinlich wenig wirksame ›internalisierte‹, sozusagen nach innen geklappte äußere Grenze. Eine innere wird daraus erst, wenn ich sie in mein Bild von der Welt aufgenommen habe – und das kann niemand für mich, das kann ich nur selbst tun« (Bittner 2016, 29).

Der Fremdheitscharakter vieler Ansprüche im eigenen Selbst dürfte der Grund sein, weshalb sich Kinder und in noch sehr viel stärke-

1.2 Jugendspezifische Moralentwicklung

rem Ausmaß Jugendliche gegen diese Art der introjizierten Regulierung wehren. Wenn sie diese – teilweise oder überwiegend – als eine fremde Macht erleben, die ihr Innenleben besetzt hat, liegt es nahe, diese Stimme zu überhören, sich über sie hinwegzusetzen oder sie auszutricksen, indem man z. B. einen Keil zwischen diese Stimme und den eigenen Handlungsplan treibt. Dann ergreift man die Rolle des Regulators und bringt eine Handlung so zur Ausführung, wie man es gewünscht hatte, und beruhigt den Einspruch des Gewissens (des Regulierenden) dadurch, dass man diesem weis macht, es wäre in dieser Situation nicht anders gegangen, würde sich nur um eine Ausnahme handeln oder hätte gravierende Nachteile für sich und andere bedeutet, wenn man der Stimme gefolgt wäre. In der Sprache der Psychoanalyse sind das Rationalisierungen, mit denen man nachträglich Abweichungen von Ansprüchen des Über-Ichs oder Ich-Ideals rechtfertigt, um sich Schuld- oder Schamgefühle zu ersparen.

Wie wir gehört haben, kann dieses Stadium nicht autonom genannt werden. Gleichzeitig wären viele Eltern und Pädagog*innen glücklich darüber, wenn so viel an »innerer Kontrolle« halbwegs zuverlässig abrufbar wäre, prospektiv handlungsregulierend oder zumindest nachträglich in Form von Schuld- oder Schamgefühlen. Aber offensichtlich kann man nicht mehr davon ausgehen, dass Über-Ich und Ich-Ideal noch immer so effektiv wirken wie in der Stufe davor.

C) Das Stadium der *identifizierten Regulation* ist erreicht, wenn ein Verhalten vom Selbst als persönlich wichtig oder wertvoll anerkannt und deswegen auch praktiziert wird (ebd. 228). Man tut etwas nicht (mehr) deswegen, weil man es tun soll(te) oder sich bei Nichtbeachtung des Anspruchs auf unterschiedliche Formen von äußerem oder innerem Druck einstellen muss (schlechtes Gewissen, Selbstvorwürfe, Beschämung, diffuses Unwohlsein), sondern, weil man davon überzeugt ist, dass es sinnvoll und richtig ist und einem selbst und/oder anderen guttut und/oder mit einer gewünschten und erreichbaren Zukunft in Verbindung steht. »Diese persönliche Relevanz resultiert daraus, dass man sich mit den zugrunde liegenden Werten und Zielen identifiziert und sie in das individuelle Selbstkonzept integriert hat« (ebd.).

Man beachte den Unterschied zwischen *internalisiert* und *identifiziert* bzw. *integriert*. Etwas Internalisiertes verweist auf etwas ursprünglich Externes, während etwas, mit dem man sich identifiziert, die Spuren der Fremdheit abgestreift hat und zu einer eigenen Sache geworden und Teil oder Ausdruck des eigenen Selbst ist.

Vergleichen wir das mit der Situation von Jugendlichen: Viele betreiben Sport mit hoher Motivation und bringen dafür auch ein hohes Maß an Disziplin auf. Sie betrachten es als ihr Projekt, für das sie sich Ziele setzen und eigenen Regeln unterwerfen. Handelt es sich hierbei um ein autonomes Handeln? Nach Deci & Ryan, käme es auf die Art der Motivation an. Die Jugendlichen können den Sport verbissen betreiben und dabei unter Druck stehen. Bei Nichtbefolgung ihrer eigenen Handlungsregeln würden sie mit Selbstvorwürfen oder schlechter Stimmung rechnen oder mit Kritik von Seiten der Peers, weil sie sich in Gefahr sehen, dicker zu werden, als sie sein wollen, oder einen weniger muskulösen Körper zeigen zu können, als sie gerne hätten. Damit würden sie sich im Bereich von *introjizierter Regulation* bewegen. Es handelt sich um ein eigenes, aber nicht um ein selbstbestimmtes oder autonomes Projekt. Anders verhält es sich, wenn sie die Disziplin aufbringen, weil sie sich nach dem Sport ausgeglichen fühlen, sich besser konzentrieren können und es genießen, gesund zu sein. Und wenn sie sich hin und wieder einen faulen Nachmittag oder zwei Sport-freie Tage in der Woche gönnen, also engagiert, aber zugleich locker mit dem eigenen Handlungsprojekt umgehen. In diesem Fall kann man davon ausgehen, dass die Integration des Anspruchs in das eigene individuelle Selbst stattgefunden hat, während sich die anderen Jugendlichen eher noch mit den Ideen eines kollektiven Selbst identifizieren, in dem sich die eigenen und die Ansprüche der Peers vermischen.

Selbstbestimmtes Handeln stellt sich also ein, wenn sich Jugendliche mit (ursprünglich fremden) Regeln und Ansprüche identifizie-

1.2 Jugendspezifische Moralentwicklung

ren und diese ins individuelle Selbst integriert haben. In psychoanalytischer Terminologie ausgedrückt, hätten die Jugendlichen in diesem Stadium die Ich-fremden Anteile am Über-Ich und Ich-Ideal überwunden oder ausgeschieden und reifere Formen dieser Instanzen entwickelt, die eher als unterstützend und motivierend, weniger als fordernd und kontrollierend erlebt werden.

Damit stellt sich freilich die Frage, was diejenigen Jugendlichen erleben, die auf Grund von befürchtetem oder tatsächlich einsetzendem inneren Druck Sport machen? Sicher würden sie einräumen, dass ihr Handeln nicht wirklich als autonom gelten kann. Andere würden aber weiter behaupten, selbstbestimmt zu handeln, sei es, weil sie den Druck nicht spüren, den sie sich selbst machen (bzw. verleugnen), sei es, weil sich für sie »selbstbestimmt« und »Druck empfinden« nicht ausschließen. Das könnte daran liegen, dass es neue und andere Gebote sind, die sie in sich errichtet haben. Denn tatsächlich sind mit dem Jugendalter im Ich-Ideal neue Bilder entstanden, an denen man sich von da an misst (z.B. schlank, aber mit Muskeln). So wie auch dem Über-Ich Mängel ins Auge stechen, die es vorher nicht gesehen hat, wie z.B. die eigene Gier (mehr essen als geplant) oder der innere Schweinehund (auf dem Sofa liegen statt aktiv sein). Das können in der Kindheit noch zweit- und drittrangige Themen gewesen sein, die keinerlei Kontrolle unterworfen worden waren, neuerdings aber schon.

Insofern hätten die Jugendlichen recht. Sie haben – wenn auch mit Blick auf Peers und/oder motiviert durch die Werbung – ausgewählte neue Leitbilder in sich zugelassen und reklamieren dafür *Selbstbestimmung*, auch wenn diese noch immer mit innerem Druck verbunden sind. Somit hätten sie die Inhalte der *introjizierten Regulierung* gewechselt, aber noch nicht deren Form.

Daneben wird man bei vielen Jugendlichen aber auch Mischungsverhältnisse annehmen können, in denen sich »innerer Druck« und »Freiheit zu«, also *introjizierte* und *identifizierte* Regulierung im Übergang befinden bzw. abwechseln.

D) »*Integrierte Regulation* ist die Form der externalisierten Regulation mit dem höchsten Grad der Integration in ein kohärentes

Selbstkonzept« (ebd. 229). Diese Form stellt die Endstufe der Internalisierung dar. Sie ist das Ergebnis der Integration verschiedener, eventuell auch in Spannung zueinander stehender Ziele, Normen und Handlungsstrategien in eine Struktur, die Deci & Ryan als *Kernselbst* bezeichnen. Neu an dieser Stufe sind also einerseits die Unterschiedlichkeit von Zielen, die auftreten, wenn man mehrere Handlungsprojekte verfolgt und sich in unterschiedlichen Systemen bewegt, und andererseits die Idee eines Kernselbst. Dieses scheint wie ein Filter zu wirken, der nur die zentralen, wirklich wichtigen Selbstverpflichtungen »durchlässt« und in sich integriert, während andere Ziele, die das individuelle Selbst bewegt haben, dort keinen Eingang finden, auch wenn man sich mit ihnen durchaus identifiziert. Vieles ist wichtig, aber nur weniges existenziell wichtig. Bittner schreibt dazu:

> »Wirkliche Grenzen sind solche, die ich nicht nur im Gehorsam gegen ›internalisierte‹ externale Grenzen respektiere, sondern weil ich gar nicht anders kann als sie zu beachten, wenn ich mich nicht selbst unglücklich machen will« (Bittner 2016, 27).

Deci & Ryan schildern als Beispiel einen jungen Menschen, der wissenschaftliche Interessen verfolgt und eine Karriere an der Hochschule anstrebt und gleichzeitig ein erfolgreicher Baseballspieler werden will (Deci & Ryan 1993, 228). Es ist klar, dass diese Ziele miteinander in Konflikt geraten können. Beides verlangt Engagement und Zeit. Seine begrenzte Zeit wird nicht immer für beides reichen. Gleichzeitig sind damit verschiedene Rollen mit unterschiedlichen Spielregeln verbunden: Der Student, der sich zurückzieht, stundenlang liest und sich an akademischen Diskussionen beteiligen will, bedarf ganz anderer Fähigkeiten und muss ganz anders auftreten als der Sportler, der Teil eines Teams ist und in der Mannschaft auf einer bestimmten Position spielen möchte. Zudem werden seine Freunde und Bekannten ebenfalls eher sport- oder eher wissenschaftsorientiert sein. Beide Kreise erwarten Unterschiedliches von ihm und beäugen ihn immer wieder auch als einen, der nicht wirklich zu ihnen gehört. Der junge

Mann muss deswegen nicht nur zwei Wertesysteme in sich integrieren, sondern auch lernen, sich in zwei Welten mit unterschiedlichen Ansprüchen zu bewegen und dabei immer wieder einen Ausgleich zwischen beiden herzustellen. Zugleich hat er genau dieses Doppelleben gewählt und fühlt sich diese seine Entscheidung autonom an. Oder er beweist sich seine Autonomie dadurch, dass er zwischen diesen Werten und Welten wechseln kann.

Das Beispiel ist bei Deci & Ryan so angelegt, dass zum Kernselbst des jungen Mannes beide Projekte gehören. Er würde eine Art von Amputation an sich vornehmen, wenn er nur das eine oder nur das andere leben würde. Aber es wäre durchaus denkbar, dass der Prozess der Integration ins Kernselbst eine Entscheidung für das eine gegen das andere ermöglicht oder sogar erforderlich macht. Was wirklich zum Kernselbst gehört und was »nur« zum Selbst und deswegen zurückgestellt werden kann, kann man nur selbst herausfinden. Wichtig ist, dass sich die Tätigkeiten und das Leben, das man führt, nur dann selbstbestimmt und autonom anfühlen, wenn man diesen Prozess zu einem halbwegs stimmigen Ergebnis gebracht hat.

1.3 Kritik und Ergänzung

Zunächst mag sich das von Deci & Ryan geschilderte Entwicklungsprojekt attraktiv und jugendgemäß anhören. Zunehmende Selbstbestimmung, abnehmende Fremdkontrolle und die Teilhabe an Aktivitäten, die als autonome Handlungsprojekte erlebt werden, dürften für die meisten Jugendlichen genau das darstellen, was sie sich aktuell und für ihre weitere Zukunft wünschen. Wie wir in Kapitel 2 (▶ Kap. 2) und Kapitel 5 (▶ Kap. 5) sehen werden, nehmen viele Jugendliche große Anstrengungen auf sich, um diesen Wunsch zu realisieren, und schaffen sich in den Jugendkulturen,

1 Entwicklungsgrundlagen und -herausforderungen

aber auch in ihren Cliquen und bei Events Orte, an denen sie Selbstbestimmung einüben und solche Projekte realisieren können.

Gleichzeitig stellt sich die Frage, wie realistisch der von Deci & Ryan aufgezeigte Entwicklungsweg ist. Das stufenweise fortschreitende Gelingen der Integration von immer mehr externen Ansprüchen in das eigene Selbst und ein stetig wachsendes Autonomiegefühl aufgrund der erfolgreichen Realisierung eigener Handlungsprojekte scheinen mir einem amerikanisch-optimistischen Wunschtraum zu entsprechen. Man könnte dabei aber auch an den deutschen Idealismus denken. Denn auch für Hegel ist Freiheit vor allem Einsicht in die Notwendigkeit und freudiger Vollzug der Handlungsansprüche, die man als richtig und sinnvoll anerkennen konnte (Hegel 1817/1986, 282). Aber entspricht das der Erlebniswelt heutiger Jugendlicher?

Zudem bezweifle ich die Ausschließlichkeit der Stufenabfolge und werde aufzeigen, dass die Lebenswelten Jugendlicher sehr viel widersprüchlicher strukturiert sind und häufig komplexere Lösungen für die Normenbeachtung an unterschiedlichen Orten erforderlich machen (▶ Kap. 1.3). Deci & Ryan unterschätzen, dass das Projekt *Autonomie* beinahe ständig von zwei Seiten her bedroht wird: von innen, der Psychodynamik der Jugendlichen, die es nicht selten nahelegt, sich mit einer Pseudoautonomie zufriedenzugeben, in der man zwar über größere Freiräume verfügt, aber finanziell und/oder emotional weiter abhängig bleibt und das auch noch verleugnet. Und von außen, der Dynamik institutioneller Prozesse in Schule und Ausbildung, die häufig immer noch von weitgehender Fremdbestimmung geprägt sind und damit den Jugendlichen Scheinkooperation, Subversion und/oder offene Verweigerung nahelegen statt Verantwortungsübernahme und Mitgestaltung (▶ Kap. 3.3).

Gleichzeitig muss man sich klarmachen, dass soziale, normative wie ästhetische Ordnungssysteme nicht statisch sind, sondern Wandlungen unterliegen. Nur ein Beispiel: Während in der Generation der heute Fünfzig- bis Sechzigjährigen Tätowierungen randständigen Gruppen wie Seefahrern und Gefängnisinsassen vorbehalten waren, sind diese inzwischen in der Mitte der Gesellschaft angekommen. Der Anteil der Tätowierten in Deutschland hat sich in den vergangenen sieben Jahren verdoppelt. Waren es 2012 noch 11,4 %, sind es 2019 21 % der Bevölkerung. Besonders verbreitet sind Tattoos unter den 20- bis 29-Jährigen: Fast jeder zweite (47,1 %) trägt eines oder mehrere (Wort & Bild Verlag 2019).

Damit hat sich eine neue Körperordnung etabliert, zu der sich jeder junge Mensch irgendwie verhalten muss im vollen Bewusstsein, dass eine Normalität einer anderen Platz gemacht hat, sich aber auch rasch wieder verschieben kann. Wer sich für ein Tattoo entscheidet, trägt die Konsequenzen ein Leben lang, auch wenn sich die Mode wieder ändert. Der Verfallswert einer Ordnung steckt aber auch andere mit Unsicherheiten an wie z.B. das Ordnungssystem von Beziehungen, von Geschlechterrollen oder beruflichen Orientierungen. Umso drängender stellt sich die Frage, was man selbst für richtig und wertvoll festhalten will und ob man sich angesichts solcher Unsicherheiten – mit Hanna Arendt gesprochen – nur noch taktisch-instrumentell »verhalten« oder noch »handeln« kann (Arendt 1967).

1.3.1 Autonomie trotz Heteronomie: Jugendliche als Tänzer*innen zwischen Ordnungssystemen und Hybrid-Moral(en)

Kehren wir zu Serkan zurück, der sich darüber beschwert, dass er in der Schule weiter wie ein Kind behandelt wird, und auf der anderen Seite mit Stolz davon berichtet, was er im Gemüseladen seines Onkels leistet. Warum stellt sich dieser Ort trotz seiner zahlreichen Anforderungen für ihn so attraktiv dar? Auf der Habenseite steht die stundenweise Integration als Arbeiter in einem kommerziellen Betrieb und damit sein Einstieg in die Erwachsenenwelt; die damit einhergehende Anerkennung, die er dafür von Seiten des Onkels und seiner Eltern erfährt; eine für ihn attraktive Bezahlung und Erfahrungen einer positiven Identität mit Zukunftsperspektive. Auf der Anspruchsseite steht dem gegenüber, dass Serkan auf einen Gutteil seiner Freizeit verzichten muss, nicht rauchen kann und auch sonst den »Arsch (zusammen)kneifen« muss, weil er in Gestik, Mimik und Wortwahl stets höflich aufzutreten hat. Zudem muss er noch einen Teil des Geldes zu Hause abgeben, weil man dort knapp bei Kasse ist, oder bekommt es manchmal gar nicht erst ausbezahlt, weil Vater und Onkel seine Arbeitsleistung in einer Art bargeldlose Tauschökonomie einbeziehen.

Handelt Serkan selbstbestimmt? Verfolgt er ein autonomes Handlungsprojekt? Ja und nein. Manche der Regeln, die im Laden gelten, sind eindeutig fremdbestimmt und sein Handeln ist *extrinsisch* motiviert. Das Nicht-Rauchen bewältigt er z. B. im Modus einer *externalen Regulation*, hinter der die Angst vor einem möglichen Rauswurf steht. Serkan raucht dann eben vor und nach der Zeit im Laden.

Mit Blick auf das Wechselgeld oder das »Arsch kneifen« bewegt sich Serkan im Modus einer *introjizierten Regulation*. Er hat die Werte Genauigkeit und Höflichkeit verinnerlicht. Er legt sie auch an den Tag, wenn sein Onkel sich nicht im Geschäft aufhält, was gerade gegen Abend häufig vorkommt. Er ist stolz darauf, die Kasse bedienen zu dürfen, zugleich setzt ihn das auch unter Druck. Einmal hat er nachts nicht geschlafen, weil er sich unsicher war, ob er auf 50 statt auf 20 Euro herausgegeben hat. Manchmal nennt er seinen Onkel aber auch einen Geizkragen und denkt, dass es auf ein oder zwei Euro nicht ankommt.

Bezogen auf die Höflichkeit im Kundenkontakt könnte man von einer Mischung zwischen *introjizierter* und *identifizierter* Handlungsregulation sprechen. Einerseits weiß Serkan, dass es viele Gemüseläden im Bezirk gibt und man Kunden gewinnen oder halten muss. Sein Onkel macht ihm immer wieder vor, wie es geht und wie man mit den richtigen Worten und Gesten mehr verkaufen kann, als die Leute eigentlich wollten. Das imponiert Serkan und so macht es ihm häufig Freude, ähnlich gewandt und charmant aufzutreten und die Kunden um den Finger zu wickeln. In anderen Situationen kostet es ihn aber durchaus Mühe, freundlich zu bleiben, und er beschimpft die Kunden, wenn sie gegangen sind, leise für sich oder mit den anderen Angestellten.

Was das Geld betrifft, das er teilweise abgeben muss bzw. das in andere Transaktionen einfließt, scheint Serkan hin- und hergerissen. Einerseits identifiziert er sich durchaus mit der Rolle als Miternährer der Familie. Sein großer Bruder leistet das in noch viel größerem Umfang. Serkan wäre bereit, regelmäßig die Hälfte des Geldes abzugeben. Die Unklarheit seiner wöchentlichen Einnahmen erlebt er als fremdbestimmt. Mal geht er am Samstag mit 20 Euro ins Wochenende, andere Male nur mit 5 Euro oder einem großen Gemüsekorb für die Familie. Gleichzeitig hat er Angst vor den Reaktionen seines Vaters, wenn er die gängige Bezahlungspraxis in Frage stellen würde. Hier wird er – ähnlich wie in der Schule – wie ein Kind behandelt, über das die Erwachsenen bestimmen.

Wie lautet nun das Fazit? Autonomes Handeln: Ja oder nein? In Teilbereichen sicher nein. Aber bezogen auf die Motivation, sich diesen Ort zu erhalten, wohl ja.

Denn alles in allem ist das Arbeiten im Laden »mein Ding«, wie er sagt. Ein autonomes Projekt, auch wenn es von mehreren Strängen unterschiedlicher Fremdbestimmungsgrade durchzogen wird. Es verschafft ihm Status und Prestige bei allen, die er kennt. Nur wenige Peers, die mehr Wert auf Freizeit legen, bedauern ihn, was ihn aber nicht zu verunsichern scheint. Man kann vermuten, dass das Leitbild eines höflichen, charmanten und dabei auf seinen Vorteil bedachten Verkäufers in sein Kernselbst eingewandert ist und ihn stolz macht, wenn er diesbezüglich in eine Art »Flow« gerät (Csikszentmihalyi 2008). So will er sein oder werden und das kann er im Geschäft seines Onkels. Dieses Leitbild strahlt eine große Bindungskraft aus, obwohl er daneben noch eine weitere Zukunftsperspektive verfolgt.

Erinnern wir uns, wie heftig sich Serkan über die Schule beschwert hat: Was man dort alles nicht darf. Wie stark er die beiden Welten, Schule und Laden, kontrastiert hat. Aber auf die Frage des Interviewers, wann er sie denn verlässt, um ganz bei seinem Onkel zu arbeiten, führt er aus:

»Nee, nee, nee (schüttelt den Kopf, hebt die Hände). Stopp mal! Schule muss sein (macht eine Grimasse) ich brauch den Abschluss ... mindestens Quali (d. h. qualifizierten Hauptschulabschluss) oder, falls es irgendwie geht, den MSA (mittlerer Schulabschluss). So isses, Mann, (lacht) ich will nämlich ins Krankenhaus (nickt mehrfach schnell hintereinander), ja, das können Sie ruhig wissen. Weil, ich will so ein Pfleger mit weißem Kittel und so was machen, mit Verbänden und Spritzen und allem so. Am liebsten so auf Intensiv, mit den ganzen Maschinen und dem technischen Kram. Das wär mein Traum. Ich weiß (nickt mehrfach), hört sich komisch an, und das will auch keiner, keiner, wo ich kenne. Aber ich wollte das schon als Kind (nickt, Pause). Mit so klein (gibt die Höhe für einen Fünf-, Sechsjährigen an). Und Arzt (macht eine Grimasse), so blöd bin ich ja nicht, das werde ich nie. Keine Chance! Obwohl meine Mama das immer gesagt hat, dass ich das kann. Aber die hat halt keine Ahnung von Schule und so. Aber Pfleger im Urban (Krankenhaus in Kreuzberg), das will ich und das, das schaff ich. Und deshalb, sag ich mir ›Serkan, Arsch kneifen‹ auch in der Schule (lacht). (Na)türlich hauen wir oft mal ab. Eine Stunde oder zwei ... Ich rauch auch, so oft es geht, ich hab mein Handy heimlich dabei und wir lassen es krachen, wo's geht (nickt, Pause). Aber. A-a-aber (gedehnt mit hochgezogenen Augenbrauen) ich mach meine Hausaufgaben, ja-a-a (lacht wie über einen Scherz), ehrlich! Ich bin nicht der Einzige, aber fast unter den Jungen, fast. Die Mädchen zähl ich da jetzt nicht. Die (anderen Jungens) lachen mich sogar aus deswegen. Ist mir egal. Ich mach's, ich versuch's jedenfalls, und wenn ich nur die Hälfte hab oder noch weniger und manchmal nur so Krickelkrackel fünf Minuten vorher, damit sie (die Lehrer*innen M.S.) was sehen (nickt, seufzt). Aber ich lege mich halt nicht mit denen an, wie manche von uns meinen, dass sie müssen. So von wegen große Fresse und Schläge androhen den Lehrern ... Das muss ich nicht! Ich will mein Abschluss und wenn ich den hab, wenn ich den hab, dann brenn ich die Schule ab! Nein Spaß ... (schüttelt den Kopf, lacht).«

Schule stellt für Serkan eine weitgehend fremdbestimmte Welt dar. Er handelt dort über weite Strecken im Modus *externaler Regulierung* und passt sich so weit an, wie man ihn kontrollieren kann. Wo er kann, trickst er das System aus und nimmt sich seine Auszeiten bzw. das, was er als seine Rechte ansieht (rauchen, eine Stunde schwänzen, Handy etc.). An anderen Stellen scheint er sich Regeln zu eigen gemacht zu haben. So hat er sehr wohl verstanden, dass der Verzicht auf Gewalt ganz oben auf der Erwartungsliste seiner Lehrer*innen steht und es ihm Vorteile verschafft, wenn er sich diesbezüglich berechenbar und verlässlich zeigt. Ähnlich strategisch bedient er das System, indem er Hausaufgaben macht. Er kalkuliert, dass die Hälfte des Aufgegebenen ausreicht, um die Lehrer*innen zufriedenzustellen, und dass selbst »Krickelkrackel« für diese ein willkommenes und ganz und gar nicht selbstverständliches Engagement darstellt, weil die meisten männlichen Jugendlichen gar nichts mitbringen. Dabei handelt es sich um dieselben Jungen, mit denen er abhaut und rauchen geht und nimmt sogar in Kauf, dass diese ihn auslachen. Er glaubt aber, dass die Lehrer*innen seine Geste honorieren und er damit seinem Ziel, dem Schulabschluss näher kommt (wahrscheinlich auch mit Hilfe einer gnädigen Versetzung, falls diese einmal wackelig sein sollte). All das kostet ihn viel Mühe, auch in der Schule muss er »Arsch kneifen«. Aber das Ganze lohnt sich für ihn, weil er ein Ziel hat: den Abschluss und das Erlernen des Berufs eines Pflegers. Den scheint er sich als den kleinen Bruder des Arztes vorzustellen. Das mag naiv sein, aber es beinhaltet auch einen Gutteil Realismus, denn ein Studium der Medizin ist wirklich nicht drin bei ihm. Die »Weiße-Kittel«-Idee« scheint noch inniger zu seinem *Kernselbst* zu gehören als der Typ des levantinischen Händlers, der ihn für die Arbeit im Geschäft motiviert.

Mischformen, wie sie Serkan schildert, kommen bei Deci & Ryan nicht vor. Weder, dass junge Menschen in einer Stufe ganz unterschiedliche Motivationsmodi nebeneinander praktizieren, noch dass massive Fremdbestimmungsanteile in einem Handlungsfeld trotzdem erlauben, dass dort ein autonomes Handlungsprojekt stattfindet und über längere Zeit motiviert verfolgt wird. Angesichts der Möglichkeit, neue Fähigkeiten auszuprobieren und zu entwickeln, und bezogen auf die Anerkennung als verantwortlich Handelnder und Beinahe-Erwachsener steht der Laden bei Serkan viel höher im Kurs als die Schule. Deswegen ist es auch kein Wunder, dass er die dort geltenden Ge- und Verbote beachten will und kann. Gleichzeitig ist er mit seinem Zukunftsbild als Krankenpfleger so stark identifiziert, dass er für den in Aussicht gestellten Schulabschluss auch dort die geforderten Anpassungsleistungen bedienen kann und – am wichtigsten – dies als seine autonome Entscheidung verbucht. Die Anforderungen an den beiden Orten sind zum Teil ganz unterschiedliche. Die Menschen, die sie vertreten, stammen aus unterschiedlichen Kulturen und vertreten unterschiedliche Werte. Aber mit der Formel »Arsch kneifen« hat Serkan eine Handlungsorientierung gefunden, mit der er hier wie dort über die Runden kommt. Zugleich wirkt er durchaus zufrieden mit dem Ausmaß der Freiheiten, die er sich nimmt, und lässt es immer wieder mal »ordentlich krachen«.

Entwicklungspsychologisch betrachtet sind diese Leistungen nur möglich, wenn man annimmt, dass Serkan neben einer gut entwickelten Wahrnehmung für die Erfordernisse fremder Ordnungssysteme über ein hohes Ausmaß an Impulskontrolle verfügt, das ihm ermöglicht, im Hier und Jetzt so zu agieren, dass er seine Zukunftspläne damit nicht gefährdet. Zudem zeichnet ihn offensichtlich eine lebendige Phantasie aus, in der sich Rollen wie die des Verkäufers oder Pflegers mit unbewussten, vermutlich aus der Kindheit stammenden Identifikationen aufladen, sodass sie für ihn zu einer Berufung werden. Gleichzeitig sind die Anpassungsleistungen gepaart mit einer großen Treue zu seinen eigenen (triebhaften) Wünschen. Wo ihm das möglich erscheint, geht er diesen nach und schafft sich auch mit Hilfe von Regelbrüchen und Grenzüberschreitungen die dazu erforderlichen Freiräume. Mit Krappmann kann man hier die Bedeutung von *Ambiguitätstoleranz* sehen, da es Serkan zu gelingen scheint, sich als beides zu sehen, als Regelbefolger und Regelbrecher (Krappmann 2000, 45 f.). Mit Bittner könnte man formulieren, dass Serkan nicht nur »hinreichend gut« sein will, sondern auch »hinreichend schlecht« sein kann (Bittner ebd. 31). Erst damit gelingt ihm eine Balance zwischen dem Bedienen von fremden Erwartungen und dem Ausleben von

1.3 Kritik und Ergänzung

Eigensinn. Eigensinn meint hier mit Baer & Baer das Sich-Besinnen auf das, was man selbst braucht, damit es einem gut geht, durchaus auch im Bereich körperlicher und sinnlicher Bedürfnisse (wie bei Serkan das Rauchen oder die Stunden, in denen er die Schule schwänzt etc.) (Baer & Baer 2018).

Und das ist das Besondere: Diese Ausbalancierung gelingt ihm an drei oder gar vier sozialen Orten: in der Schule, im Geschäft seines Onkels und in der Familie, wobei in der letzteren am wenigsten Platz für Eigensinn zu sein scheint und die Verpflichtungen überwiegen; offensichtlich ist ihm Verbundenheit mit den Mitgliedern seiner Familie aber so wichtig, dass er dafür einiges auf sich nimmt und erduldet (Angst, so schien mir, spielt bei ihm dagegen keine Rolle). Eine andere Ausbalancierung gelingt ihm mit seinen Peers: Einerseits lässt er es als Kumpel mit ihnen »krachen«, andererseits grenzt er sich von deren Machogebaren und Gewaltandrohungen gegenüber den Lehrer*innen ab und macht, anders als die meisten anderen, Hausaufgaben.

Damit zeigt sich Serkan in meinen Augen als Tänzer zwischen Wertewelten, der eine Hybridmoral (Bahbah nach Müller 2010) entwickelt hat, d. h. mehrere neben- und miteinander entstandene und aktuell mal enger, mal loser miteinander verbundene Moralsysteme in eine Art Metastruktur integriert hat. So kann er mehrere Handlungsweisen nebeneinander auf unterschiedlichen Stufen der Moral- und der Autonomieentwicklung praktizieren, ohne dabei eine Identitätsdiffusion zu erleiden (siehe dazu auch die Geschichte von Deborah ▶ Kap. 5.3). Wie schafft er das? Er scheint sich durchgängig als ein steuerndes Zentrum zu begreifen. Je nachdem, wie er den jeweiligen Kontext in Bezug auf dessen emotionale Bedeutung für sich selbst, in Bezug auf seine Relevanz für seine Zukunft, aber auch in Bezug auf Machtverhältnisse und Spielräume für abweichendes Verhalten einschätzt, reguliert er sein Verhalten auf dieser oder jener Motivationsstufe und zeigt demnach eine beträchtliche Flexibilität, die von Gehorsam über Regelverletzungen bis zu selbst gewollter Verantwortungsübernahme reicht.

1.3.2 Drei Muster der Ausbalancierung

Was Serkan gelingt, scheint mir der günstigste Ausgang für die Gratwanderung zwischen Regelbeachtung und der Realisierung von Autonomieansprüchen, die wir als typische Entwicklungsaufgabe für das Jugendalter propagiert haben: eine wie auch immer geartete Ausbalancierung, die sich für den Jugendlichen stimmig und halbwegs autonom anfühlt (A) (▶ Abb. 2). Man kann sich hier eine große Varianz von mehr oder weniger oppositionellem und/ oder angepasstem bzw. subversivem Verhalten vorstellen und doch eine gewisse Zuverlässigkeit in der Orientierung, wie sie in diesem Zitat aus der 14. Shell-Studie zum Ausdruck kommt, das meiner Einschätzung nach noch immer Gültigkeit reklamieren kann:

> »Die meisten Jugendlichen reagieren auf die neue gesellschaftliche Agenda nicht mit ›Protest‹ oder mit einer ›Nullbock-Einstellung‹, wie es früher in Teilen der Jugend der Fall war. Sie erhöhen vielmehr ihre Leistungsanstrengungen und betreiben ein aktives ›Umweltmonitoring‹. Das heißt sie überprüfen ihre soziale Umwelt aufmerksam auf Chancen und Risiken, wobei sie Chancen ergreifen und Risiken minimieren wollen. Mit der neuen pragmatischen Haltung einher geht auch ein ausgeprägt positives Denken. Obwohl die Jugendlichen die Gesellschaft von vielen Problemen belastet sehen, entwickeln sie eine positive persönliche Perspektive. Der ideologisch unterfütterte Pessimismus früherer Generationen, der besonders von den Studenten und Abiturienten kultiviert wurde, ist passé. Diese Einstellung passt nicht mehr zu dem unideologischen und leistungsorientierten Habitus dieser neuen Generation« (Jugend 2002, 4).

Dass die Ausbalancierung zwischen Regelbeachtung und Autonomiespielräumen unter Wahrung von Zugehörigkeiten zu verschiedenen sozialen Systemen gelingt, ist allerdings nicht selbstverständlich. Für beinahe alle Jugendliche stellt sie eine Herausforderung dar, an der sie sich abarbeiten, bei der sie immer wieder in Unsicherheiten, Entscheidungsdilemmata und Krisen geraten und eigenen wie fremden Anzweiflungen ausgesetzt sind. Häufig ist es erst am Ende einer längeren Entwicklung klar, dass sich das eigene Hin

1.3 Kritik und Ergänzung

> Muster A: Ausbalancierung gelingt an ein oder mehreren Orten. Autonome Handlungsprojekte existieren neben Regelbeachtungen mit unterschiedlichen Graden extrinsischer Motivation. Mit oder noch ohne Leitbild bzw. Überzeugung im Kern selbst

Drei Grundmuster bezogen auf die Ausbalancierung von Regelbeachtung und Eigensinn

| Muster B: Dominanz von Eigensinn meist auf Kosten anderer oder der eigenen Gesundheit. Rückzug von Eltern bzw. aus der Erwachsenenwelt; Etablierung von Ersatzfamilien, die Zugehörigkeit vermitteln. Insofern tatsächliche Autonomisierung, meist allerdings im Rahmen von elterlicher oder staatlicher Alimentierung. Ablehnung von Hilfe und trotzige Verteidigung der eigenen Autonomiebestrebungen. | Muster C: Verzicht auf Autonomie. Verbleib im Rahmen der Familie in der Rolle als Fürsorgeberin oder -empfängerin. Rückzug von den Peers, relative Einsamkeit bei oft hoher Leistungsmotivation und regelkonformem Verhalten in mehreren Lebensbereichen. Entwicklung von psychosomatischen Symptomen und/oder psychischen Krankheiten. Eventuell Krankheit als Autonomieprojekt: dann Ablehnung von Hilfe. |

Abb. 2: Drei Grundmuster bezogen auf die Ausbalancierung von Regelbeachtung und Eigensinn

und Her zwischen verschiedenen Orientierungen gelohnt und Früchte getragen hat.

Einige Jugendliche scheitern aber an dieser Aufgabe, weil sie die Spannung nicht aushalten und einseitig aufzulösen versuchen, was kurzfristig zu einer Entspannung, langfristig aber zu einem Anwachsen an inneren wie äußeren Konflikten führt.

Das eine Muster (B) zeichnet sich dadurch aus, dass Autonomieansprüche von den Jugendlichen in den Vordergrund gestellt werden, während sie für die Beachtung von Regeln bzw. für Anpassungsleistungen, die von ihnen gefordert werden, wenig Energie aufbringen; meist an mehreren sozialen Orten wie Familie, Schule oder Öffentlichkeit gleichzeitig. Dadurch ziehen sie viele Konflikte auf sich und geraten häufig unter Stress. Einige dieser Jugendlichen sind aufgrund bestimmter Entwicklungsrückstände wie fehlender Antizipation von Konsequenzen oder mangelhafter Impulskontrolle oder aufgrund eigener traumatischer Erfahrungen kaum in der Lage, mehrere Regeln zu beachten und die Grenzen anderer zu respektieren; andere machen den Eindruck, es nicht zu wollen, sei es, dass sie sich mit der Rolle des Rebellen identifizieren, die negativen Identitätszuschreibungen ihrer Umwelt bereits angenommen haben oder deutliche Vorteile aus dissozialem Handeln ziehen. Manche scheinen es auch zu genießen, Erwachsene in Machtkämpfe zu ziehen und zu demontieren.

Klar ist, dass es diesen Jugendlichen viel schwerer fällt, Ausgleichsbewegungen mit Teilanpassungen hier und kleinen Fluchten dort zu verbinden; man könnte ihnen das Motto unterstellen: »I want it all and I want it now!« Häufig erleben sie Erwachsene als feindselig, als Personen, die Jugendlichen nichts gönnen oder sie überflüssigerweise belästigen, oder haben sich enttäuscht von diesen zurückgezogen, weil sie sie als unzuverlässig und unfair erlebt haben (wie Matthias in ▶ Kap. 4.3). Wem zuliebe sollen sie die Mühen von Anpassungsleistungen auf sich nehmen? Ihr Bedürfnis nach Zugehörigkeit leben sie mit Peers aus, die ähnlich fühlen und handeln wie sie. In dieser Ersatzfamilie vermittelt man sich gegenseitige emotionale Rückendeckung. Das stärkt sie für ihren Konfrontationskurs, aber genau damit provozieren sie die Reaktionsweisen von Erwachsenen, die dann als feindselig erlebt werden. Ein circulus vitiosus hat sich in Gang gesetzt. Solche Jugendlichen bewegen sich in Richtung einer Eskalation, die mit gegenseitigen Verletzungen, Beziehungsabbrüchen, Konfliktsystemerweiterungen und immer drastischeren Exklusionserfahrungen und Sanktionen

1.3 Kritik und Ergänzung

einhergeht. Diese Eskalationen können sich im Rahmen der Familie, eines wie auch immer gearteten Helfersystems oder im Rahmen der Strafverfolgung durch Polizei und Justiz ereignen oder häufig in allen drei Systemen parallel oder hintereinander. Solche Eskalationen führen zu Krisen, die zu Wendepunkten werden können (wie bei Frank ▶ Kap. 4.3) oder in Chronifizierungen münden. Stellvertretend dafür schildere ich das Schicksal von Tobias und Ulrike (siehe ▶ Kap. 4.5).

Das andere Muster (C) zeichnet sich dadurch aus, dass die jungen Menschen auf das Projekt der Autonomieentwicklung verzichten, sei es, weil es ihnen zu viel Angst macht (Angst, bei den Peers keine Anerkennung zu finden, Angst vor der eigenen Sexualität, Angst, das behütete Nest zu verlassen), sei es, weil sie sich zu wenig davon versprechen. Deswegen ziehen sie es vor, an eingespielten Beziehungsformen vor allem innerhalb der Familie festzuhalten, in der sie häufig bestimmte Rollen eingenommen oder zugewiesen bekommen haben, die sie nicht verlassen zu können glauben, weil sonst etwas Schlimmes passiert (siehe Fallgeschichte Celine ▶ Kap. 4.1). Solche Rollen können darin bestehen, Papas oder Mamas kleiner Liebling zu sein oder der Prellbock, der die Eltern davon abhält, sich gegenseitig etwas anzutun, oder die Fürsorgerin, die andere emotional oder physisch versorgt, oder das kränkelnde Genie, das vor dem Schmutz der Welt bewahrt werden muss, um sich optimal entfalten zu können etc. Der Familienkreis bleibt häufig ihr emotionaler Lebensmittelpunkt. Sie verhalten sich weiter brav und angepasst, besitzen oft eine hohe schulische Leistungsmotivation, neigen aber zur Abkoppelung von den Peers und zu einsamen Beschäftigungen, die sie teilweise zwanghaft betreiben. Sie handeln über weite Strecken im Modus *introjizierter Regulierung,* sind aber mit einigen Werten wie Leistung oder Fürsorge hoch identifiziert und haben diese in ihr individuelles Selbst integriert. Damit können sie es durchaus zu guten Schulabschlüssen und einer Einmündung in ein selbstständiges Leben bringen. Die Mehrzahl dieser Jugendlichen entwickelt aber Symptome, die das Unpassende ihrer Haltungen und Verhaltensweisen zum Ausdruck bringen. Zu den häufigsten zählen Essstörungen, die Ausbildung von Zwängen oder Depressionen und/oder soziale Phobien mit und ohne Suizidgedanken oder suchthafte Beziehungen z. B. mit dem Computer. Der Verzicht auf ein selbst initiiertes Autonomieprojekt bzw. die Angst vor der damit verbundenen Loslösung von Eltern und Kindheit rächen sich (siehe Celine in ▶ Kap. 4.1). Man könnte aber auch denken, dass sie aus ihren Symptomen bzw. der psychischen Krankheit ihr Autonomieprojekt gemacht haben. Das kann zu Dauertherapien und Drehtüreffekten in die und aus der Psychiatrie führen, irgendwann aber auch zu neuen Öffnungen der biographischen Verlaufskurve (Schütze 1999). Auch hierzu werde ich in ▶ Kap. 5 eine Fallvignette präsentieren. In diesem Zusammenhang besteht für weibliche Jugendliche auch die Möglichkeit, schwanger zu werden und ein Kind zu bekommen, womit ein forciertes Autonomieprojekt und zugleich der Verzicht auf Freiheit verbunden ist und häufig eine tiefe Ambivalenz bezogen auf Autonomie und Heteronomie zum Ausdruck kommt (Hohner 2010, 94).

Überschneidungen und Mischformen zwischen den Mustern von A mit B oder A mit C sind durchaus weit verbreitet. B und C schließen sich dagegen weitgehend aus. Männliche Jugendliche scheinen eine Prävalenz für das ungünstige Muster B mitzubringen, weibliche Jugendliche dagegen für das Muster C. Für A scheint so etwas nicht zu gelten. Der Phänotyp kann hier wie oben erwähnt beträchtlich variieren. Es sind auch noch weitere Dehnungen des Normativen möglich wie bei Serkan (vgl. Frank ▶ Kap. 4.4).

2

Regeln, Strukturen und Ordnungen in Jugendkulturen

Häufig glauben Erwachsene, Jugendliche würden sich aus Prinzip gegen alle Formen von Ordnung zur Wehr setzen oder seien aus hormonellen oder hirnphysiologischen Gründen nicht in der Lage, sich an diesen zu orientieren (Meyer 2012, Sotiras u. a. 2017, Willenbrock 2005). Aber das kann nicht stimmen, denn im Rahmen von Jugendkulturen entwickeln sie ausgefeilte Ordnungssysteme mit zahlreichen Regeln und eindeutigen No-Gos, die sie auswendig kennen und akribisch befolgen (Bell 1967). Diese unterscheiden sich jedoch in zweierlei Hinsicht von den bisher kennengelernten Ordnungen. Im Unterschied zu Elternhaus, Schule oder Ausbildung erleben Jugendliche das Kennenlernen und Einhalten dieser Regeln als ein selbst initiiertes, sinnstiftendes Autonomieprojekt (▶ Kap. 1). Deshalb fällt es ihnen auch nicht schwer, sich diese Regeln anzueignen und an den vorgegebenen Ritualen teilzunehmen, um eine für sie attraktive Gemeinschaftsbildung zu erleben (Ferchhoff 2011). Zum anderen werden die neuen Regeln und Rituale in einer anderen Form vermittelt (Douglas 1980, Müller 1989), die Douglas als Stil bezeichnet hat. *Stil* meint ein komplexes Ordnungssystem, das Körperbewegungen, eine eigene Fachsprache (*Slang*), Kleidungsordnungen, Symbole, Rituale und die Kenntnis mythischer Heroen und Heroinen umfasst und alle diese Elemente zu einer einzigartigen Gestalt verdichtet. Ein Stil und seine Regeln werden primär nicht explizit, d. h. über verbale Ansagen oder in schriftlicher Form vermittelt (wie z. B. die Schulordnung oder die Ansagen von Eltern); sie bleiben weitgehend implizit. Man lernt sich in und mit dem neuen Stil auszudrücken, indem man andere Stilkundige beobachtet und sich die passenden Accessoires aneignet. In jeder Jugendkultur gibt es tonangebende Autoritäten, die über den Stil wachen und Stil-sicheres Auftreten bzw. Stilbrüche erkennen und sanktionieren. Auch das geschieht meist ohne viele Worte, subtil in Form einer hochgezogenen Augenbraue oder eines Zuckens um den Mund, aber unerbittlich, weil die Hose eines anderen zwei Zentimeter zu lang ist oder der von ihm angehimmelte Star schon wieder out ist.

Das Rebellieren gegen die Ordnungsansprüche der einen (Eltern, Schule etc.) und das gleichzeitige, peinlich genaue Befolgen der Stilregeln der anderen (der Peers, der Jugendkultur) stellt für Jugendliche keinen Widerspruch dar. Im Gegenteil: Die Kombination beider Attitüden macht einen wesentlichen Teil ihrer Selbstdefinition und Selbststilisierung aus. Das bedeutet aber auch: keine Jugendkultur ohne Anpassungsdruck. Es gibt durchaus Szeneregeln, die man interpretieren und erweitern kann, aber ein Stil lässt sich nicht beliebig weit dehnen. Unsicherheiten, peinliche Momente und undurchschaubare Exklusionsprozesse gehören mit dazu, wenn man Mitglied einer Jugendkultur werden möchte. Immer wieder muss man dabei die Zähne zusammenbeißen und Korrekturen nachliefern oder so tun, als ob Kritik einen nicht trifft. Gleichzeitig gibt es viele Möglichkeiten, sich in der Community Anerkennung zu verschaffen und nach und nach in der Szenehierarchie aufzurücken (wie z. B. das Absolvieren eines Hip-Hop-Battles oder eines besonders schwierigen Tricks beim Skaten). Neben Bewunderung und Anerkennung sind damit durchaus Privilegien verbunden. Man wird gegrüßt, bekommt Platz gemacht oder erhält persönliche Einladungen zu Events.

Jugendkulturen bilden demnach eine Art von Konformismus aus, der den Konformismus der Gesellschaft zugleich spiegelt und verzerrt. Jede Jugendkultur gerät in die Gefahr, an ihrer Form des Konformismus zu ersticken. Dies führt zu Rebellionen von Adepten gegen die als zu starr empfundene Ordnung der jeweiligen Jugendkultur und ihrer Repräsentanten (siehe ▶ Kap. 2.1.3). Entweder folgt darauf eine Erweiterung der bestehenden Kultur, die Abspaltung einer Gruppe, die innerhalb der Szene eine neue Spielart kreiert, oder der Wechsel in eine andere Jugendkultur.

Absetzbewegungen vom Mainstream, Entfaltung, Ritualisierung und Pflege eines Stils, anfängliche Exklusivität, gefolgt von Kommerzialisierung bzw. Vermassung mit Dekadenz- und Auflösungserscheinungen sind die typischen Zyklen, die jede Jugendkultur durchläuft (Eckert 2006; Ferchhoff 2007, 181). Nichtsdestotrotz geben diese Kulturen Orientierungen, bieten Heimat und stabilisieren Identitäten, um irgendwann wieder verlassen zu werden. Insofern stellen sie so etwas wie zweite Elternhäuser dar (auch Familien können Stile ausbilden). Diese Beobachtung gilt allerdings nicht nur für Jugendliche, sondern auch für Jüngere (10- bis 12-Jährige), die erste Kontakte in die Szene suchen, wie auch für Ältere, d. h. 20- bis 50-Jährige, die ihrer Szene verbunden bleiben. In diesem Zusammenhang problematisiert Schröer mit Blick auf Hip-Hop die Bezeichnung »Jugendkultur« und charakterisiert sie als »juvenilen Lebensstil« (Schröer 2013, 224 ff.). Er verweist in diesem Zusammenhang auf Jazz und Rock, die ebenfalls als Jugendkulturen begonnen haben, aber inzwischen längst zu Stilen geworden sind, die einen ein Leben lang begleiten können.

Nur ein Teil aller Jugendlichen bindet sich über längere Zeit (zwei Jahre plus) an eine bestimmte Jugendkultur und tritt damit als aktiver Szenegänger in Erscheinung. Offensichtlich hat die Anzahl der »eindeutig Selbstverorteten« unter den 13- bis 18-Jährigen von 29,7 % zwischen 2001 und 2012 um 10 % abgenommen bzw. sind die Szene-Hopper*innen von 36,6 % auf 51,2 % angestiegen (Eulenbach/Fraij 2018, 34 ff.). Dabei wird ein geschlechtsspezifischer Unterschied deutlich: Männliche Jugendliche bevorzugen eine eindeutige Szeneverortung, weibliche dagegen stärker eine situativ wechselnde Zuordnung (ebd. 33).

Für unser Thema bedeutet dies, dass man in Bezug auf Jugendkulturen von zwei unterschiedlichen Formen der Selbstpositionierung ausgehen kann. Die erste besteht darin, verschiedene Kulturen und deren Stile kennenzulernen, phasenweise in diese einzutauchen, sich dort passend zu bewegen zu lernen, Vereinbarkeitsstrategien zu testen, aber gleichzeitig eine gewisse Distanz zu ihnen aufrechtzuerhalten (Eulenbach & Fraij, 2018, 38). Hier wird vor allem der Nähe-Distanz-Grad autonom geregelt, und es scheint einen Wert darzustellen, sich noch nicht festlegen lassen zu müssen. Die zweite Gruppe strebt eine eindeutige Identifikation mit den Inhalten und Werten einer bestimmten Szene an, was die gekonnte Ausführung zentraler Praxen impliziert. Hier bedeutet Autonomie vor allem das Auswählen einer Szene, das Sich-Abgrenzen von anderen Kulturen und die Arbeit an Autonomieprojekten in Form von Tanz, Gesang, Musik, Graffiti, Sport etc. Diese Form steht im Mittelpunkt dieses Kapitels.

Wir beschränken uns in diesem Kapitel auf die Darstellung der Ordnungssysteme in zwei juvenilen Lifestylekulturen. Ich habe dafür Hip-Hop (▶ Kap. 2.1) und Skating (▶ Kap. 2.2) ausgewählt, da sie nach der größten Gruppe der Fußballfans die beiden am stärksten frequentierten Jugendkulturen bilden. Als eindeutig in der Skaterszene Verortete bezeichneten sich 2012 10,9 % aller Jugendlichen zwischen 13 und 18 Jahren, als an dieser Szene interessierte Szenehopper*innen 11,1 %. Das sind zusammen 22 % aller Jugendlichen, die eine Bindung an diese Bewegungskultur aufweisen. Bei den Hip-Hopper*innen bezeichneten sich 2012 6,6 % aller Jugendlichen als eindeutig Verortete und als Szenehopper*innen 9,6 %, d. h. immerhin 16,2 % aller Jugendlichen (ebd.). Man kann davon ausgehen, dass die Identifikation mit der jeweiligen Kultur und ihren Regeln im Szenekern besonders hoch ist und wir es hier eher mit dem Autonomieprojekt »Auswahl und Bindung/Abgrenzung« zu tun haben, während sie zur Peripherie hin schwächer wird und es dort eher um eine »autonome Nähe-Distanz-Regulierung« geht (Hitzler/Niederbacher 2010).

Das Ordnungssystem Hip-Hop präsentiere ich im Rahmen einer Feldstudie, die sich am Modell »dichter Beschreibung« (Geertz 1994) orientiert (▶ Kap. 2.1), während das zweite Teilkapitel einen eher knappen, überwiegend auf Literatur und YouTube-Filme gestützten Einblick in die Skaterszene bietet (▶ Kap. 2.2). Am Ende werde ich Ähnlichkeiten und Unterschiede zwischen den beiden Jugendkulturen herausarbeiten (▶ Kap. 2.3).

2.1 Regeln, Rituale und Grenzsetzungen in der Hip-Hop-Kultur

Die Hip-Hop-Kultur umfasst neben dem aktiven Hören der gleichnamigen Musik mit Rappen, Breakdancen und Graffiti/Writing drei zentrale Aktivitäten (Schröer 2013, 11 ff.), die jeweils für sich ausgeübt werden können und bei den meisten Adepten nur in losem Zusammenhang miteinander stehen. Zur Einführung in das Thema Battle empfehle ich den Kinofilm »8 Mile« (2002), der Protagonisten und Atmosphäre in der Szene auf dichte Weise darstellt. Im Folgenden schildere ich einen Rap(per)-Battle, den man sich auf YouTube anschauen kann (https://www.youtube.com/watch?v=Oq8hdUvPv6Q) (letzter Aufruf 21.1.2020). Von Szenekennern wurde mir bestätigt, dass es sich um einen typischen Battle handelt und die vier dort auftretenden Protagonisten die Bandbreite von relevanten Persönlichkeiten und unterschiedlichen Stilen zum damaligen Zeitpunkt (um 2013) gut verkörpert haben (auf neuere Entwicklungen gehe ich in ▶ Kap. 2.1.4 ein).

Battle meint in der Hip-Hop-Kultur eine ritualisierte Auseinandersetzung zwischen zwei Rappern, die MC genannt werden, die Abkürzung für *Master of Ceremony* (Schröer ebd. 14). Sie stehen gleichzeitig auf einer Bühne, halten ein Mikrophon in der Hand und fordern sich abwechselnd in dem für Rap typischen Sprechgesang mit Worten und Gesten heraus. Dabei kommt es darauf an, sich selbst als tollen Typen darzustellen, verbale Schläge (auch unter die Gürtellinie) auszuteilen (sogenannte Punchlines), die den Gegner verunsichern sollen; die Beleidigungen des andern geschickt und witzig zu kontern, Reime aus dem Stegreif zu produzieren und vieles mehr. Man könnte von einem »Duell mit Worten« sprechen. Das Ziel ist es, sich als sprachgewaltiger und wortwendiger als sein Kontrahent zu erweisen und ihn aus dem Feld zu schlagen (das wird im TV-Format dadurch sehr anschaulich, dass der Name des Verlierers weggeschossen wird (z. B. 14.06-14.08) (alle Zahlen in Klammern beziehen sich auf die im Video angezeigte Zeit). Darüber, wer gewonnen hat, entscheiden – wie auch beim »Rap am Mittwoch« – das Publikum über Handzeichen, deren Menge von einem neutralen Moderator eingeschätzt wird, oder ältere, erfahrene Rapper, die von den Kontrahenten dazu ausgewählt wurden.

Als kulturelles Ursprungsmilieu werden Jugendliche, zumeist schwarzer Hautfarbe, angegeben, oft aus als Ghettos bezeichneten prekären Wohngegenden großer Städte in den USA (ebd. 22). Diesen war daran gelegen, ihre Rivalitäten nicht mehr über Gewalt und mit Hilfe von Waffen auszufechten, was häufig tödlich endete, sondern sich dabei auf ausdrucksstarke Worte und Gesten zu beschränken. Insofern wohnt dem Rap-Battle sowohl etwas aggressiv Herausforderndes wie auch etwas Gewalt Vermeidendes und deshalb Zivilisierendes inne. Psychoanalytisch gedacht könnte man von einer Kompromissbildung sprechen.

Der hier besprochene Battle fand im Laufe eines Jahres jeweils über mehrere Runden statt, die abwechselnd in verschiedenen

2.1 Regeln, Rituale und Grenzsetzungen in der Hip-Hop-Kultur

deutschen Großstädten organisiert und auch im Fernsehen gezeigt wurden. Das Format heißt »Rap am Mittwoch«. Das Ziel ist es, über Ausscheidungswettkämpfe einen »King« zu krönen. Moderiert wurden die Battles von dem in der Szene anerkannten Rapper Ben Salomo. Bei dem hier geschilderten Event handelt es sich um das Halbfinale, das am 5.12.2012 in Berlin stattgefunden hat. Sicher verändert die Präsenz der Fernsehkameras einiges an der ursprünglichen Clubatmosphäre, andererseits konnten die Battles gerade dadurch von vielen jüngeren Jugendlichen verfolgt werden und wirkten so Stilbildend für die neue Generation der Hip-Hop-Interessierten.

Wie gehe ich bei der Darstellung und Analyse des Materials vor?

Zunächst werde ich einen Free-Style-Schlagabtausch hinsichtlich seiner stilistischen und inhaltlichen Dimensionen analysieren (▶ Kap. 2.1.1) und aufzeigen, was in den Texten typischerweise zum Ausdruck kommt und wie sie gemacht sein müssen, damit sie eine Chance auf Anerkennung des Publikums haben.

In einem zweiten Anlauf beschreibe ich das Ritualsystem, d.h. was sich in der Regel an sozialen Bezügen zwischen den beiden Kombattanten, zwischen diesen und dem Publikum sowie diesen beiden Gruppen und den Moderatoren bzw. Veranstaltern entwickelt bzw. entwickeln sollte (▶ Kap. 2.1.2). Man könnte hier auch von einem »Skript« für den Battle sprechen (Klatetzki 2019).

In einem dritten Abschnitt schildere ich einen Konflikt, der sich bei diesem Battle zutrug und ihn zur »kontroversesten Veranstaltung« im Verlauf dieses Formats machte (so der Moderator, 39.12). Auf der einen Seite stehen die für diese Sendung verantwortlichen Führungsfiguren der Szene, die ihre Werte vertreten; auf der anderen ein frecher Einzelner, der sich der Sympathie des Publikums gewiss ist und diese Werte in Frage stellt und unterläuft (▶ Kap. 2.1.3). Dieser Konflikt erlaubt uns vertiefte Einblicke in die Bedeutung von Stilen, die Tiefenstruktur von Hip-Hop und von Jugendkulturen generell (▶ Kap. 2.1.4 und ▶ Kap. 2.1.5).

2.1.1 Eine komplexe Textstruktur und die ihr zugrunde liegenden Regeln

Der für das Rappen typische Sprechgesang besteht in der Transformation und Neuordnung der Alltagssprache auf mehreren Ebenen. Die Ordnungssysteme Rhythmus und Zeit stehen bei allen drei Disziplinen eines Battle im Vordergrund (zwischen Free-Style; eigenes, Beat unterlegtes Produkt; a capella). Im Rahmen der Free-Style-Runde muss man sich als MC innerhalb eines festgelegten Kanons bewegen, dort aber zugleich ein Maximum an Spontaneität bzw. Improvisation entfalten. Form und Dauer des Vortrags sind genau geregelt; die Wahl der Inhalte steht dagegen jedem frei. Jedem Rapper steht eine festgelegte Anzahl an Zeilen, sog. Lines, zur Verfügung, die er mit einem möglichst flüssigen Vortrag, d. h. ohne zu stocken oder ohne »Ähs« und »Ohs« füllen soll. In formaler Hinsicht ist ein bestimmter Beat (Rhythmus) vorgegeben, der zu Beginn ein paar Takte lang angespielt wird, sodass man sich auf ihn einstellen kann. Um ihn einzuhalten, muss man häufig Worte auf anderen als den üblichen Silben betonen, aber darauf achten, dass die Worte verstehbar bleiben. Zudem sollte man in seinen Text an zwei, drei Stellen Reime platzieren, wobei die Aussprache im Vordergrund steht, nicht die Schreibweise. Nachdem der Erste seinen Part absolviert hat, findet ein Wechsel (Change) statt und der Gegner übernimmt. Als Hilfsmittel werden Arme und Beine bzw. Tanzschritte eingesetzt, um im Takt zu bleiben und an den richtigen Stellen Akzente zu setzen.

Beim Battle muss man also das, was man sagen will, auf einen vorgegebenen Rhythmus abstimmen, für die Dauer des eigenen wie des fremden Vortrags die Übersicht über die verbleibende Zeit bewahren und eine Schlusspointe setzen. Es geht nicht um weniger als die Gestaltung einer komplex strukturierten, poetischen Vorlage. Man könnte das dort zur Anwendung kommende Schema mit dem Hexameter vergleichen, in dem z. B. die Ilias vorgetragen wurde, deren Rhythmus vom Vortragenden mit Hilfe eines Stockes auf den Boden geklopft wurde; oder mit dem japanischen Kurzge-

2.1 Regeln, Rituale und Grenzsetzungen in der Hip-Hop-Kultur

dicht, das *Haiku* genannt wird. Auch in diesem gibt es eine bestimmte Zahl an Zeilen, an Silben innerhalb jeder Zeile und eine bestimmte Auswahl an Inhalten, die den einzelnen Zeilen zugeordnet sind (so darf sich z. b. ein Subjekt erst in der letzten Zeile aussprechen) (Krusche 2002, Wohlfahrt 1997).

Anders als bei diesen traditionellen Formen handelt es sich beim Free-Style aber zusätzlich um ein kommunikatives Geschehen aus dem Stegreif: Es geht darum, Inhalte des Anderen aufzugreifen und z. B. seine Angriffe zu kontern oder Prahlereien als substanzlos zu relativieren. Dem beobachtenden Publikum bleibt es überlassen, den Grad der Annäherung an die geschilderten Vorgaben zu bewerten, wobei man davon ausgehen kann, dass der größte Teil des Publikums, auch die Szene-Hopper*innen, die Regeln kennt und Regelabweichungen aus Nachlässigkeit oder auf Grund eines Blackouts sanktioniert, indem es ein positives Votum verweigert. In das finale Urteil des Publikums geht aber sicher auch die Gesamtperformance ein, d. h. die Mischung aus Regelkonformität, kommunikativer Beweglichkeit, dazu passenden (Tanz) Bewegungen und Gesten sowie inhaltlicher Originalität und Drastik. Später werden wir sehen, dass auch der persönliche Habitus des Rappers eine Rolle, wenn nicht sogar die Hauptrolle spielen kann (▶ 2.1.3).

Im Folgenden analysieren wir einen Ausschnitt aus dem Battle zwischen den MCs Babou (A) und Percee (B), die im Wechsel gegeneinander antreten (A 1-B1, A 2-B 2, A 3-B 3). J

Hier zunächst die Texte der beiden, danach eine Analyse der als relevant erachteten Inhalte:

A 1: Babou (3.03–3.23)
Ok Percee, es geht nicht katastrophala
Wieder ist er da dieser Barack Obama *(spielt auf Percees Hautfarbe an, die der von Obama sehr ähnlich ist)*
Check den Text, Mann, er ist komplex
Check das, so sieht es a(u)s
Ich bin Bobou, Mann, das absolute Rap-Ass
Oh mein Gott Mann, du kannst es nicht peilen

wieso kommst du so oft her, Alter, sammelst du Meilen? *(Johlen des Publikums als Zeichen der Anerkennung, 3.20)*
Vielleicht verstehst du es selber nicht
So sieht es aus: Du verlierst dein Gesicht.

B 1: Percee (3.26--3.47)
Yo du Geier jetzt halt man deinen Schnabel
Habt ihr's gesehen?
Er battelt selbst auf Kabel *(spielt darauf an, dass Babou mehrfach auf ein Mikrokabel tritt)*
Tse! *(abschätzig)* Deine Vorrunde war ranzig
das Bild deiner Krankheit Trisomie einundzwanzig *(Johlen des Publikums 3.28)*
Spasti, du hast sie in der halben Quote
Kommissar Rexio reich mal die Pfote *(spielt auf eine Fernsehsendung mit einem Hund an)*
ist auch egal, du kannst es auch lassen
Dein Schwanz ist nach innen gewachsen.

A 2: Babou (3.48–4.09)
Ja Mann, Percee, reich mir die Pfote wie Köter *(greift das Hundemotiv auf)*
Ja so sieht es aus, Baboo, der Dich-mit-Strophen-Töter
Oh mein Gott Du bist ein toter MC *(»cie« gesprochen, damit es sich auf Trisomie reimt)*
Kannst nicht sprechen, Mann: Trisomie *(nachgeäfft)*
Ich weiß auch nicht Mann
Versuch es mal mit der Logopädie *(Johlen 4.00)*
So sieht es aus Alter, du hast es logo kapiert
Ich hab dich kastriert
Denn das war's für dich
So sieht es aus, nach Rap-am-Mittwoch-Straßenstrich *(spielt auf die Sendung an)*.
(lautes Johlen, 4.11)

A 3: Babou (4.33–4.54)
So sieht es aus, dieser Typ hält sich für schlauer als schlau
So sieht es aus, der Mann, du bist einfach Bauer sucht Frau *(lautes Johlen, 4.40)*
Oh mein Gott, mein Gott, du Tussi
Ich mache aus dir Sushi
Geb dir Hagba (?) *(Johlen)*

2.1 Regeln, Rituale und Grenzsetzungen in der Hip-Hop-Kultur

Nenn mich einfach Bruce Lee
Oh mein Gott dieser Schwuchtie
Das gibt mir einen Doppelkick
Erst den ersten Typ aus Frankfurt dann den Mann aus Münster *(Babou hat in der ersten Runde einen Rapper aus Frankfurt besiegt, lautes Johlen)*
Scheiße Mann, für deine Zukunft sehe ich wirklich finster!

Einige Kommentare zu den Texten

A 1: Babou geht in der Eröffnung vermutlich ein Risiko ein, indem er Percee als Barack Obama bezeichnet, da dieser in der Szene durchaus Sympathien besitzt. Sich selbst bezeichnet er als »Rap-As«, was zumindest durch die Zeilen davor nicht unterstützt wird. Den besten Coup landet er mit dem Reim »peilen« »Meilen«. Inhaltlich steht das für den Hinweis, dass er selbst aus Berlin stammt, Percee aber aus Münster nach Berlin fliegen muss, und unterstellt ihm, dass er in dieser, seiner Stadt auch mit noch so häufigem Kommen keinen Erfolg haben wird.

B 1: Percee greift das Thema »Gesicht« auf und platziert in das von Babou einen Schnabel und bezeichnet ihn als »Geier«. Er hat beobachtet, dass Babou bei seinen Hin- und Her-Bewegungen zwei, drei Mal auf das Mikrophonkabel getreten ist und dabei kurz irritiert wirkte (3.12). Diese Unsicherheit bekommt er jetzt gespiegelt. Die Szene macht deutlich, dass man beim Rappen nicht nur sehr genau hinhören, sondern zugleich auch alle paraverbalen und gestischen Informationen, die der Gegner unfreiwillig preisgibt, aufgreifen kann, um den Gegner beim Publikum vorzuführen und damit zu schwächen. »Ranzig« reimt sich gut auf »einundzwanzig«. Die Beleidigung des Gegners als von Trisomie 21 Betroffener löst ein Johlen im Publikum aus, das bestimmte grenzwertige Beleidigungen goutiert, und wird mit »Spasti« fortgesetzt, das sich gut auf »du hast sie« reimt. Zum Abschluss wird eine Beleidigung platziert, die weiter mit der Unterstellung von körperlicher Missbildung arbeitet und nun ins Intime und Sexuelle reicht: Der Penis von Babou sei nach innen gewachsen.

2 Regeln, Strukturen und Ordnungen in Jugendkulturen

A 2: Babou greift die Beleidigung als Hund auf, dreht sie aber um: Jetzt ist es Percee, der ihm die Pfote reichen soll. Originell ist der Reim »Köter« – »Strophen-Töter«. Der Ausdruck wird vom Publikum sofort verstanden: Man »tötet« jemanden mit einer besonders schlagkräftigen Line = Strophe. Die Übertragung vom Szeneslang in das unübliche hochsprachliche Wort »Strophe« und die Substantivierung »Töter« sprechen für Sprachkompetenz und große sprachliche Wendigkeit. Danach unterstellt Babou, dass Percee das Wort »Trisomie« falsch ausgesprochen hätte, und rät ihm zu »Logopädie« (und greift in der nächsten Zeile »logo« noch mal in der ganz anderen Bedeutung »logisch« auf). Hier wird deutlich, dass es sich bei beiden Rappern um junge Menschen handelt, die über einen höheren Bildungsgrad verfügen. Ich würde vermuten, dass beide zumindest eine Zeitlang ein Gymnasium besucht haben oder aus bildungsaffinen Elternhäusern stammen. Dasselbe dürfte übrigens auch für einen größeren Teil des Publikums gelten, da es solche Anspielungen sonst nicht verstehen und goutieren könnte. Das Johlen an diesen Stellen zeigt an, dass sie es tun.

B 2: Wieder greift Percee etwas Körpersprachliches auf: Er wertet den Bewegungsmodus von Babou als Gefuchtel ab, als im Rap unüblichen Einsatz des Unterarms. Man beachte die korrekte anatomische Bezeichnung. Dann wird es derbe: Die Freundin wird als Schlampe bezeichnet, die Babou betrügt. Dann gibt er an, Babou mit dem Ellbogen auf den Kopf hauen zu wollen. Dafür gibt es anscheinend ein szenebekanntes Vorbild (den asiatischen Kampfkünstler Ong Bak). In diesem Moment macht er zwei Schritte in Richtung Babou und prallt dabei (4.26) auf den Moderator, der sich wohl vorsichtshalber in den Weg gestellt hat. Wieder wird hier ein Teil des Armes (Ellbogen) genau bezeichnet, was vermutlich der in Aussicht gestellten Aktion einen Konkretisierungszuwachs und damit Glaubwürdigkeitsgewinn verleihen soll. Die Aggression, die mit dem Rempler für einen Moment real im Raum steht (4.26), wird sofort wieder zurückgenommen. Denn im nächsten Moment wünscht Percee seinem Gegner, wenn auch ironisch,

2.1 Regeln, Rituale und Grenzsetzungen in der Hip-Hop-Kultur

Glück. Dabei reimt sich das englische »Luck« auf »Ong-Bak«. Sprachlich sinkt das Niveau, findet aber in der Berufsempfehlung an Babou als Polizisten noch mal eine gute Abschlusspointe.

A 3: Ein anerkennendes Publikumsjohlen erzielt Babou mit der Bezeichnung von Percee als »Bauer sucht Frau« (eine Anspielung auf ein Fernsehformat). Die Reimkette Sushi und Bruce Lee (der Karatekünstler) wird mit »Schwuchtie« fortgesetzt. Passend erscheint, dass Bruce Lee ähnliche Hackbewegungen macht, wie sie beim Schneiden von Sushi-Rollen praktiziert werden. Babou stellt sich als jemanden dar, der alle auswärtigen Anwärter auf den Sieg wieder nach Hause, von Berlin aus in die Provinz schickt. Einen guten Abschlussgag erzielt Babou mit dem Reim »Münster« und »fünster«. Dabei klingt die Aussage »ich seh finster für deine Zukunft« bewusst gestellt, eine Ironisierung von Erwachsensprache, die damit rechnet, dass beinahe jeder Jugendliche im Saal den Satz schon einmal aus dem Mund eines Erwachsenen gehört hat.

B 3: Wieder kritisiert Percee die Körpersprache, konkret den Flow von Babou als zu »wellenförmig«. Jedenfalls nicht so, wie er in der Szene zu sein hätte. Damit wird Babou als Nicht-Blicker vorgeführt, ähnlich dumm wie jemand, der Oregano statt Haschisch raucht und sich offensichtlich schon beim Kaufen der Ware hat austricksen lassen. Dann kehrt Percee zum Thema Sexualität zurück, erst derbe (»Rolle«?), dann kulturell-subtil mit »tantrischem Joga«. Trotz überlegener Potenz ist er aber bereit, das Feld Berlin Babou zu überlassen, weil er seine Heimatstadt Münster höher schätzt als Berlin. Freilich nicht ohne einen starken Abgang zu machen. Er entblößt seinen Hintern und setzt selbst mit dem erzwungenen Reim »das war's« – »Ars(ch)« eine expressive Schlusspointe (5.16).

Es wird deutlich geworden sein, dass es sich beim Battle schon auf der Textebene um ein komplexes Geschehen handelt und dass das Verstehen der Sinnbezüge aufmerksame und geschulte Zuhörer voraussetzt. Es geht um weit mehr als darum, den anderen zu beleidigen (zu »dissen« wie es im Szeneslang heißt). Es geht darum, aus dem Beleidigen eine »Kunst« zu machen (so auch der Moderator 16.33). Nun sind die Texte aber zugleich in eine öffentliche Inszenierung eingebettet und entfalten erst hier ihre volle Bedeutung. Deswegen werden wir uns jetzt dem Ordnungssystem und seinen Interaktionsregeln zuwenden.

2.1.2 Regeln, Rituale und szenische Ordnungen

Viele der hier vorgestellten Regeln gelten grundsätzlich und weltweit für alle Battles. Sie wurden in dem mittlerweile zur Film-Ikone avancierten Kinoerfolg »8 Mile« 2002 anschaulich vorgeführt und kodifiziert. Manche Regeln haben sich speziell in Europa bzw. in der deutsch rappenden Hip-hop-Szene entwickelt; wieder andere sind speziell für den »Rap auf Mittwoch« festgelegt worden.

Raum- und Körperregeln: Da ist zunächst die Bühne, deutlich abgehoben vom Zuschauerraum (anders als bei vielen Battles in den USA, in denen die Kombattanten mit der sie umgebenden Menge auf einer Ebene stehen). Auf dieser stehen der Moderator und die beiden Kombattanten im Mittelpunkt. Beiden ist ein bestimmter Platz zugewiesen, rechts oder links neben dem Moderator. Die beiden können sich einander annähern, aber nicht die Plätze tauschen. Im hier besprochenen Battle hielten die Kontrahenten meist mehrere Meter Distanz ein, wofür sich auch der Moderator verantwortlich fühlte (siehe die Armbewegung 4.19 und 4.26). Ein- oder gegenseitige Berührungen sind strikt verboten, ganz zu schweigen von Gewalthandlungen. Provokative Gesten und Ausfallschritte in Richtung des Gegners sind durchaus erlaubt, gerade auch im Zusammenhang mit besonders aggressiven Sprüchen. Eine dauerhaft ansteigende Erregung scheint aber nicht erwünscht und wird durch demonstrative Coolness (auf Seiten des Gedissten) oder Themenwechsel auf Seiten des aktiven Performers unterbrochen oder heruntergefahren. Es scheint eine stillschweigende Verabredung zu geben, dass sich das Erregungslevel zwar

2.1 Regeln, Rituale und Grenzsetzungen in der Hip-Hop-Kultur

wellenförmig, aber im Mittelbereich bewegen soll, mit einigen deutlichen Spitzen nach oben, denen Abkühlungen folgen.

Im Hintergrund der Bühne stehen das Musikpult und die Ton- und Lichttechnik(er) und halten sich auch Juroren auf, die eingreifen können und sollen, wenn es zu Regelbrüchen käme oder zu Uneindeutigkeiten oder Präzedenzfällen bei der Abstimmung des Publikums. Dort gruppieren sich aber auch in lockerer Form prominente Gäste, altgediente Rapper, denen das Privileg eingeräumt wird, den Battle aus nächster Nähe mitzuerleben. Damit verorten sie das Ziel aller aktiv Rappenden: dorthin, d.h. auf die Bühne, will man es schaffen. Wann immer die Musik erklingt, wippen sie im Rhythmus mit und bilden so einen responsiven mitschwingenden Hintergrund, den vor allem die Zuschauer goutieren können. Denn gerappt wird nach vorne, d.h. zum Publikum hin. Dieses wird sowohl vom Moderator als auch von den jeweils performenden MCs zum Mitwippen aufgefordert, indem sie »Hände, Hände!« rufen. In Ausschnitten kann man die Menge sehen, wobei es Brauch zu sein scheint, den Rhythmus nur mit einer Hand zu skandieren (z.B. 3.06-3.09 oder 22.06-22.12.). Von oben schauen die Rapper also in eine rhythmisch bewegte Menge, die ihnen eine Art kinästhetische Unterstützung für ihre Performance bietet.

Einstiegsrituale: Die Auswahl der Kombattanten findet bei Battle-Events häufig nach dem Zufallsprinzip statt: Aus einer Box, in der alle Berechtigten namentlich vertreten sind, werden zwei Zettel gezogen (2.01-2.17). Bei anderen Battles fordert ein Rapper einen bestimmten anderen auf, sich mit ihm zu messen, worauf der andere eingehen oder den Herausforderer als unter seinem Niveau ablehnen kann. Das soll verhindern, dass MCs aufeinanderprallen, die sich bereits aufeinander eingeschossen haben oder zu eskalieren drohen. Damit wohnt der Auseinandersetzung von Anfang an ein Moment des Künstlichen bei: Man muss den anderen zu seinem Gegner machen und einen zufällig Ausgelosten behandeln, als liege man mit ihm schon seit Jahren in Dauerfehde und brenne darauf, es ihm endlich zu zeigen. Ein professioneller Rapper battlet gegen jeden, auch seinen besten Freund.

Als nächstes wirft der Moderator eine Münze, die »Kopf oder Tiger« aufweist, und klatscht sie auf seinen Handrücken. Bei jeder Runde kann einer der beiden MCs das Bild wählen. Fällt die Münze auf die von ihm gewählte Seite, kann er bestimmen, wer anfängt. Hat er die falsche Seite angegeben, muss er selbst anfangen. Offensichtlich ist der Start unbeliebter und wird als schwieriger angesehen. Dahinter scheint die Idee zu stehen, dass man erst im Lauf des Battles richtig warmläuft bzw. den Anderen als Stichwortgeber braucht, um zu glänzen. Gleichzeitig hat der Zweite den Vorteil, dass er den Battle beendet und seine Performance bei der Abstimmung dem Publikum noch frisch in Erinnerung ist, während die Pointen und Witze des Ersten bereits in Vergessenheit geraten sein können.

Die Münze fällt so, dass Percee bestimmen kann und er Babou zweimal höflich auffordert: »Bitte schön, Babou (...)«. Solche Gesten werden unter dem Stichwort »Respekt« verbucht. Dazu gehört auch, dass sich die Duellanten am Schluss die Hände reichen und zeigen, dass sie sich nicht wirklich beleidigt fühlen bzw. den Anderen als ernst zu nehmenden Gegner schätzen (s. u.). Gekonnte Beleidigung und Demonstration von Respekt stellen die beiden sich austarierenden, komplementären Grundwerte dar.

Performance-Regeln/Stilmittel: Im Hintergrund setzt jemand am Mischpult die vorher ausgewählte, bisher aber geheim gehaltene Musik in Gang. Es ist eine redundante Passage aus vier oder fünf Takten, die sich als Hintergrund für Sprechgesang bewährt hat, weil sie bereits von einem prominenten Könner für seinen Rap genutzt wurde.

Derjenige, der anfängt, muss sich innerhalb weniger Sekunden auf den Beat einstellen und diesen mit seinem Text und seinen Bewegungen bedienen, weshalb er zu den ersten Takten häufig etwas Redundantes sagt wie: »joh Mann joh« oder den eigenen Namen nennt bzw. den des Gegners. Die Musik als Unbekannte soll verhindern, dass man beim Freestyle einen vorher eingeübten Text abspult, wozu die zweite Runde dienen soll. Gefordert ist eine kreative Textproduktion aus dem Stegreif (auch wenn man annehmen

2.1 Regeln, Rituale und Grenzsetzungen in der Hip-Hop-Kultur

kann, dass jeder Rapper über einen Fundus an Textpassagen verfügt, die er abrufen und quasi automatisiert abspulen kann). Zum Auftakt ruft der Moderator: »Dein Beat« und die Aufforderung »Free Style acht Takte«, wobei mit Takten etwas anderes gemeint ist als üblich (eher so etwas wie acht Zeilen).

Ziel der Performance ist es, in einen Flow zu kommen (Csikszentmihalyi 2008), d. h. sich in eine leib-seelisch-geistige Sprechmaschine zu verwandeln, die ihren eigenen individuellen Stil mühelos entfaltet und sich dabei möglichst exakt in den von außen vorgegebenen Bahnen bewegt. Wir können hier wiedererkennen, was wir über die Ausbalancierung von Normenbeachtung und Eigensinn in Kapitel 1 (▶ Kap. 1) geschrieben haben. Mit diesem Anspruch ist man aber immer auch vom Scheitern bedroht: Aus dem Takt zu kommen, gilt als Stilfehler und wird von dem Kontrahenten sofort bemerkt und markiert (siehe Percee, als Babou durch die Kabel auf dem Bühnenboden einen Moment aus dem Tritt kommt, 3.12). Sicher geht das auch mit Gefühlen der Scham einher.

Wenn der Moderator »Change« ruft, muss der performende MC sofort aufhören und legt sein Counterpart los, häufig schon innerhalb der nächsten Sekunde. Zwischen den beiden Darbietungen darf es keine Verzögerung oder Wartezeit geben, was bedeutet, dass beide aufpassen müssen, wann ein Part zu Ende geht und der eigene Einsatz startet. Um den übergangslosen Wechsel mit zu unterstützen, hebt der Moderator schon während der letzten Beats die Hand und vergewissert sich, dass der Performende ihn sieht. Manchmal hebt er auch erst drei, dann zwei, dann einen Finger, um klarzumachen, wie viel Zeit noch bis zum Wechsel zur Verfügung steht.

Eine Kleiderordnung gibt es beim Hip-Hop, speziell bei den »Rap am Mittwoch«-Auftritten nicht. Das Tragen der Basecap und Turnschuhe bestimmter Marken sind zwar weit verbreitet, aber nicht obligatorisch. Als weitere Stilmittel können expressive Gesten gelten, mit denen auf Körperteile (eigene wie fremde) gezeigt wird oder mit denen die eigene Basecap abgesetzt, eine Weile in der Hand gehalten und oft verkehrt herum wieder aufgesetzt wird.

Mit dem Zeigen seines Hinterns (5.16) setzt Percee ein Stilmittel ein, das vom Publikum goutiert wird, für den Stilkundigen aber eine Grenzverletzung darstellt. Percee scheint das selbst zu reflektieren, da er später leugnet, seinen Po entblößt zu haben und »Rap am Mittwoch« scherzhaft unterstellt, dieses Bild »hineingeschnitten« zu haben (14.36–14.39). Sexuell konnotierte Körperteile dürfen tausend Mal explizit benannt, aber nicht gezeigt werden: Verbalisiere es, aber verzichte auf das Ausagieren, lautet die Basisregel für Sex und Gewalt.

Der Moderator steht während der Free-Style- und a-cappella-Runden zwischen den beiden Kombattanten und achtet darauf, dass die beiden sich nicht zu nahekommen. Seine Anwesenheit und seine diesbezüglichen Gesten kommunizieren: »Gewalt liegt in der Luft, aber ich werde sie zu verhindern wissen.« So inszeniert er gleichzeitig die Nähe von Gewalt wie deren Kontrolle. Klar ist, dass Teile des Publikums nichts dagegen hätten, wenn es auf der Bühne zu einer handfesten Prügelei käme. Als Percee in einen Erregungszustand gerät und Ausfallschritte in Richtung Babou unternimmt, sieht sich der Moderator veranlasst, eine einhegende bzw. abgrenzende Bewegung von oben mit dem Arm zu machen (4.14), die Percee allerdings nicht wahrzunehmen scheint, weil er ganz auf seinen Text und seinen Gegner fokussiert ist. Als er mit seinen erregten Bewegungen fortfährt, streckt der Moderator vorsorglich seinen Arm aus, kurz bevor dieser verbal ankündigt, Babou schlagen zu wollen (4.26). Weil das mit einem Ausfallschritt in dessen Richtung verbunden ist, prallt Percee deshalb kurz auf die linke Körperseite des Moderators, weicht aber sofort wieder zurück. Vorsorglich hält der Moderator aber seinen Arm noch vier weitere Sekunden ausgestreckt, bis die Runde von Percee vorbei ist und Babou übernommen hat (4.31). Es ist das einzige Mal an diesem Abend, dass so etwas wie körperliche Erregung überhand zu nehmen droht. Bei genauer Analyse des Videos fällt allerdings auf, dass auch Babou vorher Schritte auf Percee zugemacht hatte und ihn damit nonverbal herausfordert.

Dass er das Hausrecht auf der Bühne innehat, demonstriert der Moderator ebenfalls, indem er imaginäre Räume auf der Bühne öffnen und schließen kann. So sagt er z.b. an einer Stelle, an der es völlig klar ist, dass Percee anfangen darf und will: »... und die ganze Bühne ist deine Ebene, mach, was du willst!« (6.26) oder zu Babou: »... auch für dich jetzt die ganze Bühne« (7.24).

Ein anderer Teil seines Hausrechts bezieht sich auf die für die Performance angemessene Ruhe und Konzentration auf Seiten des Publikums. Für die Bitte um Aufmerksamkeit kommt eine spezifische Ritualisierung ins Spiel. Erscheint dem Moderator das Publikum zu unruhig, ruft er in das Mikrophon: »Seid jetzt mal alle ruhig!«, worauf das Publikum sofort zurückbrüllt: »Hey!«. Diese Art der Ansprache wurde bei dem hier geschilderten Battle in 47 Minuten insgesamt 13-mal eingesetzt und ist auch aus anderen Battles bekannt (siehe z.B. 8.50, 9.16, 10.13, 12.15 etc.). Wer dieses Ritual erfunden hat, habe ich nicht herausfinden können. Für die Prominenz des Rituals spricht, dass es inzwischen sogar T-Shirts mit dieser Aufschrift zu kaufen gibt. An diesem Abend trägt es Ben Salomo selbst. Was ist der Sinn dieses Zurufs und der prompten Antwort? Mir scheint, dass damit an eine Form der Ansprache erinnert wird, die alle im Saal kennen: die von Lehrer*innen gegenüber ihrer Schulklasse, die lärmt und tobt, während der Lehrer versucht, Unterricht zu halten. Wahrscheinlich wurden die meisten Schüler im Laufe ihrer Schulzeit mehr als hundert Mal in dieser Weise zur Ruhe ermahnt. Vermutlich stellt der Zuruf im Kontext Schule eine Standardintervention dar, die sich längst erschöpft hat und weitgehend wirkungslos bleibt. Im Rahmen der Battle-Kultur wird dieser Ruf in einem neuen Kontext wieder eingebracht und führt – anders als in der Urszene – sofort zu einer Aufmerksamkeitsumkehr und einer kollektiven Antwort. Der ursprüngliche Zuruf wird demnach ironisiert und paradox transformiert: Was 100-mal keine Wirkung hatte, führt jetzt zu einer reflexartigen Befolgung. Damit machen Moderator und Menge klar, dass sie ein ganz anderes Verhältnis zueinander haben als Lehrer und Schüler. Es zeigt aber auch auf, wie nahe der Ort Schule den meisten noch ist und wie sich neue und alte Ordnung gleichen, aber auch unterscheiden.

Insgesamt betrachtet reguliert der Moderator den Kontakt zwischen der Bühne und dem Publikum. Das gilt für Begrüßung und Verabschiedung, aber auch für die Unterstützung, die die Performenden von Seiten des Publikums brauchen oder bekommen sollen. Dazu braucht er aber auch selbst einen Kontakt mit dem Publikum: Dieses muss ihn kennen, respektieren und am besten auch sympathisch finden, denn er ist auf die Kooperation des Publikums mit ihm angewiesen. Schließlich muss er am Ende jeder Runde eine Abstimmung durchführen und dafür das Publikum um die Angabe seines Votums bitten. Dabei spricht er jedes Mal die gleichen Sätze wie: »Wer findet, dass der MC zu meiner Rechten die bessere Performance abgeliefert hat, der hebe jetzt die Hand« etc. Er muss die Zahl der Hände überblicken und die Mehrheit erkennen oder einschätzen. Zweite und dritte Abstimmungen sind allerdings keine Seltenheit, auch weil sich Besucher*innen umentscheiden und das Abstimmungsbild damit klarer werden kann.

Ganz am Ende sorgt der Moderator mit Blick auf die Rapper, die sich gebattelt haben, für deren erneuten Übergang: Während auf der Bühne ein (künstlicher) Konflikt zwischen (fiktiven) Feinden ausgetragen wurde, sollen die Kampfhandlungen nun eingestellt werden und beide wieder in den Alltag zurückkehren. Um diesen Übergang zu erleichtern, wird die räumliche Distanz zwischen den beiden wieder aufgehoben und sollen sie sich in irgendeiner Form berühren (!). Meist geschieht das in Form von Abklatschen. Dazu fordert der Moderator auf, indem er so etwas sagt wie: »Zeigt euch Respekt«, womit die wechselseitige Anerkennung der Leistung des je anderen gemeint ist.

Auf Grund seiner vielen Aufgaben kann der Moderator als der Ritualexperte angesehen werden, der den korrekten Ablauf des Rituals garantiert.

Regeln zu Inhalten: Die Performance soll unterhaltsam sein. Dafür muss sie bezogen auf die Alltagskommunikation mit möglichst drastischen Grenzverstößen operieren, andererseits aber auch –

2.1 Regeln, Rituale und Grenzsetzungen in der Hip-Hop-Kultur

wie wir bei Babou und Percee gesehen haben – anspielungsreich mit Chiffren aus unterschiedlichen Genres der Populärkultur spielen können. Bezogen auf Beleidigungen gibt es keine moralischen oder ästhetischen Grenzen: Man kann die Schwester, aber auch die Mutter oder Tochter des Anderen ficken, lecken oder fisten und das genüsslich ausmalen. Man kann dem Gegner jede erdenkliche Krankheit oder Behinderung andichten und ihn jeder Art von sexueller Abweichung oder Perversion bezichtigen (Homosexualität ist besonders beliebt) oder ihm mit Blick auf sein Aussehen und seine Herkunft hämische und abwertende Statements an den Kopf werfen (asiatisch, türkisch, aber auch aus der Unterschicht oder einem Akademikerhaushalt etc.). Erlaubt ist ebenfalls die Äußerung von Gewaltphantasien, die von einfachem Schlagen bis dazu, jemanden in die Luft zu sprengen, reichen. Das Ausmalen von Folter- und expliziten Vergewaltigungsphantasien scheint dagegen nicht erwünscht zu sein. Ähnliches gilt für den gesamten Komplex analer Phänomene, d.h. jemanden auf der Toilette imaginieren, wie er defäkiert oder in die Hose macht und stinkt; sich selbst oder andere aus Versehen oder absichtlich mit Kot beschmutzt, indem er z.B. jemandem gezielt auf die Türschwelle kackt oder einnässt bzw. flatuliert. Diese Themen, die im Kindesalter eifrig genutzt wurden, um Peers zu beleidigen, scheinen beim Battle quasi unter Tabu zu stehen. Insgesamt betrachtet, ist die Welt des Hip-Hop von genitalem oder oralem Sex dominiert.

Der zuhörende Kontrahent: Während der eine MC rappt, hört der andere zu. Es ist ihm strikt verboten, den anderen zu unterbrechen. Er muss sich alles kommentarlos anhören und bemüht sich dabei vermutlich auch um volle Konzentration, weil er in seiner nächsten Runde Vortragselemente seines Gegners aufgreifen bzw. entkräften möchte. Während er verbal angefeindet wird, versucht er selbst, seine Mimik bzw. Körpersprache optimal zu kontrollieren und so »cool« wie möglich, d.h. gleichmütig auszusehen. Bestenfalls verzieht er den Mund oder rollt mit den Augen, um zu zeigen, dass die Beleidigungen des anderen nicht ernst zu nehmen sind oder ihm kindisch vorkommen. Auf keinen Fall sollte man erkennen lassen, falls man sich persönlich getroffen fühlen würde. Geschickter ist es, *Rollendistanz* herzustellen und zu inszenieren (Goffman 1983). Das tut man z. B., indem man bei der Performance des anderen mitwippt und -schwingt, als höre man dessen Vortrag lediglich als Musik ohne Inhalt, oder dadurch, dass man bisweilen zustimmend zu einer Beleidigung lächelt oder zu einem Reim anerkennend nickt. Mit all diesen Mitteln macht man deutlich, dass man über ein Maximum an professioneller Distanz verfügt und zu einer Objektivität in der Lage ist wie sonst nur ein unabhängiger Gutachter. Es stellt eine Kunst für sich dar, den anderen auf diese Weise gestisch-mimisch ins Leere laufen zu lassen.

Das Publikum (die sog. Crowd): Es kommt zu einem Battle und zahlt dafür Eintritt, trägt also erheblich mit zur Finanzierung der Veranstaltung bei. Dafür erwartet es, Rapper zu sehen und zu hören, die die Regeln des Battles kennen und beherrschen, und ist darauf vorbereitet, deren Performance zu bewerten. Gleichzeitig will es gut unterhalten werden, d. h. einen spannenden Kampf sehen, in dem sich möglichst Ebenbürtige gegenüberstehen und in dem, so die Hoffnung, sich auch Neues und bisher noch nicht Gehörtes ereignen kann (wie Percees Entblößung). Ähnlich wie das Publikum bei einem Boxkampf oder beim Catchen will es aber auch »harte Schläge« sehen, d. h. verbale Angriffe, die unter die Gürtellinie zielen bzw. bis an die Grenze des guten Geschmacks gehen oder darüber hinaus. Damit ergibt sich eine Grundstruktur zwischen den Kontrahenten und dem Publikum, die Bateson als »Exhibitionisten-Voyeure-Ordnung« beschrieben hat (Bateson 1988, 147 ff.). Die einen stellen sich öffentlich als Kämpfer dar, riskieren es aber auch, zu verlieren und zum Opfer zu werden. Das Publikum genießt dieses Drama aus einem sicheren Abstand und ist frei, sich mit der einen wie der anderen Möglichkeit zu identifizieren.

Im Unterschied zu den erwähnten Kämpfen, die vor allem männliches Publikum ansprechen, findet der Battle auch sein weibliches Publikum (inzwischen 25 bis 40 %). Häufig nimmt der

2.1 Regeln, Rituale und Grenzsetzungen in der Hip-Hop-Kultur

männliche Hip-Hop-Adept seine Freundin zu einer solchen Veranstaltung mit, die sich selbst nicht als Hip-Hopperin bezeichnen würde, aber zumindest auch für diese Szene interessiert. Viele dieser weiblichen Zuhörer*innen sind mit ständigem Wiederholen von »Ficken« und »Fotzen« etc. eher nicht anzusprechen. Sie goutieren, gemeinsam mit vielen männlichen Szenegängern, eher originelle und amüsante Wortschöpfungen, bildhafte Vergleiche, überraschende Reime, Anspielungen auf andere kulturelle Phänomene (Fernsehserien, Schlagersänger, Kinofilme etc.) und rasches Aufgreifen und intelligentes Weiterverarbeiten von Inhalten des Gegners. Zumindest gibt das das Publikum bei dem hier besprochenen Battle zu erkennen. Gut die Hälfte bezieht sich beim lauten Johlen auf derbe Beleidigungen (z. B. bei 18.37 oder 19.55), die andere eher auf intelligente witzige Wortwahl (z. B. 18.58 oder 19.33 etc.).

Am Ende hat das Publikum die Aufgabe, den Schlagabtausch zu bewerten. Dabei wird ihnen vom Moderator abverlangt, fair zu sein, d. h. den besseren Performer anzuerkennen. Damit ist eine doppelte Kompetenzzuschreibung verbunden, sowohl hinsichtlich der Neutralität (oder moralisch aufgeladen Fairness) als auch in Bezug auf Regelkenntnisse und deren Anwendung auf einen Einzelfall. Dabei wird mit einem binären Bewertungsschema operiert: Wer war besser, der oder der? Je nach eigenem Urteil hebt man für diesen oder jenen die Hand und bekräftigt das Votum noch einmal durch Johlen, wenn der gewählte Kandidat auch von der Mehrheit im Saal anerkannt wurde. Wir werden weiter unten sehen, dass das Publikum sich diesen Kompetenzerwartungen auch verweigern und ungewohnte Ausgänge herbeiführen kann.

Wie wir gesehen haben, weist das Ordnungssystem, das wir kennengelernt haben, weit über spezielle Regeln für Duellanten hinaus. Es weist allen Personen im Saal Rollen zu, lenkt deren Erwartungen in gewisse Bahnen, führt Hierarchien ein bzw. achtet darauf, dass diese Anerkennung erfahren, und kontrolliert so Verhalten. Man könnte es mit Burkard Müller als *Ritualsystem* bezeichnen und als *Sprache* verstehen. »Dieser kommt vor allem im Rahmen einer mehr oder weniger geschlossenen Gruppe Bedeutung zu, die sich an dieser Sprache erkennt, und damit auch von der Außenwelt abgrenzt« (Müller 1989, 313). »Sie kommuniziert damit einen Fundus geteilter Grundannahmen, die niemals explizit zur Sprache gebracht werden müssen« (Douglas 1980, 80, zit. n. Müller ebd.), aber dennoch Gültigkeit beanspruchen.

Das bedeutet, dass nur wenige Regeln dem gesamten Publikum während der Performance präsent sein dürften und nicht einmal den Protagonisten, insbesondere den MCs oder dem Moderator. Die Regeln dürften so sehr in Fleisch und Blut übergegangen sein, dass sie diese mit schlafwandlerischer Sicherheit anwenden, ohne sich bewusst an sie erinnern zu müssen. Vielleicht ist das der größte Vorteil von Jugendkulturen: Sie müssen ihre Regeln nicht explizit vermitteln, sie werden implizit erfahrbar, wenn bzw. weil man sich auf das System einlässt und sich in diesem angemessen bewegen möchte.

2.1.3 Ein Konflikt und was er über Jugendliche bzw. Jugendkulturen enthüllt

Das bisher Geschilderte stellt eine Seite von Jugendkulturen dar: ihre statische und normative. In diesem Abschnitt lernen wir die andere, die dynamische Seite dieser Ordnungssysteme kennen. Denn sie sind immer auch in Bewegung, differenzieren sich, werden kreativ umgestaltet und bieten Überraschungen. Das zentrale Mittel dazu ist der Konflikt. Während der bisherige Verlauf des Abends die eine Seite repräsentiert, kommt in seinem weiteren Verlauf die andere zum Ausdruck. In der nächsten Runde werden Karate-Andi und RV ausgelost und treten gegeneinander an. Während das Publikum zunächst seine Rolle erwartungsgemäß ausfüllt und mal den einen, mal den anderen zum Sieger kürt, verweigert es sich in der dritten Runde und stimmt zweimal so ab, dass das Votum uneindeutig bleibt. Dabei handelt es sich – wie wir sehen werden – um eine Verweigerung. Das Publikum hat keine Lust mehr die formalen Kriterien und Werte des Moderators und der Jury zu bedienen. Es schließt sich Karate Andi an, der diese nicht mit Worten, sondern mit seinem Habitus, mit seinem Stil, in Frage gestellt hat. Obwohl er sich zurückzieht, wird er vom Publikum zum Sieger bestimmt, und es bedarf etlicher Anstrengungen, dass es dennoch zu einer Lösung kommt. Am Ende des Abends gibt es zwei Sieger, aber zugleich keinen richtigen: einen offiziellen, den das Publikum nicht wollte und dem der Sieg vor allem von der Jury zugeschoben wurde, und einen Sieger der Herzen, der sich mit Leistungsverweigerung, einem authentischen Rapper-Habitus und Großzügigkeit empfohlen hat. So weit eine erste Konfliktdarstellung. Betrachten wir einige Stationen und Themen des Konflikts aus der Nähe:

(A) Ambivalenzen zwischen Leistungsverweigerung und Ambitionen

Zu Beginn des Battle, in der ersten Runde Free Style, verzögert Karate-Andi seinen Einsatz und braucht drei Aufforderungen von Seiten des Moderators, um anzufangen (»*Los geht's, los geht's, los geht's*«, 18.07). Nach einem guten Start fällt er insofern aus der Rolle, als er mitten im Text behauptet, dass es auf ein Wort keinen Reim gebe:

> »(....) Was geht ab, ich komm ans Mic und kann dich dann ins Koma schlagen
> Du kannst nicht rappen außer die Schuhe von deinem Opa tragen (*er zeigt auf die nicht besonders modisch wirkenden Schuhe von RV*)
> und damit kommst du auf die Bühne und auf Bühne reimt sich nichts außer Bühne
> Jo, Motherfucker
> Ich bin heiß drauf und du bist nix
> Yea fucken Yea, yea, yea, Motherfucker yea
> Karate-Andi yo, Scheiße, fucken«
> (18.15–18.30)

Vom Gestus her wirkt das wie: »Ich habe keinen Bock, auf Teufelkomm-raus und unter Druck nach einem Reimwort zu suchen.«

2 Regeln, Strukturen und Ordnungen in Jugendkulturen

Karate-Andi macht anschließend zwar weiter, aber wirkt dabei unambitioniert und beinahe so, als versuche er sich an einer Persiflage eines einfach gestrickten Anfängers. Damit verschenkt er fast die halbe Zeit, die ihm zu Verfügung steht. Als RV an die Reihe kommt, greift er die Leerstelle sofort auf:

> »O.k. auf Bühne reimt sich nichts, das ist eine Lüge!
> Auf Bühne reimt sich: Heute gewinnt der Hüne!«.

Und liefert auch im Folgenden ganz das ab, was man von ihm erwartet.

Beim nächsten Change übernimmt Karate-Andi flüssig, scheint sich der Herausforderung stellen zu wollen und zieht diesen Anspruch zunächst auch durch. Beim letzten Change zögert er allerdings auffällig, als fiele ihm nichts ein und rappt bedeutungslose Silben, sodass ihn der Moderator mit »change« und »change, come on« auffordert, seinen Part anzufangen (19.30). Der lückenlos gewollte Wechsel gelingt ihm also nicht.

> »(...) Scheiß auf alles, du wurdest geboren aus einem Arsch *(zögert)* am Bahnhof
> Motherfucker was willst du jetzt tun, deine Mutter hat dir einen Namen gegeben *(zögert)*: Schwuchtel
> Karate-Andi ist der Chef, die Leute feiern auch wenn ich *(zögert)* nur so Scheiße rapp.
> (19.45–19.53)

Karate-Andi verstößt in diesem Part mindestens zweimal gegen die Flüssigkeitsregel, bekommt keinen einzigen überzeugenden Reim hin, was er öffentlich eingesteht. Verglichen damit perlt der Text von RV flüssig dahin. Karate-Andi weiß, dass er »nur so Scheiße rappt«, genießt aber, dass er trotzdem von seinen Fans gefeiert wird, und scheint damit zu rechnen, dass das Publikum ihm den Sieg zuspricht. Damit legt er etwas offen, was schon eine Weile in der Luft liegt: RV mag eloquenter sein und flüssiger rappen können, kommt aber vom Habitus nicht wirklich an beim Publikum. Während sich Karate-Andi mit Basecap, weiter Joggingbekleidung, Turnschuhen und Zigarette bzw. Bierdose auf der Bühne eher als ein typisches Neuköllner »Proll-Kid« inszeniert, wirkt der hochgewachsene schlanke RV mit Kurzhaarschnitt, biederen Schuhen und einer akzentuierten Orientierung an der Hochsprache eher wie ein BWL-Student in dritten Semester. Zwar hat er sich mit sprachlich versierten Texten bis ins Halbfinale hochgearbeitet, aber auf Grund seines besserwisserisch anmutenden Verhaltens und seiner moralisierend wirkenden Aussagen über (un)gesunde Lebensführung (gegen Zigarette auf der Bühne, gegen Alkohol und Drogen) das Anwachsen einer Fangemeinde eher verhindert.

Dennoch erhält RV vom Publikum den Sieg zu gesprochen. Das wiederum scheint Karate-Andi anzuspornen. Denn in der zweiten Runde, in der vorbereitete Texte zum Besten gegeben werden, legt er eine gute Performance hin und wirkt dabei auch engagiert und ehrgeizig. Vom Leistungsverweigerer ist in dieser Runde nichts mehr zu spüren. Somit fällt auch sein Sieg in dieser zweiten Runde eindeutig aus und kann durchaus als verdient gelten, wenn man auch den Weitblick des Publikums mit einberechnen muss. Würde es wieder RV den Sieg zusprechen, wäre der Battle vorbei. Damit wäre das Publikum um eine weitere interessante Runde gebracht, das a cappella.

In dieser Runde ohne Musik, nur mit Worten, bewegt sich Karate-Andi ganz in den vorgegebenen Strukturen (24.40–25.43). In seinem Vortrag wechseln sich ambitionierte, witzige und schnelle, flüssige Stellen mit Verzögerungen und unambitioniertem Gestammel ab (so endet er mit »Ich hab keinen Respekt vor deinen Skills. Ich scheiß auf alles, ficke alles, ficken, ficken«) (25.43).

Danach kommt es zu zwei Abstimmungen (siehe B), die uneindeutig ausfallen, weshalb – ungeplant, schon jetzt ein Präzedenzfall – von Juroren und Moderator eine weitere Runde Free-Style entschieden wird.

Dort wiederholt sich das inzwischen bekannte Muster. Nach einem guten Start, in dem er zeigt, dass er die Leistungsansprüche bedienen kann, scheint Karate-Andi es sich anders zu überlegen und steigt unvermittelt aus:

2 Regeln, Strukturen und Ordnungen in Jugendkulturen

»Ich produziere Schläge wie eine Legebatterie
Ich lass kein gutes Haar an dir wie eine Chemotherapie
Jo, jo, jo
Rappen ist real Graffiti und Sprühen, Breakdance auch
Ich habe keinen Bock weiterzukommen, wählt mich raus...!«.
(31. – 32.00)

Das ist eine klare Aussage. Dazu passend präsentiert sich Karate-Andi im Mittelteil des Duells erstaunlich milde. Nachdem RV versucht hat, ihn mit dem Hinweis auf seine alte, billige Uhr zu provozieren, reagiert Karate-Andi mit:

»Ey, Du bist ja wutentbrannt, du bist ja gut verdammt!
Und das mit der Casio-Uhr hast du gut erkannt.
Das hast du echt gut drauf, bewirb dich doch irgendwie bei einem Modekatalog
und schreib doch darüber was, was man so trägt,
so einen Modeblog von RV, das wäre doch schräg.
Das wär doch schön Alter, da würd ich mich freuen!
Und ich wollte dir noch was mit auf den Weg geben, geh deinen Weg!«
(32.26–32.44).

Karate-Andi wirkt erstaunlich ruhig und abgeklärt, er stimmt seinem Gegner viel zu, vermeidet die üblichen aggressiven Konter, und seine guten Wünsche für den Modeblog und den eigenen Weg, den RV gehen wird, klingen beinahe freundschaftlich. Möglicherweise sind die Zeilen sarkastisch gemeint, aber sie klingen nicht bissig. Es scheint, als habe Karate-Andi seine »negative« Energie aufgebraucht. Am Ende lässt er sogar die Sekunden verstreichen, was den Moderator zu einem »Los, Dicker weiter geht's« veranlasst, Andi lässt das an sich abprallen, was der der Moderator kritisch markiert: »Zwei Takte wären es noch gewesen...« (32.49). bevor er »*Change*« ruft.

Im letzten Teil seines Free-Style-Parts bedient Karate-Andi noch einmal die üblichen aggressiven Erwartungen (»*Fick dich du Nutte*« etc.) und setzt damit seinen Schlingerkurs zwischen Ausstiegswünschen und ambitioniertem Mitmachen fort. Jetzt ist das Publikum aber entschieden und kürt ihn mit großer Mehrheit zum Sieger.

2.1 Regeln, Rituale und Grenzsetzungen in der Hip-Hop-Kultur

Zwar hat RV nach traditionellen Maßstäben den besseren Free-Style geliefert, aber Karate-Andi mit seiner Art weiter Sympathiepunkte gesammelt. Mit dieser Entscheidung und der Weigerung von Andi, sie anzuerkennen, geraten nun aber der Moderator und die Jury unter Druck. Es gibt einen Sieger, der kein Sieger sein will, und ein Publikum, das sich trotz mehrerer Ermahnungen und mindestens eines Einschüchterungsversuches (siehe B) als unfolgsam und unberechenbar gezeigt hat. Zwei Wochen vor dem Finale der ganzen Serie und damit dem Höhepunkt des Jahres stellen sich den Veranstaltern damit Probleme, die alles Bisherige in Frage stellen.

(B) Wertekonflikte zwischen Moderator/Chefjuror und einem eigensinnigen Publikum, das den Gehorsam verweigert

Dass es im Publikum zu teilweise erregten Diskussionen kommt, wer von den beiden Kandidaten besser gerappt hat, gehört bei Battles mit dazu. Interessant ist, wie der Moderator darauf eingeht. Schon als es im ersten Battle nach dem Auftritt von Percee lauter wird und sich so der Auftritt von Babou verzögert, sagt der Moderator:

> »Leute (...) Leute, wir sind doch alle eine kultivierte Gemeinde. Battle Rap ist wie Golf, Schach oder wie Tennis. Da halten alle ein bisschen ihren Mund. Ihr müsst das respektieren. Wir sind ja hier kein Pöbelpack. Alle beruhigt euch« (12.01–12.30).

Selbst wenn bei diesen Sätzen Ironie mit im Spiel sein mag, so stellt der Moderator die Battle-Praxis doch auf eine Ebene mit Sportarten wie »Golf, Schach und Tennis«. Damit sind drei Sportarten genannt, die einen deutlichen Upper-Class-Bezug aufweisen. Die Atmosphäre dort ist durch hohe Konzentration, starke Leistungsorientierung und absoluten Siegeswillen charakterisiert. Zum anderen lassen sich damit Millionenumsätze erzielen. Gleichzeitig kontrastiert er »kultivierte Gemeinde« mit »Pöbelpack«. Damit vertritt er seine eigenen Werte als inzwischen anerkannter Rapper mit weiteren gesellschaftlichen Aufstiegsambitionen, der einer »kultivierten Gemeinde« angehören und Geld verdienen will. Deswegen möchte er das, was er selbst praktiziert oder bei anderen moderiert, als »Sport« oder als »Kunst« (24.39) anerkannt sehen. Diese Wertorientierung dürfte aber einem nicht unerheblichen Teil des Publikums zuwiderlaufen. Dieses schwingt eher mit einem Typen wie Karate-Andi mit, der sich prollig inszeniert und kein Hehl daraus macht, dass er Alkohol und Haschisch konsumiert. Gegen das Gewinnen um jeden Preis, den verbissenen Wettkampf, wie er die »kultivierten« Sportarten charakterisiert, präferieren diese Zuschauer eine »chillige« Attitüde, die den Moment feiert und diesen gegen jede Art von Leistungsideologie verteidigt.

Genau diese diametral entgegengesetzten Grundhaltungen werden von den beiden Rappern verkörpert, die hier angetreten sind. Spannend ist allerdings, dass sich das Publikum nicht in zwei Lager spaltet. Es bleibt lange so unentschieden und ambivalent wie Karate-Andi auch, der seine Fähigkeiten gleichzeitig zeigen und gewinnen, aber auch aussteigen will. Das scheint der Moderator nicht mitzubekommen. Er versucht die Menge mit Werten zu führen, die so nicht mehr die ihren sind bzw. noch nie wirklich die ihren waren: Nach dem A Cappella zur Einleitung der Abstimmung, sagt er (28.01–28.40):

> »Ihr seid heute alle richtig emotionalisiert. Aber Moment ... Ich wollte ... Ihr sollt Experten sein für Battle Rap so wie Günther Netzer und Olli Kahn. Und die schreien auch nicht rum. Hört die Lines, resümiert, Schnauze, resümiert und dann entscheidet fair.«

Das Publikum scheint (wenn auch unausgesprochen) eher mit dem Moderator und den von diesem vertretenen Werten in Konflikt zu stehen als mit RV. Man könnte denken, es transformiert seine Ambivalenz zwischen den beiden unterschiedlichen Typen Karate-Andi und RV in eine Spannung zwischen sich und dem Moderator, indem es sich diesem verweigert. Das scheint dieser durchaus zu bemerken, ordnet aber das Abstimmungsverhalten als eine Art von Unfolgsamkeit von Kindern ein, die gegen Spielregeln verstoßen. Dazu führt er ein neues Element ein (28.36):

2.1 Regeln, Rituale und Grenzsetzungen in der Hip-Hop-Kultur

»YouTube sieht das! Denn ey, hört mal ganz kurz zu: YouTube sieht das und die entscheiden über euch und die sagen *(mit nölig-quengeliger Stimme)* ›Ihr seid nicht gut und nicht das....‹ *(jetzt wieder mit normaler Stimme)* also bitte entscheidet weise!«

YouTube wird als eine übergeordnete anonyme Macht eingeführt. Als ein gigantisches Auge, dem nichts entgeht wie bei einer Überwachungskamera (Big Brother ist watching you). Vielleicht erschrickt der Moderator selbst über diese Idee, denn im zweiten Halbsatz sind es wieder »die«, also Personen, die Experten im Netz, die das Publikum kritisch beäugen und es als nicht »gut« einschätzen. Der Moderator verschiebt damit seine eigene Kritik am Publikum an eine externe Bewertungsagentur, der er mehr Autorität unterstellt als sich selbst. Wahrscheinlich spiegelt sich darin seine eigene Abhängigkeit von YouTube. Ich kann mir vorstellen, dass die (Höhe der) Finanzierung dieser Veranstaltung unter anderem auch von der Menge an Hip-Hop-Fans abhängt, die Rap am Mittwoch im Netz verfolgt, weil diese Mitschnitte mit Werbeclips kombiniert sind, hinter denen einflussreiche Firmen mit wirtschaftlichen Interessen stehen.

Aber auch dieser Versuch zieht nicht. Nachdem das Publikum beide Rapper gehört hat, stimmt es so ab, dass keine eindeutige Entscheidung zustande kommt. Das gab es noch nie! Nach eingehender Diskussion zwischen Chefjuror (und Produzent der Sendung) und dem Moderator wird eine finale Entscheidungsrunde angesetzt. Bevor sich die Rapper dieser Herausforderung stellen, werden beschwörende Bitten und erneute Drohungen an das Publikum adressiert (Moderators: »*Ihr wisst ja, wie das ist bei den Leuten von YouTube: Die bewerten euch!*« 30.03–30.23).

Interessant ist, dass sich Karate-Andi überhaupt darauf einlässt. Würde er es ernst meinen mit seinem Willen zum Ausstieg, hätte er ihn an dieser Stelle vollziehen können. Er macht aber mit seiner schon bekannten Mischung aus Anstrengungsbereitschaft und Verweigerungsgestus weiter mit. Einerseits fällt bereits in der ersten Line »*... ich habe keinen Bock mehr, wählt mich raus!*« (32.00). Andererseits meistert er seinen Auftritt durchaus ambitioniert, bedient die Erwartung von derben Sprüchen, zeigt aber auch die schon besprochene, neue Milde im Umgang mit seinem Gegner. Es scheint, dass Karate-Andi inzwischen die Ambivalenz des Publikums verstanden hat und in der Lage ist, verschiedene Teilgruppen und widersprüchliche Anteile in einzelnen Zuschauer*innen geschickt zu bedienen.

Als die Menge »*Andi, Andi, Andi*« skandiert und es sich abzeichnet, dass er das Finale gewinnen könnte, schüttelt er in Richtung des Publikums den Kopf und zeigt auf die Uhr, so als habe er noch eine andere Verabredung und müsse gleich weg (34.04). Dennoch oder deswegen kürt ihn das Publikum, das sich nun endlich entscheiden kann, zum Sieger. Das scheint aber vielen, die sich mit den Regeln im Feld auskennen, ungerechtfertigt, ja falsch.

Der Moderator distanziert sich sofort von der Entscheidung des Publikums und überlässt es der anonymen YouTube-Gemeinde zur Verurteilung:

> »Laut dieser eurer Entscheidung, *(an die Kameras gewandt)* zeigt bitte den Leuten hier dieses Publikum! Laut eurer Entscheidung also ist Karate-Andi im Finale« (34.49–35.08).

Gegen dieses eindeutige Votum wäre nichts zu machen, auch wenn es vereinzelte Buhstimmen und Rufe »Schiebung!« im Publikum gibt. Jetzt aber interveniert Karate-Andi selbst:

> »Ey guckt mal Jungs, Alter. Ich habe gerappt wie der letzte Knecht. Der Typ hier *(zeigt auf RV)* war viel krasser. Der Typ kommt ins Finale. Ganz genau. So ist das. So und nicht anders. Er war krasser. Scheiß drauf« (35.22–35.47).

Der Moderator unterstützt diesen Rückzug sofort, vermutlich weil er darin eine Chance zur Wiederherstellung der von ihm vertretenen Ordnung sieht:

> »So, das ist ja wie in der Demokratie. Da wird einer zum Kanzler gewählt und dann sagt er: Nö, kein Bock mehr. Sagst du, du hast kein Bock mehr?«
> Karate-Andi: »Nee kein Bock, Alter, ich will einen kiffen!«
> »Warum hast du keinen Bock drauf?«

2.1 Regeln, Rituale und Grenzsetzungen in der Hip-Hop-Kultur

Karate-Andi: »Ja ich weiß nicht, (lacht), ich glaub, weil ich lange keinen mehr gekifft habe«.

Er hebt die Bierdose grüßend ins Publikum. Darauf geht RV auf ihn zu und bedankt sich mit einem kurzen Umarmen (35.40). Damit vollzieht Karate-Andi seinen definitiven Ausstieg, indem er sich noch einmal als den prolligen, aber authentischen Typen mit Kiffer-Habitus inszeniert, für den das Publikum ihn liebt.

Der Moderator versucht darauf hin die Verantwortung für die Entscheidung auf mehrere Schultern zu verteilen:

»Würdet ihr das respektieren?« (36.02) und: »Zeigt mir eure Hände, wenn ihr das respektiert« (36.13). Und als das Votum diesbezüglich wieder einmal unklar ausfällt:
»Herr Kinski, wie machen wir das?« (36.30).
Der Oberjuror: »Also ganz ehrlich..(...). ich finde, dass Karate-Andi heute ein bisschen ambitionslos war (...) kann man so sagen. Und ich finde, dass RV mit sehr viel Elan in die Seive gegangen ist. Aber ... aber man muss trotzdem sagen, dass RV die bessere Leistung gebracht hat, das ihr habt entschieden. Und wenn Karate-Andi sagt, er hat nicht die Energizer oder die Motivation, dann muss man das respektieren« (36.33–37.17).
Karate-Andi mischt sich wieder ein: »Außerdem will ich ihn im Finale sehen ... ich glaube, der ist heute gut vorbereitet! Der hat gute Ambitionen« (37.19).
Daraufhin RV: »Ey, ganz ehrlich, du bist der beste Typ der Erde!« (37.26).

Karate-Andi geht auf ihn zu und breitet die Arme aus: »*Ah komm her...*«. Die beiden umarmen sich (37.30). Damit dürfte es sich um den ersten Battle in der Geschichte des Hip-Hop handeln, nach dem sich die Gegner freundschaftlich in den Armen liegen.

C) Karate-Andi und die Einführung komplementärer Elemente in ein symmetrisches

Wenn man sich fragt, was die Leistung von Karate-Andi in diesem Battle gewesen ist, kann man sie zunächst in seinem Mut sehen, seine von Beginn an vorhandene Ambivalenz zwischen dem Bedienen-Wollen von Leistungserwartungen auf der einen und Leistungsverweigerung und Ausstiegswillen auf der anderen Seite Runde um Runde vorzuführen. Damit dürfte er eine für Jugendliche typische Ambivalenz zum Ausdruck bringen, indem er gleichzeitig Können beweist und Leistung zeigt und diese verweigert bzw. auf den möglichen Erfolg verzichtet. Offensichtlich erkennt sich die Mehrzahl des Publikums in seinem Schlingerkurs wieder und fühlt sich von ihm auf eine annehmbare Weise gespiegelt. RV hat diesen Battle zu Recht verloren, weil er sich stur an sein Leistungsschema gehalten hat und nicht mitbekommen hat, dass das Publikum zumindest an diesem Abend der redundanten Leistungsshow überdrüssig war und auf etwas Neues gewartet hat. So lautet die Deutungsgeschichte Eins.

Die noch eindrucksvollere Leistung, die Karate-Andi an diesem Abend vollbringt, liegt für mich allerdings auf einer anderen Ebene. Der Battle weist eine extrem symmetrische Rollenstruktur auf. Beide Kontrahenten gehen sich kontinuierlich mit den gleichen Mustern an: Prahlen, Schwächen des Anderen offenlegen und beleidigen und beleidigen und prahlen und Schwächen offenlegen. Immer und immer wieder werden die gleichen Waffen eingesetzt, in der Hoffnung, den Anderen überbieten zu können. Dafür werden alle Register einer verbalen und gestischen Überbietungsrhetorik gezogen, die endlos weitergehen könnte, wenn es nicht in Form von Zeitbegrenzungen und Publikumsvoten Stoppregeln gäbe. Es handelt sich demnach um ein Interaktionsdrama, das ganz auf symmetrische Elemente setzt. Selbst das Zeigen von Respekt wird symmetrisch inszeniert: Auch hier leisten beide das Gleiche. Komplementarität wird in dieses System nur von außen eingeführt, indem das Publikum und die Jury den einen zum Sieger und den anderen zum Verlierer erklären und damit wieder Unterschiede herstellen.

Gregory Bateson hat symmetrische Systeme und symmetrische Eskalationen untersucht und mit ihnen den Begriff Schismogenese verkoppelt (Bateson 1988 158 f.). Damit meint er, dass es in solchen Systemen zu immer weiter um sich greifenden Spannungen und Spaltungen kommt, sowohl unter den Protagonisten wie auch in deren Umwelt. Schismogenese ist die Dynamik, die zu Kriegen führt, oder, weit weniger dramatisch und für viel weniger Menschen relevant oder bedrohlich, zu einer immer weiterer Zersplitterung einer symmetrisch organisierten und überwiegend symmetrisch interagierenden Szene (wie beim Hip-Hop oder der westlichen Linken in der Post-Achtundsechziger-Bewegung der Bundesrepublik). Oder eben zu redundanten Formen des Austauschs von Beleidigungen, deren Künstlichkeit durch immer drastischeres Vokabular überdeckt werden muss: Je steriler, desto Fotze. Letztlich führt diese Symmetrie zu einer sich selbst erschöpfenden, leerlaufenden Kultur. Karate-Andi scheint nicht nur ein Gespür für Ambivalenzen, sondern auch für diese zunehmende Sterilität zu besitzen. So führt er an dem besprochenen Abend mehrfach Elemente von Komplementarität ein:

- Gegenüber dem verbissenen Gewinnen-Wollen signalisiert er mehrfach seine Ausstiegsbereitschaft;
- zumindest in einigen Performance-Passagen zeigt er sich milde und spricht seinen Gegner beinahe freundschaftlich an, obwohl ihn dieser gerade noch herausgefordert hat;
- er verzichtet auf den Sieg, weil ihm dieser nicht verdient zu sein scheint und damit unfair;
- er erkennt den anderen als Gewinner an, weil dieser seine eigenen Maßstäbe besser bedient hat als er selbst;
- er umarmt den neuen Gewinner auf offener Bühne
- und wünscht diesem viel Glück beim weiteren Wettkampf.

Diese komplementären Elemente werden von dem Moderator nicht verstanden. Er kommentiert mit Blick auf das Publikum und dessen Entscheidung für Karate-Andi:

»Nachdem die beiden sich erst gebattlet und sich dann Perlen um die Eier gebunden haben, muss ich kritisch mit euch sein (....). Karate-Andi hat heute in diesem Halbfinale nicht den Killerinstinkt gezeigt und hat auch nicht die Leistung gebracht und ich frage mich, warum? Warum übergeht ihr die Leistung von RV?« (36.32–37.41).

Für den Moderator geht es nicht an, aus einem Battle auszusteigen, wie es Karate-Andi vorgemacht hat. Das ist kein Wunder, weil damit die zentralen Werte des Battle (»Killerinstinkt«, d. h. Ausnutzen jeder verbalen und gestischen Schwäche, und »Leistung«, d. h. genaues Einhalten der vorgegebenen Regeln bei der eigenen Performance) außer Kraft gesetzt werden würden. Damit würde sich der Battle selbst in Frage stellen, weil er seine Grundprinzipien aufhebt. Das kann der Moderator nicht wollen. Er steht an diesem Abend für einen konservativen Systemerhalt gegen Karate-Andi, der versucht, neue Elemente in eine zur Erstarrung neigende Kultur einzuführen. So weit die zweite Deutungsgeschichte.

2.1.4 Battle als eine Form des (Theater-)Spielens von Adoleszenten bzw. jungen Erwachsenen

In diesem letzten Abschnitt will ich die Reichweite und Grenze einer psychologisierenden Sichtweise auf den Battle und die Hip-Hop-Kultur aufzeigen und eine theoretische Alternative dazu aufmachen.

Mit Blick auf das Jugendalter kann man sich fragen, wen das Rappen anzieht, wen solche Battle anziehen. Welche Transformationsmöglichkeiten welcher biographischen Dispositionen der Teilnehmer*innen dürfen wir hinter dem Battle vermuten? Ich würde zunächst die Kompensation von Erfahrungen der eigenen Schwäche bzw. spezifischer Kränkungserlebnisse vorschlagen. Zu denken wäre zum einen an die psychische Situation eines eher sensiblen, wenig selbstbewussten Jungen zwischen 8 und 12 Jahren, der andere Jungen angeben hört und erlebt, dass es diesem Prahlhans tatsächlich gelingt, sich aufzuwerten bzw. ihn mit Worten abzuwerten, was er daran erfährt, dass er sich anschließend klein und minderwertig fühlt. Wahrscheinlich handelt es sich um einen Jungen, dem im Konflikt oft die Worte fehlen, um sich zu wehren, oder dem diese erst zu Hause einfallen und der sich all das zu Herzen nimmt. Er schwört sich: nie wieder. Ein paar Jahre später trifft er

2.1 Regeln, Rituale und Grenzsetzungen in der Hip-Hop-Kultur

auf die Hip-Hop-Kultur mit ihren Battles und erkennt seine Chance. Er lernt seine Sprechfähigkeiten so weit zu trainieren, dass ihm auf Anhieb, auch unter den erschwerten (Regel-)Bedingungen, schlagkräftige Sätze und witzige Reime einfallen, die andere beeindrucken. Dieser Junge, dieses Mädchen stellt sich dem symmetrischen Wettkampf und findet zunehmend Gefallen daran.

Eine zweite Psychodynamik käme mit dem Typ des Hitzkopfes ins Spiel, der auf jedes schräge Wort von anderen reagieren muss, weil es ihm eine nicht hinzunehmende Beleidigung darzustellen scheint. Dabei gerät er immer wieder in heftige Erregung, die er bald nicht mehr steuern kann. Dann lässt er sich zu köperbezogenen, aggressiven Handlungen hinreißen, die ihn mit um Sicherheit bemühten Autoritäten in Kindergarten und Schule und später vielleicht sogar mit dem Gesetz in Konflikt bringen. Vielleicht leidet er auch unter seiner Impulskontrollschwäche oder bereut es, anderen wehgetan zu haben. In jedem Fall will er sein Reaktionsmuster wirksam verändern, was damit beginnt, dass er sich nicht mehr ständig gekränkt fühlen möchte, sondern sich ein dickes Fell zulegt und cool bleiben kann und zugleich seine Aggressivität in verbale Angriffe zu transformieren lernt. Sein Ideal wäre demnach: einstecken zu können und kräftig auszuteilen. Im Gegensatz zu dem ersten Typ, der sich als Opfer erlebt hat, hätten wir es hier zunächst mit einem Täter zu tun, wenn auch einem halbwegs reflektierten, der seine Kontrollfähigkeiten ausbauen möchte.

Beide Typen suchen und finden im Battle ein Trainingslager und in den anderen Jugendlichen Sparringspartner und entwickeln im Laufe der Zeit ungeahnte Kräfte und Fähigkeiten, was ihre verbalen Fähigkeiten angeht. Freilich nur, wenn und weil sie sich den Regeln des Metiers unterwerfen und lernen, sich in den vorgegebenen rhythmischen und stilistischen Bahnen zu bewegen. Beide würden aus dem Beleidigen, Einstecken und Austeilen ein Autonomieprojekt machen (▶ Kap. 1). Das Publikum wäre dabei in der Rolle, diese Transformationen von Niederlagen in Siege oder von Kontrollverlusten in Kontrolle mit zu genießen.

Der Rapper wäre demnach zugleich getriebener Wiederholungstäter wie exzellenter Handwerker und ein durch Übung gemachter Meister.

Auch wenn solche psychologischen Zusammenhänge für Einzelne durchaus eine Rolle spielen mögen, kann man doch bezweifeln, ob im Battle tatsächlich Kompensationen für erlittene Kränkungen gefunden werden und ob die dort eingeübten Skills auch für andere soziale Kontexte zu Verfügung stehen können oder sollen. Percee hat noch zwei Jahre mit zunehmendem Erfolg weiter gerappt. Trotzdem hat er im Rahmen einer Beziehungstat seine Freundin erstochen und sich anschließend von einem Hochhaus zu Tode gestürzt. Das ist nur eine von vielen schockierenden Geschichten über Kontrollverluste von Rappern, die in der Szene bekannt sind und zeigen, dass ein nachhaltig sozialisierender Effekt von Battles doch eher gering eingeschätzt werden muss.

Viel wichtiger ist aber etwas anderes: Der Bühnencharakter, die Künstlichkeit des Duells, sein Als-ob-Gestus, die Atmosphäre des Halb-Ernsten und Halb-Spielerischen und der offensichtliche Spaß, den das Publikum und manchmal auch die MCs daran haben, scheinen mir nur allzu auffällig. Damit liegt es nahe, den Battle im Bereich Spiel anzusiedeln, insbesondere im Bereich des Theaterspielen (einmal sagt der Moderator das auch explizit: 31.06). Die Besonderheiten ihres Spiels ließen sich so formulieren:

A) Alles, was an Beleidigungen gesagt wird, steht gleichsam in Anführungsstrichen und darf nicht für bare Münze genommen werden. Die Verabredung lautet: Wir tun jetzt beide so, als ob wir Feinde wären und uns mit Worten verletzen wollten. Wir sind umso besser, je stärker das Publikum glaubt, dass wir uns tatsächlich hassen. Tatsächlich hassen wir uns so wenig, wie sich sonst Schauspieler mit antagonistischen Rollenanweisungen auf der Bühne hassen. Allerdings reaktivieren wir all das, was wir an Hass, Prahlsucht und schlechtem Geschmack in uns haben, und stellen es in den Dienst dieser Performance.

B) Beim Battle wird auf der Bühne für das Publikum ein Konflikt inszeniert. Gewalt bleibt wirksam ausgeschlossen, gleichzeitig wird aber die Möglichkeit eines Gewaltausbruchs phantasiert und aufrechterhalten. Publikum, Moderator und MCs tun so, als läge Gewalt beständig in der Luft. Wahrscheinlich stehen am Beginn der Battle-Entwicklung tatsächlich Gewaltvorfälle und stellen den mythischen Anlass für dieses Ritual dar. Mithin würde man mit jedem Battle neu die Transformierung von möglicher Gewalt zwischen konkurrierenden Männern (und Frauen) in ein spannendes, aber verletzungsfreies Spektakel feiern; in ein Spektakel, das ohne Requisiten wie Dolche, Schwerter oder Pistolen auskommt, wie sie sonst bei solchen Ritualen, d.h. fiktiven Gewaltdarstellungen im Theater oder im Kino zur Anwendung kommen. Es braucht auch kein künstliches Blut. Man beschränkt sich lediglich auf Worte, ein paar Gesten und tänzerische Ausfallschritte. Insofern handelt es sich um ein extrem asketisches Gewalttransformationsritual, das sich mehr an die Ohren als an die Augen wendet und eher kognitives Nachvollziehen erfordert als emotionales Mitgehen (ähnlich wie auch beim klassischen griechischen Theater und anders als beim Fußball). Man kann sich einen Battle nur in einer Gesellschaft vorstellen, die bis in den letzten Winkel von Sprache durchdrungen ist, weder in einer archaischen Stammeskultur noch in einer Schriftkultur (wie z.B. der klassischen chinesischen oder japanischen). Wobei der Battle versucht, die strenge Begrenzung auf das Verbale durch eine fast totale Entgrenzung auf Seiten der Inhalte zu kompensieren.

C) Auch die von mir in Deutungsgeschichte B kritisierte Symmetrie wäre keine echte, sondern eine inszenierte. Die komplementären Elemente wären schon lange bevor Karate-Andi meint, sie einzuführen zu müssen, im System präsent. Das Ordnungssystem fordert strikte Symmetrie zwischen den Duellanten, aber unterwirft sie andererseits komplementären Regulationen, die vom Moderator auf der einen, dem Publikum auf der anderen Seite in einer Art von Wechselspiel durchgesetzt werden.

Erst hier in A-C meine ich auf den Kern des Battle-Rituals gestoßen zu sein, auf den bereits erwähnten »Fundus geteilter Grunderfahrungen, die niemals explizit zur Sprache gebracht werden müssen« (Douglas 1983, 80).

2 Regeln, Strukturen und Ordnungen in Jugendkulturen

Trotzdem scheint der Schismogenese-Virus immer wieder in das System einzudringen und es zu infizieren. Im Battle geht es realistisch betrachtet (!) wie auch beim Fußball eigentlich um nichts: Wer gewonnen hat, ist übermorgen schon wieder vergessen und vor allem die Sorgen und Nöte des eigenen Lebens gehen weiter. Gleichzeitig geht es um viel Geld (beim Fußball) oder zumindest um ein halbwegs gutes Auskommen (beim Hip-Hop). Die kommerziellen Interessen rücken Battle und Fußball, ihre jeweilige Form der Inszenierung eines Kampfes, sehr viel näher an die Realität, als es das Drama bzw. das Theater möchte. Durch die Institutionalisierung von Ligen, die regelmäßige Konfrontationen organisieren, hier zwischen Einzelnen, dort zwischen Mannschaften, wird das Spiel Teil des Alltags und nur noch schwer von diesem zu unterscheiden. Manch einer lebt stärker in einer Fußball- als in seiner Familien- oder Arbeitswelt, was den Charakter des Spiels verändert. Es bekommt über die Geldströme immer mehr Echtheitsmerkmale zugesprochen und wird immer stärker mit Identifikationen und Emotionen aufgeladen, die lange vor Spielbeginn und lange danach die Gemüter der Spielenden und des Publikums bewegen. Deshalb fällt es einigen auch so schwer, nach dem Drama zurück in den profanen Alltag zurückzufinden. Dazu ist man zu aufgeputscht. Deshalb kommt es am Ende zu wirklichen Schlägereien zwischen verfeindeten Fans unterschiedlicher Clubs oder echten Schießereien unter Rappern. Beim Fußball wie beim Battle gibt es demnach Akteure, die auf den Ernstcharakter des Spiels insistieren und dessen fiktiven und imaginären Status verkennen.

Welches Potenzial dem Spielerischen im Battle zukommt oder zumindest zukommen könnte, wurde mir als Szenefremdem an dem geschilderten Abend deutlich. Mir schien ein Drama zur Aufführung zu kommen, das man »Von einem, der auszog, das Verlieren zu lernen« betiteln könnte. Es handelt sich eindeutig um eine Komödie und sie hat ein Happy End. Am Ende stehen zwei jugendliche Helden als Sieger da, weil es ihnen gelingt, sich zu messen, aber nicht zu vernichten. Zwei Gegner, die sich lustvoll voneinander unterscheiden, die sich einander überlegen wähnen und doch nicht umhinkönnen, ihre Gemeinsamkeiten wahrzunehmen. Missgünstige Dämonen aus der Erwachsenenwelt (Moderator, Chefjuror), die mit finsteren Mächten in Verbindung stehen (YouTube und Big Brother), versuchen das zu verhindern und beschwören Konkurrenz und »Killerinstinkt«. Sie hoffen, dass einer der Jungen den anderen (symbolisch) tötet. Aber mit Hilfe eines gewitzten Publikums, das sich von den Dämonen nicht einschüchtern lässt, gelingt das Wunder, und die als Gegner Angetretenen fallen sich am Ende in die Arme. Auch wenn die Erwachsenen das zynisch kommentieren (»nachdem sie sich Perlen um die Eier gebunden haben«; 37.39), kommt es zu einem Triumph einer freigeistigen Jugend über eine engstirnige Erwachsenenwelt. Zu schön, um wahr zu sein. Aber auf der Bühne doch möglich.

2.2 Regeln, Ritualsystem und Objektbeziehungen in der Skater-Kultur

Das Ordnungssystem, das sich mit dem Skaten entwickelt hat, können wir nicht so differenziert darstellen wie beim Hip-Hop-Battle. Auch bei diesem Autonomieprojekt werden mindestens so hohe Ansprüche an das eigene Können gestellt wie bei jenem. Während es beim Rappen um die Kontrolle des Sprechflusses und einer kreativen und schlagkräftigen Stegreifproduktion geht, steht beim Skaten die Körperbeherrschung im Mittelpunkt. Schon auf einem Brett (Board) mit Rollen zu stehen und sich damit zu bewegen, ist etwas, das man einüben muss. Um einen »Trick zu stehen« – wie man im Szenenslang die gelungene Ausführung einer Figur mit dem Board nennt –, muss man viele Stunden trainieren. Zwanzig oder fünfzig Stunden und mehr sind dabei keine Seltenheit. Was gute Skater*innen können, gehört in den Bereich der Akrobatik. Richard Sennett gibt in seinem Buch »Handwerk« 10.000 Übungsstunden in fünf Jahren an, um in einem Metier wie Geigenbau,

Klavierspielen oder Kochen eine gewisse Meisterschaft zu erreichen (Sennett 2008, 23). Damit wird der Zeitaufwand deutlich, den junge Menschen bereit sind, in dieses Autonomieprojekt zu investieren.

Auch Skaten ist auf ein Publikum bezogen, das die eigene Clique umfasst, die einen beim Skaten begleitet (und filmt), aber auch auf Passanten, die oft zufällig Zeugen von Kunststücken, aber auch von Stürzen werden. Nicht zuletzt stellt die Internetgemeinde ein Publikum dar, da jeder etwas bessere Skater davon träumt, dort sein Video einzustellen und zu beobachten, wie oft es angeschaut wird. Trotz aller dieser sozialen Bezüge ist Skaten in erster Linie ein auf sich selbst bezogenes Tun. Man stellt sich eine Aufgabe und übt selbstversunken für sich alleine, oft bewusst ohne jeden Zuschauer. Auch wenn die Gratulationen der Mitskater genossen werden und das öffentliche Absolvieren von Tricks einem Respekt in der Szene einbringt (und wenigen auch einen Sponsor), dürfte der Aspekt der selbst gewählten Herausforderung, die man alleine und nur allein bewältigen kann, im Mittelpunkt stehen (später werden wir sehen, dass man dabei an alte Beziehungsmuster anknüpft).

Welche Normen, Werte und Rituale werden beim Skaten zu welcher Form von Stil zusammengebastelt (als Einführung empfehle ich die hervorragende Diplomarbeit von Paulus Fischer 2013)?

A) Trotz aller Körperbezogenheit stellt die Sprache ein wichtiges Ordnungssystem zur Verfügung. Nur sie garantiert eine minutiöse Erfassung und Klassifizierung der vielen hundert Tricks, die in der Szene als interessant und relevant erachtet werden. Dieses klassifikatorische System erschließt sich nur dem Eingeweihten. Wenn man auf YouTube bei einer Meisterschaft zuschaut (z. B. https://www.YouTube.com/user/StreetLeague/videos) (letzter Zugriff 10.01.2020), kann es einem Ungeübten erscheinen, dass die Kontrahenten auf ihrem Brett immer dieselbe Figur performen und nichts Neues geschieht. Um die Unterschiede und die steigenden Schwierigkeitsgrade zu sehen, bedarf es eines geschulten Auges, aber eben auch einer exakten Terminologie, die damit gleich-

2.2 Regeln, Ritualsystem und Objektbeziehungen in der Skater-Kultur

zeitig zu einer Art von Geheimsprache wird, da jeder Trick seinen eigenen unverwechselbaren (amerikanischen) Namen führt. So entsteht ein Katalog von Figuren bzw. Herausforderungen, der gleichzeitig einen internationalen Code darstellt und in Deutschland ebenso verstanden wird wie im »Heimatland« USA oder auf den Philippinen. Die Skater stellen eine internationale Gemeinde dar.

B) Die zentrale Regel lautet »Never give up«. Sie fordert dazu auf, sich den Frustrationserfahrungen zu stellen, die auch mit dem Einüben einfacher Tricks verbunden sind, denn das Board erweist sich zunächst als eine wackelige bis tückische Angelegenheit. Es entzieht sich allen Wünschen und macht, was es will, nicht, was es soll. Die Rückmeldungen, die man beim Performen bezogen auf das eigene Vorhaben bekommt, erfolgen unmittelbar und sind eindeutig: Entweder es gelingt (wenn auch noch nicht perfekt), oder man fällt, tut sich weh oder springt rechtzeitig ab. Und das viele, hundert Mal (z. B. https://www.youtube.com/watch?v=r4IX2L-J3m8) (letzter Aufruf 21.1.2020). Es ist offensichtlich, dass dieser Sport nur für Jugendliche mit einer hohen Ausdauer und Frustrationstoleranz attraktiv ist, die mit jedem Monat Skaten weiter gesteigert werden. Ohne Leistungsbereitschaft, Ehrgeiz, Geduld und Zähigkeit wird man kein halbwegs guter Skater. Dazu unterzieht man sich über die Jahre einer umfassenden Körperschulung, die eine so große Bandbreite an Koordinationsleistungen trainiert, wie sie sonst nur im Bereich der asiatischen Kampfsportarten üblich ist. Im Gegensatz zu diesen gibt es beim Skaten aber keinen Meister, bei dem man in die Schule geht. Man übt für sich alleine oder in der Clique. Sicher kann man sich gegenseitig Tipps geben, aber am Ende lässt sich körperliches Können sprachlich nicht vermitteln. Man muss es über Übung erreichen. Insofern herrscht in der Skaterszene das »Schweigen der Könner« (Neuweg 2015; auch Fischer ebd. 106 f.) vor.

C) Das Skaten stellt hohe Anforderungen an das Aushalten von Schmerzen und die Regulierung der damit verbundenen Affekte. Ohne Stürze keine Entwicklung (vgl. https://www.youtube.com/

watch?v=PaZVP45j3VU) (letzter Aufruf 2.1.2020). Auf den Videos kann man sehen, dass im Umgang damit ein stoisches Ethos dominiert. Man stürzt, aber zeigt keinen Schmerz, ja oft nicht einmal Enttäuschung. Man steht einfach auf und macht weiter. Frustration und Schmerzen – und sicher auch Schamgefühle – werden überwiegend intern verarbeitet. Weinen stellt ein Tabu dar. Wutausbrüche gelten als unerwünscht und kindisch. Man beherrscht sich. Nur nach längerem Üben und bei ernsthaften Stürzen kann man diese auch kommentieren mit »Scheiße« oder »Fuck« etc., wobei oft unklar bleibt, ob das eher mit Blick auf Zuschauer erfolgt oder der Selbstentlastung dient (z. B. https://www.YouTube.com/watch?v=1B9eXhotx3o) (letzter Zugriff 05.01.2020). Ab einem bestimmten Grad an Verletzung darf man auch liegenbleiben, sich zusammenrollen, sich winden oder die schmerzenden Körperteile befühlen oder reiben (siehe dazu Henry VS the Kinker https://YouTube.com/watch?v=815mPsAtJBo, 2.00–2.32 oder 7.16–8.20) (letzter Zugriff 05.01.2020). Aber auch das wird eher dezent, nie theatralisch ausgeführt. Schmerz- und Affektkontrolle dominieren.

D) In wenigen Situationen kommt es allerdings auch vor, dass ein Skater sein Board wütend von sich schleudert, es malträtiert oder auch zerstört (ähnlich wie den Schläger beim Tennis) (vgl. Fischer ebd. 69 f. und 77 f., Abbildungen S. 19 und S. 80), meist durch gezielte Tritte in die Mitte, so dass es bricht (siehe z. B. https://www.YouTube.com/watch?v=NOCty_xfISc (letzter Aufruf 20.1.2020) oder auch auf der Plattform https://vimeo.com118946329 der Trailer »Ungustlparty« von Paulus Fischer 2.06–2.08 oder 3.19; oder https://www.youtube.com/watch?v=r4IX2L-J3m8, Min. 1,4–1,50) (letzter Aufruf 21.1.2020). Dieser Gestus scheint auszudrücken: »Weil du mich so oft im Stich gelassen hast und ich dafür so viele Stürze und Schmerze aushalten musste, bekommst du nun die Quittung dafür.« Das stellt einerseits eine Unbeherrschtheit dar und wird deswegen in der Szene eher kritisch beobachtet und kommentiert. Vor allem, weil klar sein müsste, dass es nicht an dem Board, sondern dem eigenen (noch-)Nicht-Können liegt. Es handelt sich auf der anderen Seite um etwas, das jeder Skater

2.2 Regeln, Ritualsystem und Objektbeziehungen in der Skater-Kultur

kennt: Man entwickelt zu seinem Board eine ausgesprochene Hassliebe. Wenn etwas endlich gelingt, kann man sein Brett herzen und küssen oder es liebevoll in die Luft werfen und wieder auffangen (vgl. Sascha Daley in https://www.youtube.com/watch?v=aDh gH_Lnjkc)(Min. 4.53–4.56) (letzter Aufruf 20.1.2020). Aber man kann eben auch eine maßlose Wut auf es entwickeln. Wenn man es zerstört, markiert dieser Akt das Ende einer monate-, wenn nicht sogar jahrelangen Beziehung (auch wenn viele Skater mehrere Bretter nebeneinander besitzen und für Unterschiedliches benutzen; aber oft gibt es das aktuelle Lieblingsbrett). Niemand zerstört das zentrale Objekt leichtfertig, alleine wegen der damit verbundenen Kosten (ein mittelgutes Brett kostet ohne Rollen zwischen 60 und 100 Euro). Insofern beobachten andere Skater die Zerstörung durchaus auch mit Mitgefühl, als einen Akt der Verzweiflung, den man sehr gut nachvollziehen kann. Aber auch hier sind Kommentare eher sparsam. Öffentlich diskutiert wird die Zerstörung nicht.

E) Skaten ist ein Sport, mit dem man sich bewusst der Realität aussetzt. Ein Graffito neben einer Skateboardbahn formuliert »Fleisch auf Beton«. Die Serie auf trasher.com, die das Üben, das Scheitern und das letztendliche Meistern von Tricks zeigt, heißt »My War.« (https://www.thrashermagazine.com/articles/videos/my-war-black-dave/) (letzter Zugriff 05.01.2020).

Beim Skaten sucht man den Kontakt und die Auseinandersetzung mit der harten, unnachgiebigen Seite der Realität. Sie wird nicht aufgeweicht (bestenfalls werden Kanten vorher eingewachst), sondern in ihrer ganzen Härte angenommen und gewollt. Deswegen ist Schutzkleidung, z. B. Knie- und Ellbogenschoner, bei beinahe allen echten Skatern verpönt. Damit scheint für mich klar, dass Skaten nicht im Bereich Drama oder Spiel zu verorten ist, sondern im Bereich Realität (später werden wir sehen, dass es bezogen auf das Board durchaus Bereiche gibt, in denen es wie ein Übergangsobjekt behandelt wird). Auch wenn man sich als Skater inszeniert, auch wenn die Orte, an denen geskatet wird, eine Art von Bühne zu Verfügung stellen, gibt es hier keinen Platz für

Phantasien oder für Größenvorstellungen; sie zerschellen in wenigen Minuten. Beim Skaten kann man sich nichts vormachen. Man bekommt die Grenzen seines Könnens gnadenlos aufgezeigt und wird immer wieder in seine Schranken verwiesen. Allerdings nicht von einer anderen Person, sondern von einem Sachzusammenhang. Insofern stellt Skaten ein Sich-Abarbeiten an der äußeren Realität dar.

F) Gleichzeitig ist es in der Szene wichtig und erwünscht, miteinander abzuhängen und zu chillen. Man muss nicht die ganze Zeit ehrgeizig einen Trick nach dem anderen stehen. Ein guter Skater lässt es sich auch gut gehen, blödelt mit den anderen herum, trinkt ein Bier, raucht einen Joint und tauscht Beobachtungen über Passant*innen aus. Vom Stil her scheinen Skater eine Kombination aus hoher, autonomer Leistungsorientierung einerseits und der Zurückweisung von herkömmlichen Leistungsansprüchen (der Schule, der Eltern, der Arbeitswelt) andererseits zu pflegen. Nicht wenige haben Schule oder Ausbildung zugunsten des Skatens aufgegeben oder spielen immer wieder mit diesem Gedanken. Unklar bleibt, ob sie sich mit dem Skaten beweisen, dass sie mithalten könnten, wenn sie wollten, aber für fremdbestimmte Leistungen nicht zur Verfügung stehen wollen (▶ Kap. 1.3), oder ob sie von Selbstzweifeln geplagt sind und Zurückweisungen erfahren haben, die sie mit dem Skaten kompensieren, nach dem Motto: Ich kann ja doch was! In einem Video kommentiert der jugendliche Skater, nachdem er vier Monate an einem Trick geübt hat und dabei zig Male hart gestürzt ist, seinen finalen Erfolg mit: »That's for my Dad« (vgl. Henry VS the Kinker https://YouTube.com/watch?v=815mPsAtJBo 13.15). Gut möglich, dass viele Jugendliche ähnliche Beziehungsgeschichten mit sich herumtragen und sich damit beim Skaten auch an inneren Realitäten abarbeiten. Gleichzeitig sollten wir damit rechnen, hier auf eine weit verbreitete jugendtypische Ambivalenz zu stoßen, wie sie Karate-Andi für sich und das Publikum zum Ausdruck gebracht hat (▶ Kap. 2.2).

G) Auf einem Spot treffen Skater unterschiedlichen Alters mit unterschiedlichen Niveaus bezogen auf ihr Können aufeinander.

2.2 Regeln, Ritualsystem und Objektbeziehungen in der Skater-Kultur

Vom Zehnjährigen, der Kurven fahren übt, über den Vierzehnjährigen, der die Wände der Halfpipe hinauf und hinunter gleitet, sich aber noch nicht an die Wendung traut, bis zu jungen Erwachsenen, die Parkbänke anfahren oder überspringen. Skater sehen in der Regel sofort, was ein anderer kann und nicht kann. Sicher werden dabei von den Beobachter*innen interne Einordnungen vorgenommen und schätzt man sich mit Blick auf andere immer wieder neu als besser oder eben schlechter als die/der ein. Trotzdem scheint es in der Szene ein Ethos zu geben, das dazu auffordert, sich an der individuellen Leistung zu orientieren (vgl. Fischer 2008, 76 f.). Jeder soll sich auf seinem Niveau seine Herausforderung suchen und die engagiert angehen. Offensichtlich bekommt man als Jüngerer oder auch Fortgeschrittener auch für die erfolgreiche Durchführung einfacher oder mittelschwerer Tricks Anerkennung von den Mitskatern gezeigt, wenn man dabei alles gegeben hat (Stern 2010, 215; Fischer ebd.).

H) Eine wichtige soziale Regel stellt die Begrüßung dar. Als Neuankömmling auf einem Spot macht man eine Runde und gibt jedem die Hand bzw. tauscht die szeneübliche Geste mit den Handknöcheln auf die Handknöchel der anderen aus (Abbildung in Fischer 2008, 89). Man könnte denken, dass sich hier schon bei der Begrüßung eine Präferenz für das Harte zeigt.

Eine andere soziale Regel lautet, dass man keinen – zumindest keinen anspruchsvollen – Trick zweimal auf demselben Platz performt (Fischer 2008, 106). Diese Regel ist insofern dehnbar, als sie sich auf diesen Tag beschränken oder für immer gelten kann. Den Sinn der Regel kann man in der Unterbrechung der Konkurrenzbeziehung sehen, die dadurch entstanden ist, dass mehrere daran gearbeitet haben, diesen Trick auszuführen. Sobald das einem gelingt, muss die Gruppe weiterziehen und an einem anderen Spot weiterüben. Man kann mit der Leistung des Anderen gleichziehen oder sie sogar toppen, aber nicht jetzt und nicht hier. Dadurch bleibt die Leistung länger als Leistung bestehen und wird der unmittelbare Konkurrenzdruck auf einen anderen Ort zu einer anderen Zeit verschoben. Diese Regel hat damit eine de-eskalierende Funktion in einer symmetrischen Konkurrenzbeziehung.

I) Ein Stilmerkmal von Skatern ist ihre nomadische Existenz in einer städtischen Umwelt. Man ist mit seinem Board unterwegs und sucht ständig nach neuen Orten, an denen man performen kann. Manchmal sind es öffentliche Orte wie in Plätze vor Einkaufspassagen oder Parks, häufiger aber abseits gelegene Nicht-Orte (Augé 1994) am Stadtrand, Flächen unter Auffahrten oder Brücken von Schnellstraßen, aufgegebene Hallen oder Fabrikgelände, Parkhäuser oder Betonbrachen. Einerseits weicht man auf solche Orte aus, weil man hier – anders als auf öffentlichen Plätzen – nicht in Nutzungskonflikte mit Anderen gerät und ungestört unter sich sein kann; andererseits pflegen Skater einen Außenseiterhabitus, zu dem auch die besonderen Orte gehören, die viele andere Jugendliche hässlich oder ungemütlich finden. Skater richten sich im Unbehausten ein, beleben noch die ärgste Tristesse, aber immer nur für eine Weile. Parallel dazu nehmen sie aber durchaus auch die offiziell eingerichteten Skaterplätze in Anspruch, weil hier Möglichkeiten wie z. B. eine Halfpipe etc. fest eingerichtet sind, die man woanders erst mühsam konstruieren muss. Aber überwiegend nutzt man, was es schon gibt; vor allem, was die Hindernisse betrifft, die man anfährt oder überspringt: Treppen, Treppengeländer, Parkbänke, Mauern, Poller, Schrägen; alles bereits vorhandene architektonische Elemente, die ursprünglich eine ganz andere Funktion innehaben, jetzt aber zur Herausforderung erklärt werden. So können auch ganz unterschiedliche technische und räumliche Objekte in Gedanken miteinander verbunden und aneinandergereiht werden, so dass sich aus ihnen ein Parcours ergibt. Aber städtisch muss er sein. Alles, was mit Natur assoziiert werden kann – Bäume, Wiesen, Felsen – ist verpönt (Ausnahmen bestätigen die Regel wie z. B.: https://www.YouTube.com/watch?v=49HF36WRIw8) (letzter Zugriff 05.11.2019).

J) Skaten kann insofern als eine asketische Kultur bezeichnet werden, als das Feiern des Gelingens zwar stattfindet, aber nicht zelebriert wird (ganz anders als z. B. beim Fußball). Auch auf akro-

2.2 Regeln, Ritualsystem und Objektbeziehungen in der Skater-Kultur

batische Höchstleistungen erfolgen kurzes, anerkennendes Johlen, zwei, drei ritualisierte Handbewegungen oder kurzes Umarmen – das war es. Für den Skater, der wochenlang darauf hingearbeitet hat, ist Schluss für diesen Tag – er schaut den anderen zu und entspannt sich – oder es wird die nächste Herausforderung gesucht. Ganz anders als beim battle gilt für den Skater: Zurückhaltung beim Triumph. Das Erleben eines Erfolgs bleibt vor allem innerlich, präferiert wird ein bescheidener Habitus, auch wenn ein gelungener Trick anschließend manchmal mit Dosenbier und Cannabis gefeiert wird.

So weit eine Darstellung von beobachtbaren Regeln und Ritualstrukturen. Was macht die Attraktivität des Skatens aus? Warum nimmt ein junger Mensch in immer neuen Schwierigkeitsstufen hunderte von Versuchen mit Stürzen und Verletzungen auf sich, um ein paar Minuten perfekten Gleitens oder einen Moment des Erfolgs zu genießen, wenn es ihm gelungen ist, ein Hindernis zu überspringen?

Ich glaube, dass man das nur verstehen kann, wenn man annimmt, dass jede Bewältigung körperlicher Herausforderungen und die diese begleitenden Emotionen im Körpergedächtnis gespeichert werden. Sie verdichten sich dort zu einer Matrix, in der sich Gelingen und Muskelerotik zu einer Quelle von Kraft, Freude und Selbstvertrauen verbinden, die gleichzeitig immer wieder aufgefrischt werden möchte. Dieser Prozess beginnt auf jeden Fall mit dem Laufen Lernen, wahrscheinlich aber schon früher mit Streckbewegungen, um an Gegenstände heranzukommen, geht weiter über erste Versuche der Ballbeherrschung, Fortbewegung mit dem Tretauto und vor allem das hohe Ansprüche stellende Fahrradfahren oder Klettern auf Bäume. Das Muster dabei ist immer das Gleiche: eine Herausforderung wird angenommen und man arbeitet sich an ihr ab, bis man sie meistert. Endlich ist der Körper dann »ein vollkommenes Werkzeug für meine Wünsche« (Peller, 1968, 199). Jedes Mal ist damit eine jubilatorische Geste verbunden (Lacan 1986, 63), die mit dem Moment zusammenfällt, in dem sich die Lücke zwischen Wollen und Können, zwischen Ich und Ich-Ideal, schließt. Manchmal dauert sie nur wenige Sekunden, manchmal hält diese Stimmung aber auch Stunden und Tage an. Die intensiven Glücksmomente motivieren für immer neue Anläufe bezogen auf die Erweiterung des körperlichen Könnens und führen dazu, dass die meisten Kinder, aber auch viele Jugendliche beinahe kontinuierlich nach neuen körperlichen Herausforderungen suchen, die später mit dem Fußballspielen, dem Reiten, dem Ballett-Tanzen, aber auch dem Querflöte- oder Geige-Spielen in langjährige Aktivitäten münden (mehr als nur Hobbies). Dort arbeitet man wie beim Skaten an der Perfektionierung des eigenen Könnens.

In diesen Prozess der Erweiterung der eigenen Körpergrenzen sind häufig auch Objekte eingebunden bzw. geht man Objektbeziehungen ein. Objektbeziehungen verstehe ich dabei in einem doppelten Sinn: zum einen als emotional relevante Beziehungen zu einem Gegenstand, wie man sie zu seinem ersten Stofftier oder Fahrrad, einer Gitarre, einem Tennisschläger und später zu seinem ersten Auto entwickeln kann; aber auch im psychoanalytischen Sinne als Beziehungserfahrungen, die auf die (frühe) Kindheit verweisen und sich aktuell sowohl in Beziehungen zu Personen wie auch zu Dingen spiegeln können (Jakobson 1978). Denn häufig waren die Eltern in das Meistern der Herausforderungen eingebunden, entweder als mehr oder weniger aktive Unterstützer*innen oder als Publikum, das mitgebangt und mitgejubelt hat und den Stolz des Kindes auf sich selbst mit dem Stolz der Erwachsenen auf das Kind befeuert hat.

Nur die Perspektive der frühen Kindheit kann uns den Blick dafür öffnen, dass diese Gegenstände – beim Skaten ist es das Board – zugleich als außen wie innen erlebt werden und die Grenzen zum eigenen Selbst dabei offen und flexibel sind. Nach meiner Hypothese sind es genau diese variablen, emotional bedeutsamen Beziehungskonstellationen in Verbindung mit intensiv aufgeladenen Körpererfahrungen, die beim Skaten gesucht und für das Jugendalter auf einer neuen Ebene zugänglich gemacht und gesichert werden.

2.2 Regeln, Ritualsystem und Objektbeziehungen in der Skater-Kultur

Was bedeutet das für das Skaten? Es beginnt mit dem Kennenlernen des eigensinnigen, unberechenbaren Board und entwickelt mit diesem drei oder vier verschiedene Bewegungsmodi, mit denen verschiedene Herausforderungen verbunden sind, die vom Schwierigkeitsgrad aufeinander aufbauen. In jedem spielt das Brett eine besondere Rolle, was bedeutet, dass man dabei eine jeweils andere Beziehung zu diesem eingehen muss. Mit diesen verschiedenen Objektbeziehungen gehen ebenso unterschiedliche Selbstbeziehungen einher und verschränken sich zu jeweils spezifischen Lebensgefühlen.

Was soll man sich unter diesen Bewegungsmodi vorstellen, die – nachdem sie lange genug eingeübt worden sind – alte Erfahrungsräume in neuen Formen eröffnen?

a) Pushen stellt den ersten Bewegungsmodus dar, d. h. das Board als Rollbrett benutzen, mit dem man durch die Gegend fährt. Ein Bein ruht fest auf dem Brett, mit dem anderen gibt man sich Schwung. So gleitet man über den Asphalt, die Rollen schnurren gleichmäßig und der Wind umspielt den Körper. Das Brett ist der feste Grund, der ein müheloses, kontinuierliches Gleiten in eine offene (Stadt)Landschaft ermöglicht. Da das Schwungnehmen rhythmisch erfolgt, stellt sich nach kurzer Zeit ein ganzkörperliches Flowgefühl ein (in Videoaufnahmen wird das oft mit einer Musik hinterlegt, die dieses Gefühl weiter verstärkt; besonders eindrucksvoll siehe z. B. Minute 0–1:40: https://www.YouTube.com/watch?v=XH9Ym4yKvA8&t=3s) (letzter Zugriff 05.01.2020). Das Lebensgefühl, das sich im Kontakt mit dem Board ergibt, kann man umschreiben mit: »Ich bin unterwegs. Ich bin alleine. Du trägst mich. Auf dir (mit dir) fühle ich mich frei. Ich bin zwar mit einem Bein immer wieder aktiv, aber entspannt und gehe ganz auf im Hier und Jetzt.« Damit liegt eine Verbindung nahe zu dem, was Balint als das »ozeanische Gefühl« beschrieben hat oder als »freundliche Weiten«, in die der Philobat, der Meister der Beherrschung von Körperkoordination und Balancen, eintauchen kann, um einen frühen Zustand noch vor der Aufteilung der Welt in Selbst und Objekte zu genießen (Balint 1972).

b) Man kann mit dem Brett alleine und nur bezogen auf dieses »Tricks stehen«, beispielsweise durch Druck auf das Brett und einen Sprung die entgegengesetzte Fahrtrichtung herstellen, oder springen, aber dem Brett vorher einen Spin geben, sodass es sich um die eigene Achse dreht, bevor man wieder auf ihm landet und weiterfährt etc. Es gibt Hunderte solcher auf das Brett bezogener Kunststücke. Dabei geht es um die Meisterung des Bretts in der Ebene. Das Board stellt dabei das Gegenüber dar, Partner und Widersacher in einem. Als Skater wird man zu einem Zauberer, der das Board in etwas verwandelt, das dem eigenen Willen unmittelbar und exakt Folge leistet. Tatsächlich sieht es bei vielen Tricks so aus, als klebe das Brett unter den Füßen des Skaters oder als sei es mit Gummiseilen mit diesen verbunden, so organisch und folgsam wirbelt es durch die Luft. It's magic (vgl. https://vimeo.com/user/9163468 »Ungustleparty« Min. 2.22 oder Sascha Daley in https://www.youtube.com/watch?v=aDhgH_Lnjkc (letzter Aufruf 20.1.2020). Der Ablauf folgt dabei einer uralten Ritualstruktur: Man verlässt einen sicheren Zustand, provoziert selbst eine Krise, hängt einen Moment zwischen Gelingen (symbolisch für Leben) und Verderben (symbolisch für Tod) in der Luft, bewältigt diesen prekären, volatilen Zustand mit Hilfe des quasi einverleibten Boards und gewinnt einen neuen, sicheren Zustand zurück (oder auch nicht). Denn es passiert hundert Mal, dass die eigene Einwirkung auf das Brett zu leicht oder zu stark war, zu weit links oder rechts, und dieses seinen eigenen physikalischen Gesetzen folgt und einem damit entgleitet, bis man deswegen unsanft landet oder stürzt. Dabei ist das Verletzungsrisiko eher mittel bis niedrig. Die Geräusche, die die Tricks begleiten, klingen kurz und abgehackt. Sie unterbrechen das Schnurren der Rollen oder beenden es jäh, um dann ins Rollen zurückzukehren. Im Unterschied zu a) ist man aber selbst hoch konzentriert und fokussiert.

Die Beziehung zum Brett kann man umschreiben mit: »Ich teste, wie weit ich dich beherrsche und ob ich dich in ein magisches Objekt verwandeln kann. Damit teste ich auch mich, wie sicher ich im Umgang mit dir bin. Wenn wir wieder zusammenkommen, liebe ich dich! Wenn du einen eigenen Willen entwickelst und dich mir entziehst, hasse ich dich/mich und würde dich manchmal am liebsten zerstören.« Damit erinnert dieses Verhältnis an frühe Beziehungssituationen, wie sie D.W. Winnicott beschrieben hat. Ich erinnere hier an das Kapitel 1 (▶ Kap. 1) und die Ausführungen zur »Besorgnis« (Winnicott 1988, 134 f.). Die Zerstörung des Bretts könnte man dabei als einen Akt der Unbarmherzigkeit verstehen.

c) Eine Zwischenwelt tut sich vor allem an bestimmten Wänden in Skaterparks auf, die aber auch in leeren Stadien, Schwimm- oder Silobecken gefunden werden können. Es geht darum, auf langen, glatten, runden Bahnen – am besten ist dazu die U-förmige Halfpipe geeignet – hinauf- und herunterzufahren und – wenn man besser ist – an den jeweils höchsten Punkten Wendungen zu springen (https://www.youtube.com/watch?v=KBhugmgyTIo oder https://www.youtube.com/watch?v=kDcAWaurV_0 oder https://www.youtube.com/watch?v=IB6UemvVLok (letzte Aufrufe 20.1.2020).

Aber zunächst schwingt man hoch und wieder hinunter und gerät dabei in ein temporeiches, rhythmisches Gleiten, das Höhenunterschiede von 3–5 und mehr Metern ausfährt. Diesen Bewegungsmodus assoziiere ich am ehesten mit Tanzen. Bezogen auf das Brett könnte das Lebensgefühl sein: »Komm, wir tanzen hinauf und hinunter. Wir schwingen so hoch, bis es nicht mehr weiter geht, legen eine Kehre hin, sausen zurück und schwingen irgendwann elegant aus.« Es stellt sich ein Gefühl wie auf einer Schaukel ein, nur dass man beim Skaten alle Bewegungen und vor allem die für den Dreh- und Wendepunkt äußerst exakt selbst steuern können muss.

Vom Sound her dominieren dabei wieder die Rollen, die von Schnurren bis Grollen klingen können, und damit von gemütlich bis gefährlich. Es liegt nahe, diesen Bewegungsmodus mit Erfahrungen eines bewegten tänzerischen Miteinanders zu verbinden; tatsächlich tanzen Eltern ja mit ihrem Kind durch die Wohnung, wiegen und schaukeln es (das Kind auf dem Schoß) oder laden es zu anderen Bewegungsspielen ein. Dabei geht man eine innige

Körperbeziehung ein, in der das Kind gleichzeitig sicher gehalten wie auch durch neue, zugleich voraussehbare wie überraschende Bewegungen eine Erregung erfährt. Dies ist beim Laufen und In-die-Luft-Werfen der Fall wie auch beim Hoppe-Hoppe-Reiter, was spätestens bei »fällt er in den Graben« mit einer heftigen Kippbewegung verbunden ist. In allen diesen Varianten spürt das Kind die Kraft des anderen Körpers, wird von dieser ergriffen und mitgerissen; dabei ist es nicht die Kraft eines anderen, sondern eines gemeinsamen Körpers, in den die beiden verschmolzen sind. Auch diese Bewegungen werden von den Kindern immer und immer wieder gefordert und verlieren offensichtlich nie ihren Reiz.

d) Schließlich fährt man mit dem Brett Hindernisse an, die man zufällig entdeckt und von denen man sich herausgefordert fühlt. Das können Treppenstufen sein, Parkbänke oder Handläufe von Treppen. Diese werden entweder übersprungen oder so angefahren, dass man an ihnen entlang gleitet, um von dort wieder sicheren Boden unter die Füße zu bekommen. Das Brett ist das Mittel, mit dem das Hindernis überwunden oder in den Griff bekommen werden soll. Aber im Fokus steht hier nicht mehr wie bei b) das Brett, sondern das Hindernis. An dieses kann man sich nur heranwagen, wenn es einem vorher viele Male gelungen ist, das Brett in einen Teil des eigenen Körpers zu verwandeln und damit in ein magisches Objekt, auf das man sich hundertprozentig verlassen kann. Denn jetzt riskiert man weit dramatischere Verletzungen als zuvor (viele Beispiele zu sehen bei »YouTube Skaten War and Peace z. B. in dem Clip von Evan Smith, Min. 1, 20 (https://www.youtube.com/watch?v=-tUr2NZfRq4) (letzter Aufruf 20.1.2020).

Während des Bewältigungsversuches bleibt man entweder im engen Kontakt mit dem Brett oder verlässt es und springt wieder auf es auf. Solche Ticks verlangen in der Regel zwanzig, fünfzig Übungsstunden und mehr. Bis man einen solchen Trick stehen kann, scheitert man oft mehr als hundertmal und tut sich mehrfach weh. Häufig ist das auch der Grund, warum das Hindernis zunächst angefahren wird, man aber im letzten Moment abbremst, weil die eigene Angst doch zu groß wird (z. B. Sascha Daley in

2.2 Regeln, Ritualsystem und Objektbeziehungen in der Skater-Kultur

https://YouTube.com/watch?v=aDhg/t_Lnjkc 5.07 – 5.17 oder der Unbekannte in https://vimeo.com/118946329 (6.03–6.21) (letzter Aufruf 20.1.2020)

Die Beziehung, die man dabei mit dem Brett eingeht, kann man umschreiben mit: »Wir sind ein Team und zugleich eine miteinander verbundene Einheit. Wir gehen miteinander durch Dick und Dünn und meistern jedes Hindernis. Zusammen sind wir unschlagbar Aber dazu brauchen wir Geduld. Viel Geduld und ein dickes Fell, denn es wird Schmerzen geben. Und ja, ich gebe es zu: Ich habe Angst. Wenn wir es am Ende zusammen geschafft haben, sind wir stolz aufeinander und ich liebe dich. Wenn wir versagen, ärgern wir uns (übereinander), aber machen weiter ... bis: bis ich so verzweifelt bin, dass ich aufgebe und mich unglücklich fühle oder dich zerstöre.«

Mit den Hindernissen, die gezielt ausgesucht und bewältigt werden, sind wir im Bereich einer Dreierbeziehung angekommen. Mit Rückbezug auf die Welt der Kindheit bedeutet das: Mit Hilfe der Mutter (1) meistert ein Kind (2) ein widerständiges Objekt (3) wie z. B. eine Tasse, die es noch nicht sicher halten kann, Bauklötze, die es aufeinanderschichten möchte, oder Treppenstufen, die es überwinden möchte. Es ist wichtig, dass die Mutter präsent ist und die Bewältigungsversuche des Kindes aufmerksam begleitet und angemessen unterstützt; aber auch, dass sie sich zurückhält, sodass es das Kind ist, das den Erfolg am Ende für sich verbuchen kann und Freude an der Bewältigung von Aufgaben entwickelt.

So weit eine Darstellung der unterschiedlichen Bewegungsmodi und ihrer Anknüpfungspunkte an frühe Körpererfahrungen mit einem Objekt, das überwiegend intermediär anzusiedeln ist: Es ist bereits etwas Eigenes, Anderes: ein Gegenstand, kann aber doch immer wieder auch zu einem Teil des eigenen Selbst werden und oszilliert so zwischen innen und außen. Winnicott hat dafür den Begriff *Übergangsobjekt* entwickelt und ich glaube, dass er gut zu dem Board und seinen unterschiedlichen Verwendungsformen passt (Winnicott 1974).

Möglicherweise sind einzelne Bezugnahmen auf psychoanalytische Gedanken nicht für alle Leser*innen nachvollziehbar. Unabweisbar scheint mir aber, dass sich das Board im Vollzug der unterschiedlichen Bewegungsmodi mit Emotionen und Bedeutungen auflädt und der Skater mit ihm eine Beziehung eingeht. Gemeinsam mit ihm eröffnen sich unterschiedliche Körper-, Selbst- und Welterfahrungen, die von harmonischen Verschränkungen über die Verwandlung prekärer Partnerschaften in magischen Einklang bis hin zur gemeinsamen Bewältigung von Herausforderungen reichen können. Dabei ist das Brett jedes Mal zentral, sowohl für das konkrete Tun als auch für das Selbstgefühl des Skaters: Ohne sein Brett ist er kein Skater, so wie ein Fußballer nichts ist ohne seinen Ball. Am Board hängt seine Identität. Manche Skater räumen freimütig ein, dass ihnen das Skaten wichtiger ist als ihre Freundin oder ihre Arbeit. Deswegen lohnt es sich, die Beziehungen, die der Skater mit seinem Brett eingeht, anzuschauen und zu differenzieren. Manche bereichern sich in dieser Bewegungswelt und genießen dort einzigartige Lebensgefühle; andere vernachlässigen dadurch aber auch ihre sozialen Beziehungen und bleiben quasi in dieser einen Welt hängen, was bei dem dort erlebten Reichtum allerdings kein Wunder ist. Ausdauer und Ehrgeiz, Endorphinausschüttungen, die mit dem Meistern von Risiken verbunden sind, und das Eintauchen in emotional aufgeladene Objektbeziehungen entfalten zusammen ein hohes Suchtpotential. Aber müssen nicht alle Akrobat*innen ein wenig süchtig sein?

2.3 Gemeinsamkeiten und Unterschiede der beiden jugendkulturellen Praxen

Eine Gemeinsamkeit beider Kulturen sehe ich in dem Bedürfnis junger Menschen, sich selbst zu erleben, indem man an die Grenzen seiner aktuellen Fähigkeiten geht und über sie hinaus. Bei die-

2.3 Gemeinsamkeiten und Unterschiede der beiden jugendkulturellen Praxen

sen »Grenzgängen« (Stern 2014) setzt man sich dem Risiko von Misserfolgen aus, die in psychischer und physischer Weise schmerzen, gerade wenn oder weil das Scheitern häufig vor Zuschauern stattfindet. Zugleich handelt es sich um Risiken, die man durch eine weitere Steigerung der eigenen Fähigkeiten meistern kann bzw. meistern lernen will. Anerkennung und Applaus von anderen Kennern und Könnern sind die gewünschte Antwort auf den eigenen Exhibitionismus, die aber ohne das Risiko, beschämt zu werden, nicht zu haben ist.

Im Battle steht man auf der Bühne und muss unter Beweis stellen, dass man sich in eine spontan resonanzfähige und zugleich nicht irritierbare Sprechmaschine verwandeln kann, die den verbalen Luftraum erobert, auch wenn beständig auf sie geschossen wird, auch unter der Gürtellinie. Man stellt sich im Wettkampf mit einem Gegenüber den aktuellen Möglichkeiten und Grenzen der eigenen Verbalisierungsfähigkeit, die Battle für Battle erweitert werden können. Gleichzeitig geht man bezogen auf die kommunizierten Inhalte an die Grenzen des Erlaubten und des guten Geschmacks, aber auch die Grenzen des Gegenübers, die man austestet, auch wenn man nicht damit rechnet, dass er sich auf der Bühne eine Blöße geben wird.

Beim Skaten geht man an die Grenzen der eigenen Beweglichkeit bzw. der Kontrolle über das eigene Bewegungsrepertoire und erweitert dieses bis in den Bereich der Akrobatik hinein. Beim Training erleidet man immer wieder Stürze und Schmerzen, die es stoisch auszuhalten gilt. Zugleich sieht man sich in einem Wettkampf mit anderen Skatern, die ebenfalls an der Erweiterung ihrer Grenzen arbeiten, diese immer weiter hinausschieben und einen damit herausfordern, auch die eigenen zu überwinden, um am Ende das eigene Limit zu erfahren und zu wissen, wo man steht.

Im Mittelpunkt beider Jugendkulturen steht daher ein Agon, ein Wettkampf, der ebenso mit sich geführt selbst wird wie mit anderen (Stern 2004). Sich dem jeweiligen Wettkampf zu stellen, erfordert Mut. Beide Jugendkulturen weisen bei allem Exhibitionismus asketische und strenge Züge auf: Hip-Hop in Bezug auf das Verbot von Gewalt und aggressiven Berührungen, Skaten in Bezug auf das stoische Aushalten von körperlichen Schmerzen. Beide Kulturen kreisen um die Phantasie der eigenen Unzerstörbarkeit: Beim Battle geht es darum, sich unverletzbar gegen verbale Angriffe und Schmähungen zu zeigen; sie kränken einen nicht (auch wenn sie einen immer wieder treffen). Als Skater macht man sich unempfindlich gegen Stürze und Schmerzen (auch wenn sie immer wieder wehtun), steht immer wieder auf und macht weiter. Auch wenn man die eigenen Unzerstörbarkeit nie ganz erreicht, so arbeitet man sich doch an diesem Ideal ab und gewinnt dabei an Kompetenzen und – wenn alles gut geht – irgendwann auch an Gelassenheit, was die Restkränkungen betrifft. Beide sind insofern *heroische Kulturen*, innerhalb derer man sich – auch und gerade mit dem Erleiden von Niederlagen – als unerschrocken und mutig erfahren kann.

Der Hauptunterschied liegt im jeweiligen Bezug zu Spiel und Spielen. Jeder Battle inszeniert Abneigung, Feindschaft und Aggression, indem er den Teilnehmern eine Bühne öffnet, aber auch in ein Ordnungssystem einbindet. Der Battle findet in einem Rahmen des Als-Ob statt und reizt innerhalb strikter Regeln die Grenzen des Erträglichen aus. Da zu dem Gegenüber zumeist keine Beziehungen bestehen, werden Abneigung und Aggression, die man in anderen Zusammenhängen leibhaftig erfahren hat, für eine begrenzte Dauer und für eine Performance reaktiviert, um sie symbolisch zum Ausdruck zu bringen. Man geht dabei wie ein Erwachsener vor, der für seine Kinder einen Tiger spielt, d. h. Hunger und Gefährlichkeit fingiert, aber gleichzeitig so beeindruckend wie möglich inszeniert. So wie bei Kindern echte Angst aufkommt, obwohl sie wissen, dass der Tiger der Papa ist, treffen die Beleidigungen beim Battle, obwohl man weiß, dass man nicht persönlich gemeint ist. Als *real* können dagegen die zahlreichen formalen Regeln für den Schlagabtausch gelten, aber auch die Abweichungen von diesen, die dem Einzelnen bei seiner Performance passieren (sich versprechen etc.), weil sie von den Zuschauer*innen als Ereignisse erlebt und als Bewertungskriterien herangezogen werden.

2.3 Gemeinsamkeiten und Unterschiede der beiden jugendkulturellen Praxen

Skaten stellt dagegen eine Bewegungspraxis dar, die sich den physikalischen Realitäten unterwirft und die damit verbundenen Begrenzungen für die Bewegung mit einem hohen Können so weit wie möglich ausdehnt. Hier wird die harte Realität gesucht, kein Als-Ob. Jeder Fehltritt, jeder Sturz führt zu realen Schmerzen und oft zu lang anhaltenden Verletzungen. Dennoch geschieht das mit Rückgriff und im engen Kontakt mit magischen Phantasien und imaginären Objekten aus dem eigenen Inneren.

In diesem Punkt möchte ich Stern, der auch das Skaten im Bereich des Spiels ansiedelt, widersprechen (Stern 2004). Zwar ist richtig, dass die Bühne nicht immer zuverlässig vor den Schmerzen der inszenierten Kränkung schützt und der gespielte Konflikt von den Rappern nicht selten von der Bühne hinab ins Leben getragen wird und dort zu realen physischen Verletzungen führt. Aber das sind Unfälle, die sich nur bei Rapper*innen ereignen, die nicht gut genug spielen können.

Umgekehrt inszenieren sich Skater auf den Bühnen der Stadt oder des Skaterparks und gehen bei ihren Tricks eine spielerische Beziehung mit ihrem Board ein, das sie in imaginäre Bezüge einbinden, die aus der Kindheit stammen und es mit den Eigenschaften magischer Objekte aufladen. Aber ein spielerischer Umgang mit dem Board, symbolische Elemente, die dabei zum Ausdruck kommen, und Momente der Inszenierung machen noch nicht Spiel (*play*) aus. Es fehlt das entscheidende Kriterium, welches im Als-Ob liegt.

Deshalb schlage ich vor, Jugendkulturen grundsätzlich entlang einer Reihung zu untersuchen, an deren einem Ende das Spiel und an deren anderem Ende die Realität steht. Hip-Hop und Skaten liegen jeweils nahe an den beiden entgegen gesetzten Polen, Fußball oder die eigene Inszenierung als Rechtsradikaler oder Autonomer dagegen im Bereich der Mitte.

3

Konflikte von Jugendlichen im Zusammenhang mit Regeln und Grenzen

Jugendliche können sich an Regeln halten. Sie befolgen fremdbestimmte Regeln und nehmen dafür häufig erhebliche Anstrengungen auf sich, sofern sie diese mit eigenen Zielen verbinden können und/oder sie genügend Kompensationsmöglichkeiten für ihre Anpassungsleistungen finden (s. Serkan ▶ Kap. 1). Im Rahmen von Jugendkulturen entwickeln sie eigene Regeln und bekräftigen diese in Form von Ritualen (▶ Kap. 2). Viele Jugendliche fühlen sich darüber hinaus Werten wie Ehrlichkeit, Gewaltfreiheit oder Hilfsbereitschaft verbunden und gehen diesbezüglich Selbstverpflichtungen ein (Reinders 2005), was dem Modus der *identifizierten Regulation* entspricht, wenn nicht der integrierten (▶ Kap. 1.2).

3 Konflikte von Jugendlichen im Zusammenhang mit Regeln und Grenzen

Deswegen leiden, viele auch mehr oder weniger intensiv, wenn sie mit einer eigenen Handlung gegen einen ihrer Werte verstoßen. Es gibt aber auch Jugendliche, die sich über Regeln hinwegsetzen und dabei persönliche und/oder staatlich sanktionierte Grenzen überschreiten: Sie ignorieren die Aufforderungen ihrer Eltern, zu einer bestimmten Zeit zu Hause zu sein; sie schwänzen die Schule und stehlen in Geschäften; sie verwüsten Bushaltestellen und scratchen ihre Namen in die Fenster von S-Bahnen; sie mobben andere Jugendliche in der Schule oder verbreiten unwahre Geschichten über sie im Internet. Oder sie schlagen ihre Freundin, wenn sie eifersüchtig sind, oder überfallen andere Jugendliche und rauben deren Handy (zu deliktspezifischen Prävalenzraten ▶ Kap. 3.4).

Wie viele Jugendliche begehen solche und andere Grenzüberschreitungen?

Einen breiten Überblick über die »Haltung Jugendlicher gegenüber sozialen Grenzen« gibt eine Untersuchung mit europaweiter Beteiligung von über 3000 Jugendlichen (Rink/Dickscheit/Wittrock 1998): Sie wurden zu zehn Situationen befragt, in denen sie entweder mit einer Grenzverletzung oder mit regelkonformem Verhalten oder mit dem Versuch einer Aushandlung oder mit Rückzug reagieren konnten. Die möglichen Regelüberschreitungen wurden in Geschichten eingefügt, aus denen hervorging, dass die Jugendlichen dabei nicht ertappt und auch nicht dafür zur Rechenschaft gezogen werden würden. Insofern interessiert sich die Studie für Formen autonomer Moral bzw. fokussiert auf das Niveau *introjizierter Regulation* und darüber (▶ Kap. 1.2).

Die Jugendlichen waren aus drei Gruppen ausgewählt: Schüler aus weiterführenden Schulen, Schüler mit Verhaltensauffälligkeiten aus dafür spezialisierten Schulen und inhaftierte, delinquente Jugendliche. Hier die Ergebnisse (zum Teil eigene Berechnung):

3 Konflikte von Jugendlichen im Zusammenhang mit Regeln und Grenzen

Entscheidung für	Aus weiterführenden Schulen	Sonderschulen	Strafanstalten
Regelkonformes Verhalten	ca. 60 %	ca. 49 %	ca. 41 %
Regel-Überschreitung	ca. 29 %	ca. 38 %	ca. 44 %
Aushandeln	ca. 8 %	ca. 5 %	ca. 6 %
Rückzug	ca. 4 %	ca. 8 %	ca. 5,5 %

Wie man aus dieser Studie – die allerdings gut 20 Jahre alt ist – entnehmen kann, schätzen zwischen 29 und 44 % aller Jugendlichen ein, in bestimmten Situationen kleinere (z. B. Absprache mit Eltern nicht einhalten) oder größere (z. B. Diebstahl, Körperverletzung) Grenzverletzungen begehen zu können, wenn sie nicht damit rechnen müssen, zur Rechenschaft gezogen zu werden. Aber selbst in dieser Konstellation meinen zwischen 60 und 41 %, regelkonformes Verhalten zeigen zu können. Größere Unterschiede bestehen vor allem zwischen den Jugendlichen aus weiterführenden Schulen und den inhaftierten Jugendlichen.

Diese Umfrageergebnisse sind für das Thema Konflikte relevant, weil auch reale Regelverstöße und Grenzverletzungen von Jugendlichen zu einem nicht unerheblichen Teil unbemerkt und/oder ungeahndet bleiben, sei es, weil sie in einer anonymen Öffentlichkeit stattfinden, sei es, weil die Jugendlichen sie geschickt verbergen und dafür u. U. auch lügen und betrügen, z. B. indem sie die Unterschrift ihrer Eltern fälschen, um das Fehlen in der Schule zu kaschieren. Das bedeutet: Nur bei einem Teil aller Regelverstöße werden die Urheber bekannt und resultieren daraus auch Konflikte mit Vertreter*innen von Ordnungssystemen und/oder mit den Peers. Solche Konflikte können offen ausgetragen und zur Zufriedenheit aller Beteiligten geklärt werden. Sie können sich aber auch zuspitzen und eskalieren und führen nicht selten dazu, dass sich Dritte einschalten wie z. B. Lehrer*innen oder Polizist*innen in die Konflikte unter Jugendlichen oder die Schulleiter*in oder Schulpsychologin in einen Konflikt zwischen Schüler*innen und einem/einer Lehrer*in.

Die Jahre zwischen 12 und 18 oder 20 können als ein notwendiges und legitimes Experimentierfeld angesehen werden, in dem die Jugendlichen Regelverstöße ausprobieren und dabei immer wieder in Unsicherheiten, Entscheidungsdilemmata und Krisen geraten, aber auch heilsame Erfahrungen machen und neue Einsichten gewinnen. Oben sah es so aus, als ob es solche und solche Jugendlichen gibt. Aber das stimmt so nicht: Viele Jugendliche sind zugleich Regelbrecher und Regelbefolger und manchmal sogar Regelwächter; dieselben Jugendlichen missachten und achten Grenzen anderer; sie unterminieren bestimmte Ordnungssysteme und bauen andere mit auf. Kontextabhängige Verhaltenssteuerung und Hybridmoral waren die Stichworte, mit denen wir dieses Zugleich oder diesen Zick-Zack-Kurs bezeichnet haben (▶ Kap. 1.3).

Der Unterschied zwischen Jugendlichen und Erwachsenen liegt darin, dass Grenzverletzungen und unsicherer Umgang mit Konflikten als funktional für das Jugendalter angesehen werden können. Sie beinhalten Entwicklungspotenziale für Jugendliche, während sie bei Erwachsenen ab einem bestimmten Alter lediglich Wiederholungen darstellen und deswegen in vielen Fällen als Ausdruck einer unproduktiven Stagnation oder regressiven Krise betrachtet werden können.

Damit ist das Thema dieses Kapitels abgesteckt. Wir gehen davon aus, dass Jugendliche mehr oder weniger häufig an einem oder mehreren sozialen Orten in Konflikte geraten:

- mit ihren Eltern (▶ Kap. 3.2),
- mit den Lehrer*innen in der Schule (▶ Kap. 3.3),
- mit Peers, Freunden und anderen Cliquen (▶ Kap. 3.4),
- mit dem Gesetz (▶ Kap. 3.5).

Wir werden mit Blick auf die einzelnen sozialen Orte (▶ Kap. 3.2 bis ▶ Kap. 3.5) jeweils fragen: Worum kreisen ihre zentralen Konflikte an diesen Orten? Wie gehen die Jugendlichen sie an, d. h. mit Hilfe welcher intuitiven Vorgehensweisen und strategischen Manöver gestalten sie diese? Gibt es Hinweise auf die Häufigkeit, mit der die Konflikte eintreten und bewältigt werden können oder offenbleiben? Und was dann: Lebt man mit ihnen, werden sie ausgehalten oder eskalieren und chronifizieren sie (▶ Kap. 4)?

Dafür müssen wir allerdings noch einen Umweg einschlagen: Dieses Buch möchte das Verhältnis von Jugendlichen zu Ordnungen und damit auch zu Konflikten mit Vertreter*innen dieser Ordnungssysteme darstellen. Deswegen müssen wir auch beim Thema Konflikte aufpassen, Jugendlichen nicht zu rasch Konfliktformen und Konfliktlogiken zu unterstellen, die wir als Erwachsene entwickelt haben und an denen wir uns orientieren.

3.1 Konstruktivistische Rahmung: Zwei Typologien von Spannungen

Ein großer Teil von Konflikten – das gilt für die zwischen Erwachsenen ebenso wie für die zwischen Jugendlichen und Erwachsenen – betreffen Dissense über die Art und Weise der Wahrnehmung, Einordnung und Behandlung von Konflikten. Sie stellen demnach Konflikte über Konflikte dar. Strittig ist oft,

a) ob überhaupt ein Konflikt vorliegt. Die eine Partei mag das so sehen, die andere muss das nicht nachvollziehen und erklärt den Zustand, den die andere als Spannung erlebt, als normal oder nicht weiter bedeutsam und sich selbst als nicht zuständig;
b) was das zentrale strittige Thema ist;
c) wie weiter mit dem Konflikt umgegangen wird; insbesondere ob er geklärt werden oder offen bleiben soll.

3.1 Konstruktivistische Rahmung: Zwei Typologien von Spannungen

Schauen wir uns dazu ein Beispiel an:

Die Lehrerin hat den dreizehnjährigen Markus in dieser Stunde bereits zwei Mal ermahnt, sich während des Unterrichts nicht mit seinem Handy zu beschäftigen. Als sie ihn das dritte Mal dabei sieht, spricht sie ihn mit Ärger in der Stimme an:
»Markus, wie oft denn noch! Handys bleiben in der Tasche, das ist die Regel hier!«
»Ich hab aber kein Bock auf Mathe!«
»Den bekommst du auch nicht, wenn du dich mit deinem Handy beschäftigst!«
»Lassen Sie mich doch einfach in Ruhe, Mann.«
»Nein, das will ich nicht und kann ich nicht ... ich bin hier, weil du was lernen sollst!«
»Mir doch egal.....«
»Mir aber nicht, und deinen Eltern auch nicht!«
»Was haben die denn damit zu tun?«
»Die wollen auch, dass du hier was lernst!«
»Boah, Sie nerven! Was geht Sie meine Familie an... ich rede doch auch nicht über Ihren Mann oder Ihre Kinder und was die machen (Blick zu den Mitschüler*innen)... das ist doch voll privat, Mann.«
»Leg dein Handy jetzt bitte vorne auf das Pult. In der Pause kannst du es dir wieder nehmen.«
»Ich glaub es hackt! Ich geb doch mein Handy nicht aus der Hand.«
»Markus, es reicht.....«
»Ja, mir auch.....«

Zu a) Konflikt ja – nein? Für die Lehrerin ist vermutlich klar, dass ein Konflikt vorliegt. Sie möchte unterrichten, Markus will spielen. Beides zusammen geht nicht. Markus reagiert nicht auf ihre Ermahnungen und zwingt sie, mit ihm über Dinge zu diskutieren, die in ihren Augen unverhandelbar sind. Im weiteren Verlauf eskaliert er den Konflikt durch immer gröbere Verstöße gegen eine angemessene Schüler-Lehrer-Kommunikation. Ob die Lehrerin selbst mitbekommt, wo und wie auch sie zur Verschärfung der Konfliktspannung beiträgt, können wir offen lassen. Aber sicher würde sie einräumen, dass der Konflikt aufgekommen ist, weil sie sein unpassendes Verhalten kritisiert hat.

Für Markus handelt es sich vermutlich um einen ihm aufgezwungenen Konflikt und er weiß gar nicht, ob er sich auf ihn einlassen soll. Er würde wahrscheinlich sagen: »Die Lehrerin macht Stress«, um deutlich zu machen, dass sie diejenige ist, die den Konflikt vom Zaun bricht. Für ihn geht Unterrichten und die Beschäftigung mit dem Handy gut zusammen. Erstens hat er etwas Wichtiges zu recherchieren, zweitens hört er zwischendurch auch zu. Aber ab einem bestimmten Zeitpunkt muss er sich gegen die Lehrerin wehren, weil sie anfängt übergriffig zu werden. Seine Familie ins Spiel zu bringen, findet er nicht in Ordnung, und die Forderung, sein Handy wegzulegen, beinahe übergriffig.

Zu b) Zentrales Thema? In den Augen der Lehrerin handelt es sich um einen Disziplinkonflikt: Aufmerksamkeit und aktives Mitdenken stellen für sie die unverzichtbaren Voraussetzungen für erfolgreichen Unterricht dar. Markus lässt sich aber gehen. Er ist nicht in der Lage, sein dringendes Bedürfnis, mit dem Handy zu spielen, zu kontrollieren. Und er bricht eine Regel der Schulordnung: Handys haben in den Taschen zu bleiben. Sie schätzt es als ihr Recht und ihre Pflicht ein, dagegen vorzugehen; mit Blick auf Markus, aber auch die anderen Schüler*innen der Klasse. Dazu beruft sie sich auf ihren offiziellen Auftrag und das Mandat, das sie auch von den Eltern der Schüler*innen meint erteilt bekommen zu haben. Markus scheint ihr aber das Recht auf Verhaltenskontrolle, mithin ihre Autorität abzusprechen. Insofern sieht sie auch einen Machtkonflikt.

Für Markus handelt es sich dagegen – wenn er sich auf die Konfliktkonstruktion einlässt – um einen Autonomiekonflikt: Die Lehrerin mischt sich in etwas ein, das er selbst entscheiden möchte. Dass sie unterrichten will und man sie dabei nicht aktiv behindern darf, sieht er durchaus ein. Aber er stört ja nicht. Er lässt sie in Ruhe, sie ihn aber nicht. Noch dazu bedrängt sie ihn mit schulfremden Themen wie seiner Familie und möchte über sein Handy bestimmen. Zu solchen Eingriffen in seine Privatsphäre hat sie kein Recht.

3.1 Konstruktivistische Rahmung: Zwei Typologien von Spannungen

Zu c) Wie weiter? Für die Lehrerin ist klar, dass dieser Konflikt weitergeführt werden muss. Vielleicht spricht sie eine Schulstrafe aus, vielleicht informiert sie die Eltern über das Verhalten ihres Sohnes, vielleicht fordert sie Markus auf, sich noch einmal mit ihr zusammenzusetzen. Für Markus hingegen macht es wahrscheinlich keinen Sinn, den Konflikt weiter zu behandeln. Man hat sich ausgetauscht und konnte sich nicht einigen. Auch wenn die Lehrerin ihn beinahe übergriffig behandelt hat, trägt er ihr das nicht nach. Erwachsene, insbesondere Lehrer*innen und Eltern sind eben so: Sie nerven. Daran kann man wenig ändern. Man muss es ertragen und trotzdem sein Ding machen.

Es dürfte nun geklärt sein, was mit »Konflikt über den Konflikt« gemeint ist. Beide Konstruktionen zeichnen sich durch eine ihnen immanente Logik aus und sind aus der jeweiligen Perspektive des Konstrukteurs durchaus nachvollziehbar. In einer konstruktivistischen Perspektive müsste man sie als gleichberechtigt nebeneinander stellen und versuchen, ihnen gegenüber Neutralität zu bewahren. Die Unterschiede zwischen Markus und der Lehrerin mit dieser Haltung zu betrachten, macht insbesondere dann Sinn, wenn man als Dritter zu einer Konfliktklärung dazu gerufen wird.

Die konstruktivistische Perspektive hat bei allen Vorteilen aber auch Nachteile: Sie übersieht, dass in den rekonstruierten Konstruktionen nicht alles zur Sprache kommt, was für das Individuum in der Situation relevant war. Konstruktionen unterstellen dem Handeln nachträglich eine Stringenz und Rationalität, die während des Handelns als einem Sich-Hineintasten in einen sozialen Raum so nicht gegeben war. Sie verdecken Ambivalenzen und Widersprüche im Subjekt und geraten deshalb in die Gefahr, zu Rationalisierungen zu werden. Man muss sie unbedingt ernst nehmen, aber sollte sie ergänzen. Weil wir in diesem Buch auf die Jugendlichen fokussieren, gehen wir dem hier nur für Markus nach.

Man kann unterstellen, dass Markus in einem Teil seines Selbst sehr wohl weiß, dass die Lehrerin dazu berechtigt ist, bestimmte Verhaltensweisen von ihm einzufordern bzw. zu verbieten, und dass er mit seiner Politik der schroffen Zurückweisung aller ihrer Ansprüche als unverschämt erlebt werden kann, von ihr, aber auch von Seiten einiger seiner Mitschüler*innen. Vielleicht beschleicht ihn anschließend sogar ein gewisses Unwohlsein. Vielleicht würde er sich selbst fragen, ob er nicht zu weit gegangen ist, oder fühlt sich zumindest leise beunruhigt, ob auf seinen Auftritt nicht noch etwas Unangenehmes folgt. Er bedient sich zur Abwehr ihrer Ansprüche einer Rhetorik, die auf Autonomie-Argumente setzt. Gleichzeitig weiß er, dass diese Autonomie am Ort Schule nicht so vollumfänglich gewährt werden kann, wie er sie reklamiert. Aber das Einklagen von Autonomie und die damit verbundenen Emotionen fühlen sich gut an. Deswegen kann er sich am Nachmittag, wenn er sich mit seinen Freunden trifft und das Gespräch auf diese Szene kommt, über die Aktionen der Lehrerin (nicht deren Re-Aktionen!) entrüsten und sich beinahe sicher sein, dass er dafür Zustimmung und für seine Gegenwehr Anerkennung finden wird.

Ambivalenzen und Widersprüche, wie man sie bei Markus vermuten kann, würde ich bei Jugendlichen (aber auch etlichen Erwachsenen) für typisch halten: Einerseits verhalten sie sich über weite Strecken ohne klares Bewusstsein davon, dass ihr Verhalten (wie das Spielen mit dem Handy) konfliktträchtig ist; man könnte sagen, sie agieren beinahe unschuldig. Wenn ihr Verhalten moniert wird, sind sie tatsächlich überrascht darüber, sich mit ihrem Verhalten so weit von den üblichen Ansprüchen wegbewegt zu haben. Das kann zu einer Art von Aufwachen führen, das mit Einlenken einhergeht oder aber als eine ärgerliche, vor allem aber peinliche Konfrontation mit der Realität erlebt wird, mithin als Beschämung. Manchmal reagieren Jugendliche darauf mit Zerknirschung und Selbstvorwürfen, manchmal aber auch mit besonders dreisten Formen der Selbstverteidigung bzw. Abwehr von Betroffenheit (wie Markus), oder mit einem Mix aus beidem, wobei das eine (die aggressive Abwehr) auf der Vorderbühne der Interaktion mit anderen Beteiligten, das andere (Unsicherheit und Scham) auf der Hinterbühne, quasi in der Kommunikation mit sich selbst, zum Ausdruck kommt. Gleichzeitig macht es ihnen aber durchaus Spaß,

3.1 Konstruktivistische Rahmung: Zwei Typologien von Spannungen

Erwachsene zu provozieren und Konflikte vom Zaun zu brechen (Schwabe 2006). Häufig geht es dabei um ein spielerisches Ausprobieren der eigenen Kräfte bzw. Wirkungen und/oder um ein Austesten des Gegenübers und seiner Reaktionen, wenn nicht sogar um einen Versuch, mit diesem in Kontakt zu treten, durchaus auf der Suche nach einer relevanten Begegnung, nicht (oder nur am Rande oder als eine von mehreren Optionen) um ein Unterminieren oder gar Zerschlagen-Wollen von Autoritätsansprüchen. Und dennoch kann man es als in Frage gestellter Erwachsener genau so erleben, auch weil diese Jugendlichen es durchaus zu genießen scheinen, den Konflikt so lange auf die Spitze zu treiben, wie sie sich als mögliche Gewinner sehen, ohne mit Eskalationen oder Konsequenzen, die damit verbunden sein können (Gewalt, Bestrafungen etc.), zu rechnen, und oft ohne den Konflikt in offener Weise klären zu wollen; zumindest nicht in der Form, dass sie bereit wären, ihre Konfliktanteile zu reflektieren und anschließend die Verantwortung dafür zu übernehmen. Im Gegenteil: Je mehr die anderen auf dem Konflikt und der Notwendigkeit einer Klärung bestehen, umso mehr verleugnen sie häufig die Konflikthaftigkeit der Situation bzw. ihre Beiträge dazu.

Man könnte dieses Konfliktverhalten als naiv und zugleich gerissen charakterisieren, was für Erwachsene, wenn sie ein solches Verhalten zeigen, durchaus zutreffen mag. Bei Jugendlichen sollte man es eher als unsicher, ungeübt und unausgegoren bezeichnen. Bei der Gestaltung von Konflikten wird lustvoll experimentiert, aber auch ängstlich abgebrochen, wenn man befürchtet, ins Hintertreffen zu geraten oder gar sein Gesicht zu verlieren. Deswegen wechseln sich das Anzetteln von Konflikten und das Verleugnen oft in rascher Folge ab. Das macht es für Erwachsene nicht einfach, Konflikte auf eine Weise zu führen, bei der die Jugendlichen nicht aussteigen. Gleichzeitig wäre es naiv, die Vorstellungen der Erwachsenen als die einzig richtige oder mögliche Form der Konfliktanalyse oder -behandlung geltend machen zu wollen. Man muss sich dazu schon auf die Konstruktionen der Jugendlichen einlassen. Deswegen wenden wir uns im nächsten Kapitel den

Wahrnehmungen der Jugendlichen zu, um danach zu den Sichtweisen der Erwachsenen zurückzukehren, um besser zu verstehen, wo und wie diese zusammengehen und auseinanderdriften.

3.1.1 Konflikte, Stress, Kummer: Wie erleben Jugendliche Konflikte und wie gehen sie damit um?

Wie bereits angedeutet, unterscheiden Jugendliche zwischen Konflikten als einem interaktiven Geschehen und »Stress-gemacht-Bekommen« als einer einseitig initiierten Aktion. Als Konflikte bezeichnen viele Jugendliche vor allem eine Spannung, zu deren Aufkommen sie selbst aktiv beigetragen haben, bzw. eine laufende Auseinandersetzung, in die sie sich mit eigenen Interessen verwickelt sehen. Konflikte gibt es vor allem mit Personen, zu denen man eine Beziehung unterhält; sei es, dass man sie »eigentlich mag«, aber dennoch mit ihnen über Kreuz liegt, sei es, dass sie einem etwas angetan haben oder man sie noch nie leiden konnte. Konflikte sind demnach etwas Persönliches.

Wenn mehrere der geschilderten Merkmale für sie wahrnehmbar sind, sind Jugendliche durchaus bereit, Verantwortung für die weitere Gestaltung des Konflikts zu übernehmen, sei es in der Form einer Konfliktklärung oder einer Verhaltensänderung. Das gilt insbesondere dann, wenn die anderen in den Konflikt involvierten Personen sich auf Augenhöhe mit ihnen bewegen und ihre eigenen Anteile aktiv benennen können. Unter diesen Umständen sind Jugendliche für Konfliktklärungen sogar dankbar und beteiligen sich an ihnen mit Interesse und in engagierter Weise.

»Ärger« oder »Stress bekommen« umschreibt dagegen eine unangenehme, anhaltende Spannung, für deren Entstehung, Aufrechterhaltung oder Auflösung man sich selbst nicht verantwortlich sieht. Andere, mächtige Andere, haben diese Spannung initiiert (für Markus die Lehrerin) oder halten sie aufrecht; sie ziehen einen mit in diese hinein oder sorgen dafür, dass man ihr nicht entkommen kann, und machen einen auch noch verantwortlich dafür.

3.1 Konstruktivistische Rahmung: Zwei Typologien von Spannungen

Sonderformen von »Stress« sind »Frust« und »Kummer«. Sie kommen auf, wenn Erwartungen und Hoffnungen enttäuscht wurden. Frust bezieht sich dabei meist auf fehlgeschlagene Anstrengungen und Misserfolge, Kummer auf andere, die sich nicht so verhalten, wie man sich das gewünscht oder für selbstverständlich gehalten hat (insbesondere wenn Freundschaft oder Liebe erwartet wurden). Wie manche Erwachsene teilen auch viele Jugendliche ihren Kummer aber nicht mit und kämpfen auch nicht weiter für die Erfüllung ihrer Erwartungen (▶ Kap. 3.3.). Eher leiden sie stumm und teilen ihr Leid bestenfalls einer Freundin/einem Freund mit, suchen aber nicht die Auseinandersetzung mit den Gründen ihres Scheiterns oder mit der Person, die sie enttäuscht hat. Sie machen dieser in der Regel auch keinen Vorwurf, sondern sehen die Ursache für die Enttäuschung häufig eher bei sich (»Ich war nicht gut genug«), was mit erheblicher Traurigkeit einhergehen kann.

Bei »Ärger« und »Stress« sieht man sich selbst überwiegend als Opfer der Machtpolitik anderer. Daraus bezieht man die Legitimation, gegen den Stress oder die stressenden Personen etwas zu unternehmen. In der Erlebniswelt von Jugendlichen kann man nicht vermeiden, immer wieder in »Stress« zu geraten. Man kann allerdings Versuche zur Spannungsreduzierung unternehmen. Die wichtigsten, oft nur halb oder gar nicht bewusst durchgeführten Manöver dafür sind:

a) *Sich zeitweise zu distanzieren und/oder den Kontakt abzubrechen:* Man begibt sich außerhalb des unmittelbaren physischen Einflussbereiches dessen, der Stress macht, sei es, dass man das (Eltern) Haus verlässt oder sich außerhalb der Sicht- und Hörweite der nervenden Personen begibt oder zumindest den Blickkontakt mit ihnen vermeidet. Man kann sich aber auch in sich zurückziehen, dem anderen demonstrativ die kalte Schulter zeigen, sich unerreichbar machen (auch mit Hilfe von Ohrstöpseln und lauter Musik etc.) oder sich so weit mit Alkohol oder Drogen zudröhnen, dass die stressenden Wirkungen einen nicht mehr erreichen und man auch nicht mehr ansprechbar ist.

b) *Hinhalten und beschwichtigen:* Man geht verbal ein Stück weit auf die Forderungen der Stress machenden Personen ein, aber nur so weit, dass sie von einem ablassen und man seine Ruhe hat oder Zeit bekommt, sich weiter von ihnen zu entfernen. Manchmal investiert man in die Beschwichtigung mehr an Zugeständnissen (gibt mehr von sich auf), als man eigentlich machen wollte, und ärgert sich anschließend oder fühlt sich geschwächt und ausgebeutet. Manchmal gelingt es einem, damit die nervende Person hinzuhalten, zu täuschen oder geschickt zu manipulieren und empfindet anschließend Stolz darüber, so clever agiert zu haben. Generell gilt, dass man auf Zusagen und Versprechungen, die man im Zuge von Beschwichtigungsmanövern gemacht hat, anschließend nicht festgenagelt werden darf: Man stand unter Druck und hat es nicht so gemeint. Moralische Vorhaltungen dagegen kann man nicht akzeptieren. Mit anderen Personen will man ehrlich sein und bleiben. Die stressende Person hat das Recht darauf aber verwirkt.

c) *Angreifen und vertreiben:* Wenn es Personen gibt, die andauernd nerven und nicht zu beschwichtigen sind, kann man »Hass« entwickeln, aggressiv werden und versuchen, sie einzuschüchtern und zu vertreiben. Manchmal reicht es dafür aus, alleine aufzutreten, indem man besonders schroff oder frech agiert. Manchmal muss man dazu andere Unterstützer*innen mobilisieren. Häufig reicht es aus, den stressenden Personen mit Hilfe von Drohungen Angst zu machen; manchmal muss man Taten folgen lassen, um sie zu beeindrucken. Hass kann man auch gegen Personen empfinden, die einem »Kummer« gemacht haben. Liebeserwartungen können z. B. in Hass umschlagen, weswegen man sich an der Person rächen muss, wozu man sich berechtigt sieht, weil man sich von der anderen Partei missbraucht und/oder geschädigt sieht.

Wie man sieht, zögern Jugendliche oft länger, bis sie sich auf einen offenen Konflikt einlassen. Sie schätzen (oft ganz richtig) ein, dass eine direkte Konfrontation für sie eher mit Nachteilen verbunden ist. Wenn sie sich irgendwann auf offene Aggression einlassen, kann diese sehr heftig und sehr selbstgerecht ausfallen.

3.1 Konstruktivistische Rahmung: Zwei Typologien von Spannungen

Deswegen sollte man als Erwachsener Vorstellungen davon haben, welchen Vorteil es aus Sicht der Jugendlichen geben könnte, sich auf einen Konflikt bzw. eine Konfliktklärung einzulassen.

So weit ein Rekonstruktionsversuch zu Spannungen und Konflikten aus der Perspektive von Jugendlichen. Man kann in diesen Verhaltensweisen im Umgang mit Konflikten all die typischen Fehler sehen, die Erwachsene machen, bevor es zu Kriegen kommt, privaten oder staatlich organisierten. Der Unterschied ist hier erneut, dass Jugendliche auf diesem Gebiet Anfänger sind und deswegen ein gewisses Recht auf Fehler haben. Wenn man möchte, dass sich Jugendliche auf die Konstruktion »Konflikt« und seine Implikationen einlassen, muss man als Erwachsener dafür werben oder gute Gründe dafür anführen können und vor allem den Ängsten, die damit verbunden sind, präventiv begegnen. Nur dann werden sie auch bereit sein, die von ihnen gewählten Strategien (Distanzieren, Beschwichtigen, Angreifen) in Frage zu stellen und weiterzuentwickeln.

3.1.2 Eine Konflikttypologie aus Sicht der Erwachsenen

Kommen wir nun zu einer Konflikttypologie, die eher den Konstruktionen von Erwachsenen entspricht. Diese gehen davon aus, dass unterschiedliche Personen (hier: Jugendliche) Konfliktpotenziale in und mit sich tragen, die im Kontext einer Beziehung – einer persönlichen oder einer Arbeitsbeziehung wie in der Schule – zum Ausdruck kommen. Man geht als Erwachsener davon aus, dass man nicht der/die Erste ist, die in eine solche Dynamik verwickelt wird. Dabei gelten nicht alle Konflikte zwischen Erwachsenen und Jugendlichen (oder zwischen Jugendlichen) als typisch für die Jugendphase. Einige Konfliktthemen setzen sich lediglich fort (B und C), andere konstellieren sich neu (A und D) (▶ Abb. 3).

Als typische Konflikte für die Jugendphase werden insbesondere A und D betrachtet. Autonomiekonflikte (A) entstehen, wenn Ju-

3 Konflikte von Jugendlichen im Zusammenhang mit Regeln und Grenzen

	A Autonomiekonflikte	B Regel-Konflikte	C (Selbst-)Diziplinkonflikte	D Beziehungskonflikte
Konflikte um was und warum? Welche Dynamik entwickelt sich?	Konflikte mit Vertreter*innen von Ordnungssystemen, von denen sich der junge Mensch bevormundet fühlt bzw. genötigt, an fremdbestimmten Projekten teilzunehmen, bzw. gehindert, eigene Projekte bzw. den eigenen Stil zu realisieren	Konflikte mit Vertreter*innen von OS, die Regeleinhaltung einklagen und Grenzverletzungen markieren. Aufgrund schwacher Impulskontrolle und mangelhafter Affektregulation gerät der Jugendliche in Stress und handelt weiter oder verstärkt aggressiv-impulsiv bzw. egozentrisch	Konflikte mit V*innen von OS, die Ordnung, Pünktlichkeit, Regelmäßigkeit und Leistung bzw. Anstrengungsbereitschaft erwarten. Den Jugendlichen fehlt innere Struktur und/oder Kraft dazu. Sie registrieren, dass es anderen besser gelingt, und geraten unter Druck. Vermeidung, Rückzug oder trotzige Rebellion gegen die Erwartungen sind die Folge.	K. mit V*innen von OS., von denen sich der junge Mensch enttäuscht oder verletzt fühlt. Diese Personen meinen weiter Zustimmung und Folgebereitschaft fordern zu können und sind sich keiner Schuld bewusst (z.B. Kränkung). Die Jugendlichen bestrafen sie mit Verweigerung und Regelbrüchen.
Können Ausnahmen, Alternativen zum üblichen Konfliktverhalten beobachtet werden?	Ja: Jugendlicher kann sich in Ordnungssystemen bewegen und an Regeln halten, die er mit anderen Peers aufgestellt hat. Nein: reklamiert Autonomie, ist aber nicht in der Lage, Absprachen einzuhalten	Eher Nein: Jugendlicher hat ähnliche Probleme auch mit Peers. Es fehlt ihm beinahe durchgängig an Impulskontrolle. Trotz vieler Interessen und einigem Wollen brechen seine Projekte immer wieder ab, weil die Beziehungen zu stark belastet werden	Eher Nein: Innere Struktur und Kraft fehlen auch an anderen Orten und bei eigenen Projekten. Überforderung, Enttäuschung über sich, Misserfolgserwartungen und regressive Versorgungswünschen. Ausnahme: evt. mehr Disziplin bei selbst gewählten Projekten.	Beides möglich: Manche bewegen sich in anderen Systemen ohne Probleme und lösen Konflikte. Andere inszenieren überall ihre zentralen Beziehungskonflikte (mit Abbrüchen) oder können sich aus Gründen der Loyalität nicht einlassen.
Selbsterleben der Jugendlichen	„Lasst mich einfach in Ruhe mein Ding machen." „Bestimmt nicht soviel" „Fragt mich, dann mach ich mit!"	„Was willst du schon wieder von mir?" „Stresst mich nicht dauernd!". Aber auch: „Ich mache mir selbst Sorgen um mich..."	„Ich schaffe das nicht" („wie schaffen das andere nur?") „Was wollt ihr schon wieder von mir". Macht sich aber auch Sorgen um seine Schwächen	„Glaubt ja nicht, dass ich euch noch vertraue!" „Ihr habt es mit mir verschissen!"
Mögliche Eskalationen	Weglaufen, Gewalt, forcierte Formen der Selbstständigkeit	Gewalt, kriminelle Karriere, Drogen, Wohnungslosigkeit	Depression, Verwahrlosung, Drogen, Fürsorgekarriere, Suizidalität	Vereinsamung, deviante Ersatzfamilie, Suizidalität

Abb. 3: Konflikttypen zwischen Jugendlichen und Erwachsenen.

gendliche an Planungen und Entscheidungen mitwirken und über Regeln mitbestimmen wollen, die in den Augen der Erwachsenen feststehen und nicht (mehr) verhandelt werden sollen, oder wenn Erwachsene nicht einschätzen können, ob es den Jugendlichen mit ihren Forderungen lediglich darum geht, weniger kontrolliert zu werden, um ein bequemeres oder hedonistischeres Leben führen zu können, oder sie bereit und in der Lage sind, mit mehr Beteiligung auch mehr Verantwortung zu übernehmen. Deswegen halten sie danach Ausschau, ob es Hinweise auf Selbststeuerungskompetenzen und/oder eine verantwortungsvolle Lebensführung gibt, oder erwarten bestimmte Vorleistungen, um die geforderten Rechte zu gewähren. Die Jugendlichen wiederum erleben das ihnen entgegengebrachte Misstrauen als Nicht-ernst-genommen-Werden oder Beleidigung und fordern ihr Mitbestimmungsrecht umso vehementer ein, was wiederum die Erwachsenen als unverschämt erleben können. So kommt eine zirkulär sich verstärkende Dynamik in Gang.

3.1 Konstruktivistische Rahmung: Zwei Typologien von Spannungen

Beziehungskonflikte (Typ D) beruhen oft auf einem Resümee bezogen auf bisher zentrale Bezugspersonen. Es wird häufig im Übergang ins Jugendalter vollzogen und kann in eine Kritik münden. Sie betrifft z. B. das Verhalten der Eltern, die Forderungen stellen, an die sie sich selbst nicht halten. Konkret: »Warum soll ich am Morgen aufstehen und pünktlich zur Schule gehen, wenn ihr liegen bleibt und noch nicht mal das Frühstück für mich vorbereitet?« Oder: »Warum soll ich denn auf meine Gesundheit achten und auf Alkohol und Zigaretten verzichten, wenn ihr mir doch jeden Tag vormacht, wie wichtig die für euch sind?« Das kritische Resümee kann die Beziehung an und für sich betreffen oder die Beziehung der Eltern untereinander (z. B. deren Streitereien oder Trennung). Dann lautet der verbalisierte oder unausgesprochen gefühlte Vorwurf: »Ihr habt mich enttäuscht und merkt es noch nicht einmal. Ich ziehe mich von euch zurück. Und damit ihr das auch merkt, verweigere ich euch den Gehorsam!«

Konflikte, die unkontrolliertes Verhalten und Grenzüberschreitungen betreffen (Typ B), bringen Jugendliche meist schon aus der Kindheit ins Jugendalter mit. Viele von ihnen sind bereits im Grundschulalter oder sogar im Kindergarten aufgefallen, weil sie über eine geringe Frustrationstoleranz verfügen, leicht die Beherrschung verlieren und dann wild um sich schlagen. Diese Verhaltensweisen können sich im Jugendalter noch einmal verschärfen, weil die Ermahnungen, Hilfen und Strafen, die der junge Mensch bisher akzeptiert hat, ihm nun kindisch vorkommen und er sich deshalb gegen sie wehrt. Sie verschärfen sich aber auch, weil Jugendliche physisch stärker geworden sind und ein Schlag eines 14-Jährigen ein ganz anderes Verletzungsrisiko birgt als der eines 8-Jährigen und Jugendliche aufgrund von Schlagen mit dem Gesetz in Konflikt geraten können.

Ähnliches gilt für Typ C, die Disziplinkonflikte. Mit steigenden Anforderungen offenbart sich oft erst im Jugendalter, dass bestimmte Voraussetzungen für das Erbringen von Leistungen wie Eigenstrukturierung, Anstrengungsbereitschaft und Durchhaltevermögen nicht so weit entwickelt sind, wie es erforderlich wäre. Bei der Thematisierung von B und C fühlen sich die Jugendlichen von den Erwachsenen häufig verfolgt und gegängelt (s. »Ärger« und »Stress«) und wehren deren Ansprüche aggressiv ab. Nicht selten treibt sie allerdings auch eine eigene Sorge um: Sie beobachten, dass der Abstand zwischen ihrem Verhalten und dem der Peers größer wird und andere etwas hinbekommen, woran man selbst immer wieder scheitert. Aus dieser Beobachtung kann eine Motivation entstehen, sich helfen zu lassen. Das fortgesetzte Scheitern an der eigenen Selbststeuerung kann aber auch zu depressiven Verstimmungen und zu erlernter Hilflosigkeit führen (Seligman 1979).

Prinzipiell kann man damit rechnen, dass man als erwachsener Interaktionspartner mit einem Jugendlichen in alle vier Typen von Konflikten geraten kann oder zumindest in zwei oder drei Konfliktdynamiken neben- oder nacheinander. Eine Jugendliche kann in den Augen ihrer Eltern z. B. bezogen auf Zimmeraufräumen und Bettmachen ein Selbstdisziplinproblem haben, bezogen auf Ausgehzeiten mit diesen in Autonomiekonflikte geraten und auf dem Hintergrund einer enttäuschten Beziehung mit ihrem viel beschäftigten Vater einen Beziehungskonflikt führen, weshalb sie ihm gegenüber besonders aggressiv und abwertend auftritt. Es werden aber auch Jugendliche beobachtet, die überwiegend oder ausschließlich in den Bereichen B und C in Konflikte geraten.

3.1.3 Passungen und Spannungen zwischen den Konfliktlogiken von Jugendlichen und Erwachsenen.

Es dürfte klar sein, dass jeder der Konflikttypen A bis D eine andere Art des pädagogischen Umgangs von Seiten der Eltern oder anderer Erwachsener bedarf. Das ist nicht so einfach, wie es die Tabelle möglicherweise suggeriert.

Zum einen, das haben wir bei dem Rekonstruktionsversuch aus Sicht der Jugendlichen gesehen, steigen sie nicht ohne weiteres in die Kategorie *Konflikt* und deren Implikationen ein (▶ Kap. 3.1.1).

3.1 Konstruktivistische Rahmung: Zwei Typologien von Spannungen

Man sollte ihnen in diesem Fall einräumen, dass sie einen nicht kennen, als Fremden ansehen und deswegen glauben, weder Rede noch Antwort schuldig zu sein, während man selbst aus bestimmten Gründen aber nicht umhinkommt, sie mit diesem Thema zu belästigen. Die Gründe dafür kann man sachlich vorlegen (»Ich habe die Aufsichtspflicht, ich bekomme Ärger von meinen Vorgesetzten ...«) und um Kooperation in dieser Angelegenheit bitten. Manchmal muss man allerdings auch unmissverständlich aufzeigen, was passiert, wenn sie den Konflikt weiter leugnen oder sich der Konfliktklärung entziehen (z.B. dass man ihre Eltern einschalten müsste oder die Polizei, was man aber gerne vermeiden würde). Häufig hilft es, mit den Jugendlichen eine Bedenkzeit auszumachen, innerhalb derer sie entscheiden können, ob sie in dieser Sache (nicht Konflikt!) mit einem kooperieren wollen oder nicht. Damit hätte man ihre Konstruktion zumindest in Teilen akzeptiert und ihren Entscheidungsspielraum unterstrichen. Tatsächlich kommt man meist keinen Schritt weiter, ohne dass sie aktiv kooperieren.

Zum anderen verbinden Jugendliche mit dem Konflikt häufig ein anderes Thema, als ihnen von Seiten der Erwachsenen angetragen wird.

> Vater: »Junge, du bist gestern das zweite Mal in dieser Woche betrunken nach Hause gekommen. Letzte Woche auch schon. Gestern warst du gar nicht mehr ansprechbar. Das geht so nicht ... du scheinst das nicht im Griff zu haben mit dem Alkohol ...«
> Jugendlicher: »Lass mich in Ruhe. Ich brauche deine Einmischung nicht. Ich hab das im Griff. Ich trinke immer nur so viel, wie ich will ...«

Wo Erwachsene ein (Selbst-)Disziplin-Problem thematisieren, behaupten Jugendliche nicht selten einen Autonomiekonflikt und stellen das, was von anderen als unkontrolliertes Verhalten oder als fehlende Anstrengungsbereitschaft bezeichnet wird, als Ausdruck ihres freien Willens dar. Die Frage stellt sich, ob sie das selbst wirklich glauben oder es sich hier in erster Linie um eine Autonomie-Rhetorik handelt mit dem Ziel, ein unangenehmes Thema abzuwehren. Im ersten Fall kann schon die laut ausgesprochene Behauptung seiner Selbststeuerungsfähigkeit den/die Jugendliche(n) dazu bringen, dass er/sie ein Trinkverhalten oder das pünktliche Aufstehen am Morgen besser kontrolliert. Warum? Weil sie die von anderen angezweifelte Selbststeuerungsfähigkeit nun selbst öffentlich reklamiert haben und sich selbst oder aber demjenigen, der sie diesbezüglich herausgefordert hat, beweisen wollen, dass sie auch darüber verfügen. Manchmal löst das einen Energieschub aus, der zu erstaunlichen Verhaltensänderungen führt. Insofern kann man durch eine Wette (»Komm lass uns wetten, wie oft schaffst du das in der nächsten Woche, alleine aus dem Bett zu kommen? Oder nur zwei Bier am Abend zu trinken?«) oder eine Zeit, die man gemeinsam festlegt, innerhalb derer der Jugendliche seine Fähigkeit zur Selbstregulation unter Beweis stellen kann, eine gute Entwicklung anstoßen.

Genauso möglich ist aber, dass der Jugendliche zwar ahnt, dass er ein Alkoholproblem (oder Selbststeuerungsprobleme) hat, dies aber auf Grund von Scham- und Schuldgefühlen weder sich selbst noch dem Vater eingestehen kann. In diesem Fall kann er noch lange zwischen dem behaupteten Glauben an seine Autonomie und der selbstkritischen Ahnung seiner Abhängigkeit oder Unfähigkeit unproduktiv hin- und herpendeln und weiter Konflikte über den Konflikt führen, die meist in Machtkämpfe münden. Jeder möchte dem anderen beweisen, dass er sich täuscht. Das wird für die Eltern leicht, für den Jugendlichen aber oft immer unmöglicher und demütigender, weil sich die ihm unterstellte negative Identität (»Du kannst es eben nicht!«) immer wieder bestätigt, weswegen er sich innerlich von ihnen abwenden muss, um einen Rest an Selbstachtung zu bewahren.

Wichtig ist, dass zumindest die Erwachsenen für sich selbst Klarheit über solche Konfliktverschiebungs- und Verschleierungsmanöver herstellen können; jeder für sich alleine und Eltern, Erzieher*innen oder Lehrerkolleg*innen auch zusammen, weil hier gemeinsames Vorgehen unverzichtbar ist, damit es nicht zu einer Spaltung in der Familie oder Institution kommt (Simon 2006, 45 f.). Denn gewährt man Jugendlichen, die mit ihrer Autonomie-Rhetorik

3.1 Konstruktivistische Rahmung: Zwei Typologien von Spannungen

Probleme verdecken, mehr Autonomiespielräume bzw. minimiert man kritische Fragen, fühlen sie sich zwar weniger kontrolliert, werden aber ihr problematisches Verhalten nicht verändern.

Am besten dringt man zu dem bzw. der Jugendlichen durch, wenn es gelingt, den Konflikt auf der Beziehungsebene platzieren, auf der man seine eigenen Sorgen deutlich machen kann und zugleich, dass einem etwas an dem Jugendlichen liegt: »Du, ich mache mir Sorgen um dich. Wenn du dieses Verhalten so fortsetzt, passiert dies und das ... und das täte mir richtig leid, weil ich doch sehe, dass du yx gut kannst und du selbst xy erreichen willst und ich mir das auch für dich wünsche.« Damit hätte man den Disziplinkonflikt neu kontextualisiert bzw. selbst eine Themenverschiebung angeboten. Freilich muss man dazu eine Beziehung haben und muss auch der Jugendliche das so einschätzen.

Themenverschiebungen können aber auch auf anderen Bereichen stattfinden. Man kann als Jugendlicher z. B. Beziehungskonflikte als Regelkonflikte inszenieren, d. h. sich und andere darüber im Unklaren lassen, dass es primär um Enttäuschungen geht (»Kummer«) und die äußere Unfolgsamkeit gegenüber den Regeln Ausdruck einer inneren Abkehr oder gar Verdammung derer ist, die sie einklagen, oder auch nur derer, die sich nicht ausreichend oder liebevoll genug um einen kümmern. Behandelt man diese Konflikte als Regelkonflikte, verkennt man die eigentliche Dynamik und blockiert damit die Möglichkeit einer Verständigung.

Autonomiekonflikte löst man nur, wenn man bestimmte Ansprüche der Jugendlichen als grundsätzlich berechtigt anerkennt und ihre Beteiligungsmöglichkeiten so ausbaut, dass deren Mehrwert auch von den Jugendlichen wahrgenommen wird. Freilich kann man dabei auch seine Bedenken offen thematisieren und einen Zeitraum ausmachen, in dem sie unter Beweis stellen sollen, dass mehr Mitsprache oder andere Regeln nicht zu mehr Unverbindlichkeit und Chaos führen. Bei unverhandelbaren Regeln sollte man dazu stehen, dass sie es sind. Man kann dann immer noch das Dilemma des Jugendlichen anerkennen, der seine kostbare Zeit für Dinge vergeuden muss, die ihn nicht »die Bohne« interessieren, und ihm aufzeigt, wo und wie man ihn unterstützt, auch den eigenen (Autonomie)Projekten in angemessenerem Umfang nachgehen zu können. Wir werden diesen Themen im Eltern- (▶ Kap. 3.2) und Schulkapitel (▶ Kap. 3.3) weiter nachgehen.

Kommen wir nun zu typischen Konflikten mit verschiedenen Personen und Institutionen aus der Umwelt junger Menschen.

3.2 Konflikte mit den Eltern und in der Familie

Wahrscheinlich werden im Verlauf des Jugendalters nirgendwo so viele Ordnungen in Frage gestellt und im weiteren Verlauf auch transformiert wie in der Familie (Winkler 2012):

- Soziale Ordnungen wie das gemeinsame Abendessen, Verwandtenbesuche oder Wochenendausflüge, an denen alle fraglos teilnehmen. Die Mithilfe im Haushalt, aber auch die Art und Weise, wie miteinander gesprochen wird. Und am wichtigsten: die Klarheit, mit der den Eltern zugesprochen wird, das Sagen zu haben und Entscheidungen auch gegen den Willen ihrer Kinder fällen zu können.
- Räumliche Ordnungen wie der Zustand der gemeinsam genutzten Verkehrsflächen, das Aufräumen und Bettmachen im eigenen Zimmer, das Respektieren der für die Eltern reservierten Zonen (Schlafzimmer) oder Objekte (Vaters Lehnstuhl, Mutters Kosmetikfach), aber auch das regelmäßige Informieren über die Orte, an denen sich die Kinder aufhalten.
- Körper-, Gesundheits- und Kleidungsordnungen, die sich auf Körperhygiene, Ernährungsgewohnheiten, Kleidungsstile, Haartrachten oder Tätowierungen und Piercings beziehen können, aber auch Fragen der Sexualität betreffen (Pille ja – nein?) oder Gesundheitsvorsorge generell.

- Zeitliche Ordnungen wie das regelmäßige Nachhausekommen nach der Schule oder das Einhalten von vorgegebenen Ausgehzeiten.

Anlässe für Spannungen und Konflikte gibt es demnach mehr als genug.

3.2.1 ... erstaunlich wenig Ärger

Umso erstaunlicher ist, dass sich die Häufigkeit und Intensität der sich daran entzündenden Konflikte – und die gibt es – in den meisten Familien in einem erträglichen Rahmen zu bewegen scheinen und diese so ausgetragen werden, dass man weiter zusammenleben kann und will.

Mehr als 90 % der Jugendlichen geben in der Shellstudie von 2015 an, ein gutes Verhältnis zu ihren Eltern zu besitzen. »Die eigene Familie hat für Jugendliche nach wie vor einen hohen Stellenwert. Hier findet eine große Mehrheit von ihnen den notwendigen Rückhalt und die positive emotionale Unterstützung auf dem Weg ins Erwachsenenleben. (...) Bei den Jugendlichen aus der unteren Schicht ist diese Zustimmung jedoch erneut am geringsten« (Shell Holding, 20). Nur 7 % der Jugendlichen geben an, sich häufig bzw. zu oft mit den Eltern zu streiten. 52 % berichten, dass sie ab und zu mit ihren Eltern aneinandergeraten und Meinungsverschiedenheiten austragen würden. Dennoch geben fast drei Viertel an (74 %), dass sie ihre eigenen Kinder ungefähr so erziehen würden, wie die eigenen Eltern es getan haben.

Man könnte meinen, dass in diesen Zahlen eine neue Entwicklung zum Ausdruck kommt, die mit der Verhandlungsorientierung von Eltern zu tun hat, die bereits im Kindesalter als pädagogischer Stil etabliert wurde. Interessanterweise wurden ganz ähnliche Ergebnisse aber bereits in den sechziger und siebziger Jahren in den USA, Großbritannien und Dänemark erhoben (Douvan & Andelson 1966, Kandel & Lesser 1972; Rutter u. a. 1976) und werden über die

Jahre hinweg immer wieder bestätigt. (Laursen & Collins 1994, Smetana 1996). Sie haben allerdings einen Nachteil: Sie repräsentieren alleine die Einschätzungen Jugendlicher.

Aber was sagen die Eltern bzw. andere Erwachsene?

»Fully 71 % of the adults and 74 % of the parents ... described teenagers in negative terms such as lazy, disrespectful or wild. (...) Nearly half (45 %) of their sample believed that the major problem facing the current generation is, that they have not learnt respect and rules« (Duffet, Johnson, & Farkas 1999).

Diese Studie spricht eine deutlich andere Sprache. Sie ist zwar schon 20 Jahre alt, könnte aber darauf hinweisen, dass Eltern eine deutlich stärkere Wahrnehmung von Konfliktintensität und -häufigkeit haben als ihre Kinder. Würde man eine solche Studie heute überhaupt noch veröffentlichen? Ich bin mir unsicher. Ich vermute, dass die meisten Jugendforscher*innen eher Ergebnisse bevorzugen, die Jugendliche und ihr Konfliktverhalten in einem guten Licht darstellen, wovon ich mich gar nicht ausnehmen will.

Es gibt inzwischen aber auch Studien, in denen sowohl Eltern als auch Jugendliche nicht nur befragt, sondern auch interviewt und teilweise auch beobachtet wurden. Bezogen auf Konflikte kommen diese (Meta)Studien zu dem Ergebnis: Sie ereignen sich zwar relativ häufig, bleiben aber moderat, was ihre Intensität betrifft. Sie scheinen von der Häufigkeit und Intensität her in der frühen Adoleszenz ihren Höhepunkt zu haben. Danach werden sie deutlich weniger, nehmen aber in der mittleren Adoleszenz noch einmal an Heftigkeit zu (Laurson, Coy & Collins 1998, Laursen & Collins 1994, Silverberg u. a. 1992).

3.2.2 Worüber streiten die Jugendlichen mit ihren Eltern?

Eine Forschergruppe um Judith Smetana befragte Eltern und Kinder jeweils getrennt über die Rangordnung von Konfliktthemen in ihren Familien. Sie hat herausgefunden, dass die Konflikte in der

3.2 Konflikte mit den Eltern und in der Familie

Wahrnehmung der Eltern insbesondere Alltagsorganisation in der Familie (Mithelfen, Bett-Machen, pünktliches Kommen zum Essen etc.) und unterschiedliche Einschätzungen bezogen auf die Bedeutung von Konventionen betreffen (angemessene Sprache, Tischmanieren, kein Handy beim Essen, Grüßen von Nachbarn etc.). Zentrale soziale Werte oder moralische Normen wie Gewaltverzicht, Ehrlichkeit, Fairness und die Beachtung der Rechte anderer Personen (Smetana 2002; Turiel 1998, 2002) wurden dagegen nicht als Gegenstand von Dissensen identifiziert. Hier stimmen Eltern und Kinder weiter überein. Eine Ausnahme stellt dabei der Umgang mancher Jugendlichen mit ihren Geschwistern dar, der von den Eltern durchaus unter moralischen Gesichtspunkten kritisiert wird (Smetana 2012, 73). Angesichts dieser Erkenntnis könnte man kritisch fragen: Was nützt die grundsätzliche Zustimmung zu Werten, wenn sie bereits innerhalb der Familie, bei den Geschwistern aufhören, handlungsrelevant zu werden?

Weiteren Anlass von Konflikten – allerdings deutlich weniger als die oben genannten – boten aus Sicht der Eltern ihre Sorgen um das Wohlergehen des Kindes (falsche Freunde, Gefahr von Drogen oder Krankheiten), dessen psychische Stabilität oder dessen Schulkarriere.

Die für die Jugendlichen zentralen Konflikte betreffen ihre Selbstbestimmungswünsche, z. B. die Art, sich zu kleiden, den Zustand ihres Zimmers, den Wunsch nach Privatheit im eigenen Zimmer, die Auswahl von Freunden und Hobbies sowie persönliche Vorlieben wie z. B. lautes Musikhören oder langes Schlafen am Wochenende (ebd. 74). Individualität und Autonomie werden in diesem Bereich umso vehementer eingefordert, als die Erfüllung dieser Selbstbestimmungswünsche in den Augen der Jugendlichen niemand anderen beeinträchtigt und somit keine soziale oder moralische Regel verletzt wird. Das betrifft auch die Erledigung von lästigen Aufgaben wie Mülleimer entsorgen oder Zimmer aufräumen. Angeblich stimmen Jugendliche ihren Eltern durchaus zu, dass diese Dinge zu erledigen sind, widersetzen sich aber den genauen zeitlichen oder inhaltlichen Vorgaben der Eltern (ebd. 74). Ist die Forscherin mit diesem Ergebnis nicht der Autonomierhetorik der Jugendlichen auf den Leim gegangen? »Ich mache es ja, aber ich will bestimmen, wann und wie ...«, behaupten sie. Aber dann vergehen mehrere Tage und am Ende machen es die Eltern doch lieber selbst?

Ähnlich wie wir es in der Einleitung zu diesem Kapitel vermutet haben, bestätigen die Untersuchungen von Smetana aber, dass viele Konflikte aufgrund je anderer Konstruktionen entstehen: In den Augen der Jugendlichen stellt ihr Zimmer z. B. einen privaten Raum dar, dessen Zustand nur ihnen gefallen muss. In den Augen der Eltern bleibt es dagegen ein Raum der gemeinsamen Wohnung, dessen Zustand ihnen nicht egal sein kann und spätestens mit beginnender Vermüllung in den Bereich elterlicher Kontrolle fällt (ebd. 76). Man könnte daraus schließen, dass für viele Eltern die Kooperation ihrer Kinder bezogen auf Alltagsabläufe und -ordnungen im Mittelpunkt der kritischen Wahrnehmung der Jugendlichen steht: Sie fühlen sich von ihnen im Stich gelassen und oft auch zusätzlich belastet. Die Jugendlichen fokussieren dagegen auf Selbstbestimmung und reagieren auf die Kontrollversuche ihrer Eltern mit Ungehorsam und Verweigerung.

Smetana schlussfolgert: »...these findings indicate that adolescent-parents conflicts are at their heart debates where to draw the line between parental control (...) and adolescent autonomy ...« (ebd. 75).

Ihre allgemeine Empfehlung auf Grundlage von Langzeitbeobachtungen lautet:

> »... our research indicates that it is vital to allow adolescents some discretion over personal issues and to be responsive to their desire for independent decisionmaking over personal issues, while having firm and clear expectations for adolescent's moral, conventional and prudential behaviour« (ebd. 81).

Die Aufteilung klingt zunächst gut: Persönliche Angelegenheiten sollen die Jugendlichen entscheiden, aber für Werte, Benimmregeln und elterliche Aufsicht müssen die Eltern weiter das Sagen reklamieren. Sie erscheint aber auch naiv, weil die Jugendlichen,

3.2 Konflikte mit den Eltern und in der Familie

wie wir gesehen haben, eben beinahe alles außer ein paar Grundwerten wie Gewaltfreiheit und Respekt vor dem Eigentum anderer zu ihrer Privatangelegenheit erklären. Das scheint auch Smetana zu wissen, wenn sie zuspitzt: »The more difficult issue is to decide how much autonomy is appropriate ...« (ebd.). Mit anderen Worten: Für Eltern stellt sich die Aufgabe herauszufinden, in welchen Bereichen sie der Konstruktion ihrer Kinder »das ist meine Privatangelegenheit« folgen können und in welchen anderen Bereichen sie auf ihrem Einmischungs- und Entscheidungsrecht bestehen müssen.

Smetana warnt sowohl davor, dass Eltern zu viel kontrollieren und bestimmen wollen, als auch vor einem zu frühen und zu permissiven Abbau der elterlichen Autorität. Ersteres gehe mit einer deutlich erhöhten familiären Konfliktrate und schweren Beziehungsbelastungen einher, die zu Drogen- und Alkoholkonsum, Schulabsentismus, Weglaufen und anderen externalisierenden Verhaltensproblemen führen können; es bedrohe aber auch das Selbstwerterleben und begünstige ähnlich wie zu frühes Los- bzw. Alleinlassen mit den Wahlmöglichkeiten und Entscheidungsproblemen der Adoleszenz depressive und suizidale Entwicklungen (Laursen & Collins 1994, Patterson & Stouthamer 1984, Smetana 1996).

Im Grunde empfiehlt Smetana hier einen Weg, der beides – Kontrolle behalten und Entscheidungsspielräume eröffnen – in einer dosierten Mischung vertritt und dem entspricht, was als »autoritative Erziehung« propagiert wird (Steinberg 2011).

Wichtig erscheint mir der Hinweis, dass ein hohes Maß an Konflikten im Jugendalter mit einer ebenso hohen Rate von Konflikten in der Kindheit korrespondiert (Laursen u. a. 1998). Bezogen auf stabile emotionale Beziehungen mit einem Akzent auf Aushandlung und auf instabile Beziehungen mit einer hohen Konfliktrate scheint es Kontinuitäten zu geben, die sich mit dem Eintritt in die Adoleszenz eher fortsetzen, als dass sie unterbrochen würden (Fuligni 1998).

3.2.3 Sich verstärkende Autonomie-Feedbackschleifen

Die Aussage, dass Eltern bei allen Zweifeln, wo die Grenze zwischen legitimer Einmischung bzw. Grenzsetzung und dem Gewähren von Autonomiespielräumen zu ziehen ist, Autonomie als Entwicklungsziel insgesamt als positiv einschätzen, hilft uns auch, die Ergebnisse einer deutschen Studie zu verstehen, in der 414 Schüler*innen insgesamt dreimal befragt wurden. Sie kommt zu dem überraschenden Ergebnis:»... je stärker das Autonomiestreben zunimmt, desto stärker nimmt die wahrgenommene Kontrolle ab und in Folge dessen finden weniger Konflikte in der Familie statt« (Reindel/Reinders/Gniewosz 2013, 22).

Bei steigendem Autonomiestreben geht die Anzahl der (von den Jugendlichen!) berichteten Konflikte zurück, da die Eltern in deren Erleben Kontrollen und Einschränkungsversuche immer stärker zurücknehmen. Das Ergebnis gilt für Jungen und Mädchen gleichermaßen, auch wenn bei letzteren das Autonomiestreben früher und stärker einsetzt als bei Jungen (ebd.), ohne dass das zu mehr Konflikten mit den Eltern führen würde (ebd.). Diese scheinen demnach über so etwas wie ein geschlechtsspezifisches pädagogisches Timing zu verfügen. Das Ergebnis trifft zudem für Jugendliche mit deutscher Abstammung ebenso zu wie für die mit türkischer. Sollte es einmal Unterschiede gegeben haben, so haben sich diese offensichtlich aufgelöst (ebd. 24).

Wie kann das sein? Geben die Eltern den Autonomieansprüchen ihrer Kinder nach und vermeiden damit Konflikte? Offensichtlich ja. Ob aus Konfliktscheu, Bequemlichkeit oder Klugheit, spielt dabei zunächst keine Rolle. Das Ergebnis zählt: Mehr zugestandene Autonomie, weniger Konflikte. Aber auch die Jugendlichen scheinen in diesem Prozess die Erwartungen ihrer Eltern aktiv zu bedienen, wenn auch erst in einem zweiten Schritt. Denn zunächst fordern sie, nachdem sie erste Forderungen durchgesetzt haben, (immer) weitere Spielräume ein (ebd. 23). Gleichzeitig bestätigt aber – so meine Vermutung – ein Großteil der Jugendlichen durch ihr Verhalten, dass sie sich darin bewegen können, ohne dass damit Probleme für sie oder ihre Eltern entstehen. Dabei nehme ich an, dass die Eltern einiges von dem nicht mitbekommen, was ihre Kinder in den neuen Spielräumen erleben und was von diesen aktiv geheim gehalten wird. Das ist erst dann nicht mehr möglich, wenn Briefe aus der Schule, Anzeigen von der Polizei oder die Nachricht von Schwangerschaften eintreffen.

Auch wenn die Studie das Zusammenspiel von Eltern und Kindern so nicht untersucht hat, könnte man aus der Kenntnis von Familienbeziehungen schlussfolgern, dass Eltern zunächst Zugeständnisse auf Probe machen und deren Folgen genau beobachten und sich dabei in der Lage sehen, Zugeständnisse auch zurückzunehmen und Kontrollen auch wieder hochzufahren (wie irrig diese Idee auch sein mag). Aber offensichtlich zeigt ihnen das Verhalten ihrer Kinder nachträglich, dass das Risiko, das sie eingegangen sind, nicht zu hoch war. Das Spiel mit Erwartungen und Erwartungs-Erwartungen (Luhmann) ist aufgegangen. Und wahrscheinlich entstehen aus einer größeren Selbstständigkeit von Kindern auch wieder mehr Freiräume für Eltern, die heute bei jung gebliebenen Eltern vielleicht gelegener kommen als vor 40 Jahren, als man vom »empty-nest-Syndrom« sprach.

Aus der Perspektive der Jugendlichen könnten die elterlichen Zugeständnisse als eine Art Vertrauensvorschuss erlebt werden, von dem sie sich offensichtlich binden lassen; sie wollen ihre Eltern nicht enttäuschen und gehen deswegen mit ihren Freiräumen verantwortungsbewusst um.

3.2.4 ... doch mehr Belastungen in der und durch die Adoleszenz der Kinder?

Hört man sich im eigenen Bekanntenkreis um oder liest man die Ratgeberliteratur, bekommt man häufig ein anderes Bild vermittelt. Diesem zufolge gibt es in den meisten Familien mit Jugendlichen beinahe täglich Konflikte auf Grund eines der eingangs geschilderten Themen und durchaus auch heftige Szenen mit

Herumschreien, Türen-Knallen, Weinen und dem einen oder anderen Weglaufen über Nacht (zu Freunden). Dennoch muss man bis in die siebziger Jahre zurückgehen, um zu lesen, dass die Mehrzahl der Eltern angibt, »...that the early adolescent years were the most difficult time they had raising their children« (Offer & Offer 1975, 189).

Hat sich das substantiell verändert? Einiges spricht dafür ... Es könnte allerdings sein, dass Jugendliche Konflikte anders definiert haben, als es Forscher wie Smetana getan haben (▶ Kap. 3.1). Oder dass sich für Eltern unter den Reflexions-fördernden Bedingungen einer Befragung die Beziehungen zu den Kindern inniger und stabiler anfühlen, als man selbst präsent hat, wenn man in das Klein-Klein des Alltags involviert ist? Oder dass Eltern und Kinder sich doch auch scheuen, Fremden gegenüber von ungeklärt schwelenden Konflikten, heftigen Streitszenen und den damit verbundenen (Selbst-)Zweifeln zu berichten? Oder dass Eltern diese Konflikte im Nachhinein länger mit sich herumtragen als ihre Kinder, die sich gerade von ihnen ablösen?

In diesem Zusammenhang ist eine amerikanische Studie des Forschungsehepaares Steinberg bemerkenswert. Sie trägt den Titel: »How your child's adolescence triggers your own life crisis« und beschreibt die tiefen Umwälzungen, die Eltern während der Jugendjahre ihrer Kinder erleben (Steinberg & Steinberg 1996). Die Autoren geben an, dass beinahe 90 % aller Ehen während dieser Zeit in Krisen geraten, was auf unterschiedliche Haltungen und Schwierigkeiten in der Abstimmung des elterlichen Verhaltens hinweisen könnte. Klar scheint jedenfalls, dass vor allem die männliche midlife-crisis wesentlich von dem Eintritt der Kinder in neue Domänen wie Liebesbeziehungen und Sexualität, körperliche Kraft, intensive Freundschaften mit Peers etc. getriggert wird. Interessant ist vor allem der Hinweis, dass selbst Väter, die ihre körperliche Überlegenheit während der Kindheit ihrer Kinder nie oder nur sehr selten eingesetzt haben, mit Bedauern feststellen, dass dieses Mittel angesichts der körperlichen Stärke der Jugendlichen gar nicht mehr zu Verfügung steht (vgl. auch Baumann 2019, 258).

3.2 Konflikte mit den Eltern und in der Familie

Das mag irrational erscheinen. Meines Erachtens zeigt es aber, dass die Konflikte während der Adoleszenz, aber vielleicht viel mehr noch das Zugestehen von Freiräumen, mit dem Gefühl eines Autoritätsverlusts einhergehen, der trotz relativ guter emotionaler Beziehungen zum Kind doch auch schmerzt, vielleicht mehr schmerzt, als manche Eltern sich selbst zuzugeben bereit sind.

In diesen Zusammenhang gehört auch ein spezifischer Konflikt, von dem mir mehrfach berichtet wurde. Eltern werden von Seiten der Jugendlichen nicht selten einander widersprechenden Anforderungen ausgesetzt. Längere Zeit erleben sich die Jugendlichen schon als weitgehend selbstständig, möchten ihre eigenen Entscheidungen treffen, gehen ihre eigenen Wege und erleben schon interessierte Fragen der Eltern als Einmischungen. Gleichzeitig scheint es ihnen selbstverständlich, wie in ihrer Kindheit weiter von ihren Eltern versorgt zu werden, und sie verlangen zudem, dass die Eltern, wenn sie in eine Krise geraten wie z. B. bei Liebeskummer oder einer herben Enttäuschung, sich sofort Zeit für sie nehmen und solange bei ihnen bleiben, bis sie sich wieder davon erholt haben. Es ist eben nicht nur Autonomie, die sie fordern, sondern Autonomie *und* materielle und emotionale Versorgung, und zwar in einem Takt, den sie vorgeben. Das kann bei Eltern zu Wut und Ärger führen, der von den Jugendlichen allerdings wohl kaum verstanden wird. Hier ähneln sie Kindern von zwei, drei Jahren in der Wiederannäherungskrise, wie sie Mahler beschrieben hat (Mahler/Pine/Bergman 1987, 101). Angeregt durch das Laufen-Können, bewegen sie sich lustvoll von ihren Eltern weg und gehen eine »Liebesbeziehung mit der Welt« ein, um kurz darauf zu entdecken, dass sie sie doch sehr vermissen und weiter brauchen, jetzt sogar noch mehr als vorher, weil ihnen die Trennung als Möglichkeit präsenter ist als zuvor. Für dieses Hin und Her zwischen Progression und Regression scheinen auch Eltern von Jugendlichen Verständnis aufbringen zu müssen. Merkwürdig, dass man so wenig davon erfährt. Aber vielleicht sind viele Jugendforscher*innen in diesem Feld unterwegs, die keine Erfahrungen mit eigenen Kindern haben?

3.3 Regel-Konflikte in der Schule

Die Schule dürfte im Leben beinahe aller Jugendlichen den Ort darstellen, der sie mit einem Maximum an Regeln konfrontiert und ihnen am meisten Disziplin abverlangt. Sie gehört anders als die Familie, die Freunde oder die jugendkulturelle Szene einem Typ der Vergesellschaftung an, der als Organisation bezeichnet wird (Niederberger/Niederberger-Bühler 1988, 4 ff.). Während man z. B. in der Familie als Individuum über Beziehungen eingebunden ist, in mehrfacher Hinsicht gebraucht wird und lebenslang selbstverständlich dazugehört, ist man in Organisationen ein austauschbares Mitglied auf Zeit und wird primär über Regeln gesteuert, die sich auf Abläufe und Funktionen beziehen.

Hier begegnen Kinder und auch noch Jugendliche – sofern sie nicht in der Großstadt aufwachsen – zum ersten Mal großen Mengen von 300 Menschen und mehr, ihren Mitschüler*innen, die zur gleichen Zeit kommen und in einen organisatorischen Rahmen eingepasst werden müssen, damit dieser seinen Betrieb aufnehmen kann (Böhnisch, 2003, 82 ff. und 87 ff., Fend 2006).

Hier begegnen Kinder aber auch das erste Mal Professionellen, die alleine vor ihnen stehen und den Anspruch erheben, eine Klasse von bis zu 30 Kindern physisch und mental dirigieren zu können. Lehrer*innen fordern, dass das, was sie sagen, von den Schülern gehört, beachtet und umgesetzt wird. Anders ist Unterricht, der effektiv sein will, und sind Schulabläufe, die sich geordnet vollziehen sollen, nicht denkbar.

Und doch wird das Recht der Lehrer*innen, über Inhalte und Verhalten bestimmen zu können, von Schüler*innen, insbesondere Jugendlichen, immer wieder in Frage gestellt. Daraus ergeben sich Konflikte.

Hier ein schematischer Überblick über die wichtigsten Regeln und Abweichungen

3.3 Regel-Konflikte in der Schule

Schulregel	Abweichendes Verhalten = Anlass für Konflikte
Schulpflicht	Schulabsentismus stundenweise oder für ganze Tage; regelmäßig oder vereinzelt
Pünktlichkeit	Unpünktlichkeit
Der Lehrer*in zuhören und still sein	Mit anderen reden
Still sitzen und am Platz bleiben	Unruhe verbreiten, aufstehen, herumlaufen während des Unterrichts
Antworten, wenn man gefragt wird	Antwort verweigern
Die Lehrer*in siezen und respektvoll behandeln	Unerlaubtes Duzen, Beleidigungen, Schimpfworte sagen
Den Anweisungen der Lehrer*innen Folge leisten (z. B. Buch herausholen)	Anweisungen nicht ausführen oder so ausführen, dass dadurch Störungen entstehen
Sich abmelden, wenn man den Raum (z. B. für Toilettengang) oder das Schulgelände verlässt	Sich ohne Erlaubnis entfernen
In den Gängen, im Treppenhaus und Teilen des Schulgeländes nicht rennen	Sich über Bewegungsbeschränkungen hinwegsetzen, rennen
Körperliche Integrität der Mitschüler*innen und Lehrer*innen achten: Gewaltverzicht, Kontrolle eigener aggressiver Impulse	Gewalt androhen und oder spontan durchführen: schubsen, schlagen, treten etc. und das auch nicht androhen
Sich auf ein Klingelzeichen aus dem Klassenzimmer entfernen oder wieder dorthin zurückkehren	Klingelzeichen nicht beachten, andere Aufenthaltsorte wählen als die offiziell vorgesehenen
Wände im Klassenzimmer und auf Fluren nicht beschmieren. Eigentum der Schule pfleglich behandeln	Unerlaubt Schriftzeichen und Texte platzieren; Bücher, Tische und Bänke beschädigen
Jugendschutzgesetze einhalten wie z. B. nicht rauchen	Rauchen
Etc ...	Etc ...

3 Konflikte von Jugendlichen im Zusammenhang mit Regeln und Grenzen

Fünf Dinge sind klar (Bovet/Huwendiek 2008, 409 ff. und 477 ff., Fend 2006):

1. Es ist zu kaum erwarten, dass sich Jugendliche während ihrer Schulzeit immer an alle Regeln halten werden.
2. Die Rate der Befolgung bzw. Abweichung von der linken Spalte fällt in unterschiedlichen Schulformen und vor allem in unterschiedlichen Sozialräumen, in die Schulen eingebettet sind, in der Stadt oder auf dem Land und viel stärker noch in gutbürgerlichen Wohngebieten im Unterschied zu Stadtteilen mit einem höheren Prozentsatz von Sozialhilfeempfängern und unbefriedigender Wohnqualität, deutlich höher oder niedriger aus. Man kann hier mit fünffach höherer oder niedriger Konfliktbelastung rechnen.
3. Die meisten der oben aufgelisteten Regeln (A) dienen in erster Linie der Schulordnung bzw. Schuldisziplin und haben den Unterricht, den Respekt vor den Lehrer*innen und das Schulgebäude mitsamt seinen Möbeln in Blick. Mit den Regeln für den Umgang mit Konflikten treten zum ersten Mal auch die Mitschüler*innen in den Blick. Hier wird eine schulübergreifende Regel angesprochen, die für den Umgang aller mit allen gilt (B).
4. Die jeweilige Befolgungs- bzw. Abweichungsrate dürfte das Schulklima im Erleben von Schüler*innen und Lehrer*innen wesentlich bestimmen. Das gilt für (A), aber noch mehr für (B). Es dürfte Schulen geben mit einem guten Schulklima, das sich durch Sicherheit und eine halbwegs gelungene Kooperation zwischen Schüler*innen und Lehrer*innen auszeichnet, und Schulen, an denen der Unterricht von vielen und heftigen Konflikten überschattet wird, so dass er für beide Gruppen eine Qual darstellt. Die meisten Schulen dürften irgendwo dazwischen angesiedelt sein. Dabei ist von einer zirkulären Dynamik auszugehen: Das Schulklima prägt das Verhalten der Schüler*innen, die prägen mit ihrem Verhalten das Schulklima usw.
5. Trotz hoch unterschiedlicher Binnenbedingungen an den Schulen gelingt es vor Ort jeweils bestimmten Lehrer*innen besser

3.3 Regel-Konflikte in der Schule

und anderen schlechter, den Regeln Geltung zu verschaffen und/oder das Schulklima positiv zu beeinflussen. Damit hängen Regelbefolgung und Schulklima immer auch von den einzelnen Lehrkräften, d. h. deren Persönlichkeit ab.

Für die Häufigkeit von Konflikten, die sich aus Regelverstößen ergeben, kommt es darauf an, wie oft ein Schüler wie viele dieser Regeln beachtet oder bricht, und wie oft ein Lehrer einen Regelverstoß registriert und darauf in einer Weise reagiert, die eine Konfliktspannung kreiert. Denkbar ist durchaus, dass ein Schüler viele dieser Regeln beachtet und nur einzelne bricht und dies auch vom Lehrer so eingeschätzt wird, weshalb er großzügig über die wenigen Regelbrüche hinwegsieht (das scheint die Situation von Serkan zu sein, ▶ Kap. 1). Oder aber im Gegenteil: dass auch geringe Regelabweichungen sofort markiert werden und ein Konflikt im Raum steht. Oder aber dass viele Regelverstöße unbeantwortet bleiben, weil es insgesamt zu viele zu sein scheinen, als dass man wirkungsvoll auf sie eingehen könnte, oder dass sie bei einzelnen Schüler*innen bewusst ignoriert werden, weil der Konflikt mit diesen eskalieren könnte und die Lehrkraft davor zurückscheut.

Wir können hier nicht auf alle möglichen Konfliktkonstellationen eingehen und auch nicht auf deren interaktive Genese – also darauf, wie sie sich im Laufe z. B. eines Schuljahres zwischen einer bestimmten Klasse oder einem bestimmten Schüler mit einem Lehrer entwickelt haben. Denn ganz sicher ist der jeweils aktuelle Stand der Regelbe- oder -missachtung interaktiv hergestellt worden, d. h. von beiden Seiten und nicht selten auch noch von Personen auf der Hinterbühne, d. h. den Eltern der Schüler*innen und den Kolleg*innen der Lehrer*innen. Es dürften vor allem vier Verhaltensbereiche sein, die Schüler*innen genau beobachten und von denen ein Anschwellen oder Abebben von Regel- und Disziplinkonflikten abhängig ist (vgl. Thimm 145 ff. und 215 ff.).

- Kontaktgestaltung mit den Schüler*innen; die Lehrkraft muss sich in den Augen der Schüler*innen als kompetent, aber auch

nahbar erweisen und glaubhaft Interesse am Lernfortschritt der einzelnen zeigen;
- Konstanz, Klarheit und Fairness bei der Markierung und Verfolgung von Regelbrüchen mit einer Mischung aus Sachlichkeit und Emotionalität, die Jugendliche am meisten beeindruckt;
- Formen der Beteiligung der Schüler*innen an Regeletablierungsprozessen und Konfliktklärungen, in denen diese sich offen äußern können und tatsächlich über für sie relevante Aspekte des Lebens an der Schule mitbestimmen können;
- Einbindung von Eltern und Kolleg*innen, so dass die Schüler*innen, insbesondere häufig störende, den Eindruck bekommen, dass die einzelne Lehrkraft nicht isoliert agiert, sondern über ein Unterstützungsnetzwerk verfügt, das sie aktivieren kann.

Wir werden in den nächsten beiden Unterkapiteln zwei theoretische Ordnungsversuche vorstellen, die den Anspruch haben, das vielfältige Verhalten von Schüler*innen im Umgang mit Regeln erfassen zu können.

Zum einen geht es um eine Übersicht von Verhaltensoptionen, die Mitgliedern einer Organisation als Antworten zur Verfügung stehen, um auf die Aufforderung, den Regeln Beachtung zu schenken, zu reagieren.

Diese Optionen sind nicht Schüler*innen-spezifisch, sondern aus der empirischen Beobachtung von Industriearbeiter*innen gewonnen (Oliver 1991). Sie stehen den Mitgliedern der meisten Organisationen zur Verfügung und lassen sich m. E. auf Jugendliche in der Schule oder während ihrer Ausbildung im Betrieb übertragen (▶ Kap. 3.3.1). Zum anderen geht es um eine Habitustypologie, die aus der direkten Beobachtung und Befragung von Schüler*innen gewonnen wurde (▶ Kap. 3.3.2). Anschließend werden wir Selbsteinschätzungen von Schüler*innen kennenlernen, wie weit sie bereit sind, sich an Schulregeln zu halten (▶ Kap. 3.3.3), und ein Projekt zur Etablierung einer positiven Peerkultur in der Schule vorstellen (▶ Kap. 3.3.4).

3.3.1 Differenzierte Antworten auf Regelbefolgungsansprüche

Die fünf von Christine Oliver identifizierten Reaktionsweisen auf Regelbefolgungsansprüche sind:

- Strategie des Duldens (*acquiesence*) in den drei verschiedenen Ausprägungen »Befolgen«, »probeweises Befolgen« und »Imitieren«. Imitieren kann dabei sowohl ein »Tun-als-ob« darstellen, während man sich innerlich von der Regel distanziert, als auch ein williges Nachmachen von etwas, das man (noch) nicht versteht, aber von anderen, die man als wichtig ansieht, vorgemacht bekommt.
- Strategie des Kompromisses (*compromise*) bedeutet, dass man die Regel weder befolgt noch ignoriert, sondern sich bemüht, sie mit den eigenen Interessen zu vermitteln. Das führt je nachdem dazu, dass man einige befolgt, andere nicht; sie zeitweise befolgt, aber nicht immer; sie in Teilen befolgt, aber in anderen nicht. Kompromissbildungen kann man für sich alleine oder in der Gruppe entwickeln, verabredet oder in einer Art von Selbstorganisationsprozess, den man nicht bewusst reflektiert. Das gilt vor allem für die Option »Ausgleichen«. Mit »Verhandeln« ist dagegen gemeint, dass man als Einzelner oder Gruppe versucht, mit denen, die die Erwartungen formuliert haben, Kompromisse auszuhandeln. »Befrieden« meint, dass man in einem Konflikt, in dem man selbst etwas zu verlieren hat, bereit ist, auf einen Teil der Erwartungen seines Gegenübers einzugehen, um die Konfliktspannung abzubauen oder um Sanktionen zu vermeiden.
- Mit Vermeiden (*avoid*) sind Ausweichstrategien gemeint. Man kann sie umsetzen, indem man sich den Erwartungen entzieht (Option Fliehen, im Bereich Schule wäre an Schulabsentismus zu denken oder an häufige Toilettengänge) oder aber seine eigenen Aktivitäten fortsetzt, aber heimlich (Option »Verbergen«) oder etwas zwischen sich und die Kommunikation der Erwar-

tungen schiebt (Option »Puffern«), was in der Schule z. B. durch Kopfhörer, Einschlafen etc. umgesetzt werden könnte.
- Die Strategie »*defy*« ist etwas ungeschickt mit »Trotzen« übersetzt. Damit meint Oliver Strategien wie »Ignorieren«, offenes »Zurückweisen« der Erwartung oder »Attackieren«. Es ist klar, dass man sich spätestens mit den beiden zuletzt genannten Aktivitäten auf eine Auseinandersetzung zubewegt, weil man denjenigen, der die Regeln vertritt, explizit und direkt herausfordert. Alle Gegenmaßnahmen vorher konnte man immer noch als ... ausgeben.
- Die Strategie des Manipulierens (*manipulate*) wird bei Oliver als eine besonders aktive Form im Umgang mit Erwartungen anderer angesehen. Sie kann sowohl konstruktiv angelegt sein, d. h. bessere Möglichkeiten für alle Beteiligten anbieten, auch die Regelvertreter*innen verfolgen, wie auch subversiv mit dem Ziel eines Aushebelns bzw. Rückgängigmachens der Regelansprüche. Oliver unterscheidet zwischen »Kooptieren«, »Beeinflussen« und »Steuern«. Für den Kontext Schule können wir bei den letzten beiden Optionen sowohl an Versuche der offenen und direkten Einflussnahmen auf die Lehrkraft denken als auch an Versuche, einzelne Mitschüler*innen oder die ganze Klasse so zu steuern, dass sie z. B. Stimmung gegen eine Regel oder einen Regelvertreter (mit)macht. Kooptieren meint dagegen, dass man andere, bisher nicht in den Konflikt verwickelte Personen vorschlägt oder mitbringt oder mitzubringen droht, die die eigene Position mit vertreten oder an einer einvernehmlichen Regelveränderung mitwirken sollen (in der Schule kann das z. B. die Vertrauenslehrerin sein oder ein Klassen- oder Stufensprecher).

Mit diesen fünf Hauptstrategien mit jeweils drei Varianten ist ein breites Feld an Reaktionsformen von Jugendlichen auf Regelansprüche in der Schule aufgemacht, das aber auch auf andere Zusammenhänge, u. a. familiäre Auseinandersetzungen, übertragen werden kann. Ein großes Verdienst dieser Studie liegt darin, die Dichotomie zwischen Regelbefolgung und Ungehorsam aufgebrochen zu haben. Es ist erstaunlich, wie viele Möglichkeiten zwischen diesen Polen liegen. Zudem wird man annehmen dürfen, dass viele Schüler*innen mit der Auswahl ihrer Strategien nicht nur versuchen, sich vor der Regelbefolgung zu drücken, sondern im Gegenteil damit ihr Maximum an Regelbefolgung leisten.

3.3.2 Wie kooperativ oder subversiv stellen sich Schüler*innen selbst dar?

Von Rosenberg hat in einer Berliner Hauptschule, die »als hoch problematisch« angesehen wurde, Gruppeninterviews mit Jugendlichen geführt und dabei drei Habitusformen identifiziert (auf die Feldformen gehe ich hier nicht ein). Sicher bringt diese Methode in Schulklassen den Nachteil mit sich, dass die Äußerungen von der bereits eingespielten Gruppendynamik und von Selbstdarstellungen geprägt werden. Abweichende Selbstdarstellungen von Stilleren und/oder Minderheiten lassen sich mit dieser Methode nicht einfangen.

Von Rosenberg rekonstruiert drei Habitusformen a) – c), die ich aus der Binnenkenntnis anderer Schulen und zahlreichen Gesprächen mit Jugendlichen im Schulalter wie mit Serkan (▶ Kap. 1) um zwei weitere (d und e) ergänze. In Klammern füge ich die von Oliver (1991) angeführten dazu:

Sozialer Habitus	Verhältnis zu schulischen Regeln
a) subversiv, Peer-orientiert (Oliver 1991: *avoid*, ignorieren, fliehen, verbergen)	Hält sich vordergründig an Regeln, versucht Kontrollen zu umgehen oder zu unterlaufen; dehnt den eigenen Verhaltensspielraum maximal aus. Peerbeziehungen und -konflikte stehen im Vordergrund. Kooperation mit Lehrer*innen erscheint unwichtig.
b) antagonistisch, Bedürfnisorientiert	Stellt das Recht von Lehrkräften, Forderungen zu stellen, offen in Frage; zeigt demonstrativ, dass er/sie tut, was er/sie möchte und Kon-

3 Konflikte von Jugendlichen im Zusammenhang mit Regeln und Grenzen

Sozialer Habitus	Verhältnis zu schulischen Regeln
(Oliver 1991: *devy*, offenes Zurückweisen, Attackieren)	sequenzen ihn/sie nicht beeindrucken. Eigene situative Bedürfnisse stehen im Vordergrund.
c) (ausschnitthaft) affirmativ Macht-orientiert Kompetenz-orientiert Beziehungs-orientiert (Oliver 1991: dulden, probeweises Befolgen, imitieren, Kompromiss, aber Personen-abhängig)	Verhalten sich kontextabhängig regelkonform und bemühen sich um Kompromisse, weil bzw. wenn eine oder mehrere von drei Bedingungen gegeben sind. Das Gegenüber wird als durchsetzungsstark eingeschätzt und/oder besitzt relevante Sanktionsmacht; als besonders kompetent eingeschätzt, so dass man etwas lernen kann oder möchte (hier Überschneidung mit d und e); oder als Person mit einem sozial gewinnenden bzw. beeindruckenden Habitus geschätzt, zu der man als Schüler nett sein und/oder von der man gemocht werden möchte (Überschneidung mit e).
d) überwiegend Ziel- und Zukunfts-orientiert mit Kompensationsmöglichkeiten (Oliver 1991: befolgen dulden, probeweises Befolgen, Kompromiss, aber Personen-unabhängig)	Sieht Schule und konformes Verhalten als notwendige Übel an, weil er/sie sich soziale Teilnahmechancen über Abschlüsse erhofft; lernt so viel, wie er/sie muss bzw. so wenig, dass es ausreicht; kooperiert und schlägt mit Blick auf Regeln und Arbeitsansprüche Kompromisse vor. Hält Kontakt mit Peers und findet für sich in oder außerhalb der Schule Kompensationsmöglichkeiten für die Mühen der Regelanpassung.
e) Interessiert an schulischen Inhalten und dem sozialen Leben an der Schule mit eigenen Ansprüchen (Oliver 1991: Befolgen, aber auch Ausgleichen und Verhandeln)	Erlebt Schule als Bereicherung der eigenen Lebenswelt, sowohl was schulische Inhalte betrifft als auch das Miteinander von Schüler*innen wie zwischen diesen und Lehrer*innen. Respektiert schulische Normen, ist aber in der Lage, Kritik zu äußern (an Mitschüler*innen und Lehrer*innen), wenn die eigenen Ansprüche nicht erfüllt werden bzw. zugunsten einer besseren Kooperation Ausgleiche und Kompromisse anzuregen. Gerät leicht in die Gefahr, als »Streber« abgewertet bzw. ausgeschlossen zu werden.

3.3 Regel-Konflikte in der Schule

Bei den von v. Rosenberg rekonstruierten Habitusformen (a bis c) handelt es sich zunächst um Selbstcharakterisierungen, wie sie in Gruppengesprächen geäußert werden; sicher galt es an dieser Schule für einzelne, aber auch ganze Klassen als besonders »schick«, Regeln zu missachten und sich als »subversiv« oder »antagonistisch« darzustellen. Gleichzeitig kann man davon ausgehen, dass die Schüler*innen jemanden, der sich sehr viel oppositioneller darstellt, als er sich real verhält, als Angeber demaskiert hätten. Insofern haben die Jugendlichen damit auch Skripte für ihr reales Verhalten veröffentlicht, wenn auch bisweilen in einer überpointierten Weise.

Unbedingt zu beachten ist, wie stark die Jugendlichen bei ihren Schilderungen betonen, dass ihr jeweiliges Verhalten personenabhängig sei. Das eigene Verhalten wird als passendes Verhalten gegenüber dieser Person in dieser Situation betrachtet. Zumindest die Schüler*innen der Kategorie C (aber auch ein Teil von A) behaupten, sich je nach Lehrkraft und Situation in der Klasse (und sicher auch abhängig von der eigenen physischen und psychischen Verfassung) unterschiedlich verhalten zu können. Das spricht für die Annahme einer kontextabhängigen Regulierungsfähigkeit, die wahrscheinlich auch mit hybriden, nur locker miteinander verbundenen Moralvorstellungen einhergeht. Was man bei dem einen, blöden Lehrer machen darf, würde man sich bei einem anderen, tollen Lehrer als Fehler anrechnen.

Damit würde sich das noch einmal bestätigen, was wir in Kapitel 1.2 (▶ Kap. 1.2) als zentrales Merkmal in der Moralentwicklung von Jugendlichen postuliert haben (ausgehend von Serkan). Gleichzeitig darf man daran zweifeln, dass alle Schüler*innen in der Lage sind, ihr eigenes Verhalten dermaßen stark auf den Kontext (Person, Situation) abzustimmen. Manche insbesondere mit häufigen Konflikten der Kategorie B (Impulskontrolle) und C (Disziplin, Arbeitshaltung) sind wahrscheinlich nicht in der Lage, sich anders zu verhalten. Sie würden es gerne, aber lügen sich dabei sozusagen in die Tasche, weil sie quasi dazu verdammt sind, ihre Konfliktmuster redundant zu wiederholen.

3.3.3 Legitimierung von Disziplinregeln durch Schüler*innen und Enttäuschung von Autonomieerwartungen

Vor 100 Jahren konnten Schulen für sich reklamieren, mit ihren Disziplinanforderungen unmittelbar auf das Leben bzw. die Arbeit vorzubereiten, vor allem in Gestalt der Fabrik, der Kaserne oder des Großraumbüros. In Zeiten, in denen kommunikative und selbstreflexive Kompetenzen gefragt sind, sowie die Fähigkeit, sich selbst zu organisieren und flexibel auf neue Herausforderungen einzugehen, droht Disziplin bezogen auf Schule etwas Selbstreferentielles zu werden: Schule diszipliniert dann nur oder überwiegend für Schule.

Man kann mit verschiedenen deutschen und amerikanischen Autor*innen argumentieren, dass Schulen auf Grund der Größe und Unübersichtlichkeit des Sozialraumes mehr regulieren müssen und weniger erlauben können als Familien. »Schools must be more structured to accomplish their educational aims. Thus, maintaining social order often takes priority over allowing personal freedoms at school« (Smetana, 2012, 84/85).

Diesen Unterschied scheinen auch viele Jugendliche sehen zu können. Smetana berichtet, dass Schüler*innen in Bezug auf Regelungsbedarfe durchaus kontextbezogen denken und Schulen ein größeres Einschränkungsrecht als der Familie zubilligen. Die Zustimmung zu Regelfestlegung und -kontrolle bei über 1000 befragten Schüler*innen zwischen 14 und 18 Jahren auf einer Skala von 0 bis 3 nimmt den Wert 2,67 ein (ebd., 79). Das betraf Regeln wie pünktliches Kommen, respektvoller Umgang mit Lehrer*innen und Mitschüler*innen, Zuhören beim Unterricht. Noch größere Zustimmung gab es für Verbote und Ahndung von körperlicher Gewalt und allen Formen von Belästigung und Mobbing (2,74). Sehr viel weniger (1,43) erteilten die Jugendlichen der Schule das Recht, Vorschriften für Angelegenheiten zu machen, die sie selbst als privat wahrnehmen wie z.B. Kleidung und Haartracht, Wahl der Freunde, außerschulische Treffpunkte, die Art der Ernährung (Schulbrote), Küssen eines Paares auf dem Schulhof etc.

3.3 Regel-Konflikte in der Schule

Trotz dieser differenzierten Einstellung der Schüler*innen scheint das System Schule sowohl auf der Ebene der Einzelnen wie der Klasse immer wieder in die Gefahr zu kommen, Disziplin und damit auch Disziplinkonflikte zu überziehen und Selbstregulationskompetenzen zu wenig zu fördern. Eccles und seine Mitforscher*innen haben Kontrollpraxen in verschiedenen Schulstufen in den USA untersucht und kommen zu dem Ergebnis, »that schools, particulary junior highschools, restrict adolescent autonomy precisely when they need it most, in early adolescence« (Smetana 83).

Die Autoren konnten nachweisen, dass Schulen für 14–15-jährige Jugendliche, anstatt Kontrollen herunter- und Beteiligungsformen hochzufahren, mehr Kontrollen und striktere Regeln etablieren, die sich auf immer mehr Bereiche beziehen. Jugendliche sehen sich dadurch mehr Kontrollen ausgesetzt als im Alter zwischen 10 und 14 Jahren (Eccles u. a. 1993 und 1998, Midgley & Feldlaufer 1998). Begründet wird das mit der gestiegenen Gefährlichkeit des Verhaltens, das deutlich mehr Akte von Körperverletzungen, sexueller Belästigung, Waffenbesitz und Drogenkonsum beinhalten würde als bei Kindern. Dennoch halten Eccles und seine Kolleg*innen diese Strategie für falsch, weil sie zu einem immer größeren *mismatch* zwischen den tatsächlichen oder zumindest potenziellen (Selbstkontroll)Fähigkeiten der Jugendlichen und der Fremdregulierung führen.

Zugegebenermaßen sind die Studien 20 Jahre alt. Aktuelle deutsche Untersuchungen zu diesem Thema habe ich nicht gefunden. Ich vermute, dass es sich bei uns nicht viel anders verhält, immer noch oder vielleicht auch wieder, nachdem erste Experimente mit mehr Schülerverantwortung nicht die Wirkungen erbracht haben, die man von ihnen erhofft hat. Dass das nicht (nur) an den Schüler*innen liegt, sondern auch an der Art und Weise, wie die Erwachsenen sie konkret beteiligen, leuchtet ein. Ausdrücklich weist darauf eine Studie von Ariane Otto hin, die zwölf Projekte im Bereich »Positive Peerkultur« an fünf Schulstandorten untersucht hat (Otto 2016). Nur in zwei ist es dabei den Moderator*innen und Lehrer*innen gelungen, das Projekt so in der Klasse zu verankern, dass es von den Schüler*innen als ihres begriffen wurde und für die Entwicklung von selbstbestimmten Zielen und Regeln genutzt wurde. In anderen Projekten wehrten die Schüler*innen diesen Versuch ab, weil er ihnen zu tief in ihre Binnenbeziehungen einzudringen schien oder bedienten das Projekt brav, aber ohne es für relevante Themen zu öffnen.

3.4 Grenzverletzungen gegenüber Peers und Partner*innen

Für die meisten Jugendlichen sind Peers die Menschen, mit denen sie innerlich am stärksten beschäftigt sind. Um sie kreisen ein Großteil ihrer Gedanken und Gefühle. Kein Wunder: Mit den (nahezu) Gleichaltrigen erleben und teilen sie all die aufregenden neuen jugendgemäßen Aktivitäten wie Shoppen und Ausgehen am Samstagabend, Verliebtsein, erste sexuelle Kontakte, ernste schöne Gespräche über Gefühle usw., aber auch subversive Aktionen gegenüber Lehrern, gemeinsam ausgeführte Ladendiebstähle, Liebeskummer oder Eifersuchtsdramen mit anschließendem Rachefeldzug gegen eine »blöde Bitch«.

Diese Aktivitäten allein würden reichen, um Jugendliche eng miteinander zu verbinden. Aber es kommt noch etwas Entscheidendes hinzu. Die meisten Jugendlichen sehen andere Jugendliche als die wichtigste Quelle von Anerkennung an. Da sie sich in der Adoleszenz ein ganzes Stück von ihren Eltern zurückziehen, fällt diese zuvor zentrale Quelle von Anerkennung nun aus oder tritt in den Hintergrund. Ähnliches gilt auch in Bezug auf andere Erwachsene wie Lehrer*innen oder Verwandte, deren Lob oder Tadel einem mit zehn, zwölf Jahren etwas bedeutet haben, die aber ein paar Jahre später als peinlich oder nicht wichtig erlebt werden können. Nach dem Versiegen dieser alten Quellen droht den Jugendlichen etwas, das King als *Anerkennungsvakuum* bezeichnet (King 2010). Es besitzt auch einen quasi objektiven Hintergrund, der es zusätzlich verschärft, denn in den Augen vieler Bürger*innen werden Jugendliche als Personen angesehen, die noch wenig leisten, aber viel kosten und eine Menge von Problemen machen, für die die Gesellschaft aufkommen muss. Das alles führt dazu, dass neue Quellen von und für Anerkennung erschlossen werden müssen. Diese finden sie bei den Peers.

Man könnte meinen, dass die gemeinsame Suche nach Anerkennung Jugendliche zu einem besonders freundlichen oder achtsamen Verhalten gegenüber anderen Jugendlichen motiviert, weil man sich gegenseitig braucht. Aber das ist nicht der Fall. Niemand verletzt andere so häufig, körperlich wie seelisch, wie Peers ihre Peers (vgl. z. B. Juvonen/Graham 2001, 105 ff. und 355 ff.). Niemand schließt andere so häufig aus und intrigiert gegen sie in so perfider Weise wie Jungen und Mädchen zwischen 10 und 14 Jahren, d. h. im Übergang von Kindheit zu Jugend (Jäger/Fischer/Riedel 2007, 7 f.).

Wie kommt das? Anerkennung ist in den Augen dieser Altersgruppe nicht etwas, das man breit verteilen oder von vielen annehmen kann, sondern ein *knappes Gut* (Eckert/Reis/Wetzstein 2000, 11 und 232 f.). Es zu verteilen obliegt wenigen Meinungsführer*innen. Jugendliche (und Erwachsene), die zu vielen nett und freundlich sind, vermitteln kein Gefühl von Anerkennung. Man hat sie gerne um sich, aber man sucht sie nicht, buhlt nicht um sie. Dagegen wirkt ein knapper positiver Kommentar einer ansonsten als kritisch geltenden Influencerin in der Klasse, von denen es nur zwei oder drei gibt, oder ein Abklatschen mit dem besten Sportler in der Klasse, wenn man in seiner Mannschaft ein Tor geschossen hat, für Tage euphorisierend. Als Jugendlicher wünscht man sich in erster Linie die Anerkennung der persönlich ausgewählten oder kollektiv gekürten »relevanten Anderen«. Um die drängen sich die Anerkennungssuchenden, sodass man es schaffen muss, in deren *inner circle* aufgenommen zu werden, aus dem man aber rasch wieder herausfallen kann. Oft weiß man noch nicht einmal, warum. Deswegen muss man ständig selbstkritisch prüfen, was man tut oder lässt. Das bezieht sich auf Kleidung ebenso wie auf die Art, sich zu frisieren, die Nachmittagssendungen, die man verfolgt, oder die Fußballmannschaft, deren Fan man ist. Damit ist man entweder »in« oder »out«. Die falsche oder richtige Mannschaft oder Rucksackmarke erhöhen den eigenen Status oder senken ihn. Konkurrenzen um das knappe Gut »Anerkennung« und Statusgerangel sind daher die Folge, was das Klima unter den Peers häufig mit erheblichem Stress auflädt. Und doch stürzen sie sich jeden Tag erneut in dieses soziale Haifischbecken und beobachten genau, wie gut sie dort mitschwimmen können und wer gebissen wird oder untergeht. Dabei stellen die eigenen Freunde und später die ersten festen Partner*innen eine große Unterstützung dar. Auch sie sind den Bewertungen anderer ausgesetzt, mit ihnen kann man sich beraten, was man tun oder lassen sollte, und sich wechselseitig Trost geben, wenn man nicht so angekommen ist, wie man wollte.

Enge Verbindungen einerseits und Anerkennungsvakuum andererseits stellen die Hintergründe dar, auf denen wir uns in diesem Kapitel mit Grenzverletzungen von Jugendlichen gegenüber ihren Peers beschäftigen. Dabei fokussieren wir auf einen eher öffentlichen Bereich, Mobbing an Schulen (▶ Kap. 3.4.2) und auf einen eher privaten Bereich, Aggressionen bei jugendlichen Paaren (▶ Kap. 3.4.1).

3.4.1 Aggressionen und Konflikte in Liebesbeziehungen Jugendlicher

Wir interessieren uns im Rahmen dieses Kapitels für den Umgang von Paaren mit Aggressionen, weil wir davon ausgehen, dass die Jugendlichen Wertvorstellungen für den Umgang innerhalb der Paarbeziehung mitbringen. Die Frage ist, wie gut es ihnen gelingt, diese umzusetzen. Die Frage ist umso spannender, als es sich bei der Paarbeziehung um einen sozialen Ort handelt, der von außen kaum kontrolliert wird. Hier sind die Jugendlichen in einem hohen

3.4 Grenzverletzungen gegenüber Peers und Partner*innen

Maße auf sich gestellt. Sie selbst machen die Regeln und beobachten ihre Einhaltung und können diese bei Nichtbeachtung problematisieren oder auch sanktionieren (z. B. durch Trennung).

Partnerschaften zwischen Jugendlichen entstehen im Peer-Kontext (vgl. dazu auch Wendt 2019, aus der Reihe »Das Jugendalter«). Die ersten Beziehungen werden meist durch Freunde initiiert, die ersten Treffen finden in Begleitung von Freunden statt, und auch bei Trennungen sind es die Freunde, die trösten (Seiffge-Krenke & Burk 2016). Zwischen 16 und 18 Jahren ist ein gutes Drittel bis die Hälfte aller Jugendlichen (schon einmal) eine Liebesbeziehung mit einem anderen Jugendlichen eingegangen (Wendt 2019, 11). Im Vergleich zu Erwachsenen weisen Jugendliche in ihren Beziehungen stärkere emotionale Unsicherheiten auf, die auch zu Gefährdungen führen können, und zwar sowohl bei Kontakten nach außen wie auch untereinander. Nach außen insofern, als das Risiko für junge Menschen, insbesondere für Jungen, erheblich zunimmt, in Gewaltsituationen mit Dritten zu geraten, wenn sie mit ihrer Freundin unterwegs sind und erleben, wie diese von anderen tatsächlich oder vermeintlich angemacht wird (Willems/van Santen 2018, 50; s. auch Tobias und Ulrike ▶ Kap. 4). Nach innen spielt vor allem die Frage eine Rolle, wie weit sie sich dem anderen gegenüber öffnen können, ohne nach der Preisgabe von persönlichen Wünschen, aber auch Ängsten und Konflikten, auf Ablehnung zu stoßen (Walper u. a. 2008). Befragt nach dem, was in ihren Liebesbeziehungen wichtig ist, geben sie in der frühen und mittleren Adoleszenz besonders häufig »Gemeinsamkeit« und »wenig Streit« an (Fleer u. a. 2002). »Das könnte darauf hinweisen, dass das konflikthafte Aushandeln von individuellen Bedürfnissen in diesem Alter noch gescheut wird« (Wendt 2016).

Die Zahl von offenen Konflikten scheint zwischen 14 und 17 Jahren allerdings zuzunehmen (Nieder & Seifge-Krenke 2001), vor allem, wenn die Beziehung länger andauert (Wendt, 2016, 14). Häufige Themen sind dabei Eifersucht, unklares bzw. ungleich verteiltes Zeitinvestment, sexuelle Kommunikationsprobleme, nicht zueinander passende Freundeskreise (Seiffge-Krenke & Burk 2013).

Wie gehen die Jugendlichen damit um? Streiten sie und finden dabei zu Kompromissen? Gibt ein Partner nach? Streiten sie länger und einer der beiden geht aus dem Feld? Oder eskaliert der Streit und entgleisen dabei auch die eigenen Aggressionen?

Shute und Carlton meinen, im Vergleich zu gleich- und gegengeschlechtlichen Peer- bzw. Freundschaftsbeziehungen verhalten sich Jugendliche bei Konflikten in ihren Liebesbeziehungen kompromissbereiter und mit weniger Ausdruck von Ärger (Shute & Carlton 2006). Seiffge-Krenke und Burk kommen zu etwas anderen Ergebnissen. Sie untersuchten das Konfliktverhalten von 194 Paaren aus einer gymnasialen Oberstufe (!). Von den Jugendlichen waren 90 % deutscher Herkunft. 72 % der weiblichen und 67 % der männlichen Partner stammten aus vollständigen Familien. Die Dauer der Partnerschaften variierte zwischen drei Monaten und einem Jahr, was dem Durchschnitt in dieser Altersgruppe entspricht (Seiffge-Krenke/Burk 2016, 3).

Untersucht wurden zwei Formen von Aggression: physische wie schlagen, schubsen, treten etc. und relationale = psychische, womit anschreien, demütigen, mit Schimpfworten belegen, Trennungsdrohungen ausstoßen etc. gemeint ist (ebd., 2).

Die Autor*innen identifizierten fünf Gruppen von Paaren:

a) Nicht-aggressive Paare, in denen beide Partner sehr niedrige Werte an körperlicher und relationaler Aggressionen berichteten (79 von 194 = ca. 40 %);
b) Paare mit vor allem körperlich aggressiven Partnerinnen, während sich die männlichen Partner diesbezüglich weitgehend zurückhielten (38 = ca. 19 %);
c) Paare mit physisch und psychisch aggressiven männlichen Partnern (27 = ca. 16 %);
d) Paare mit physisch und psychisch aggressiven weiblichen Partnern (34 = ca. 18 %);
e) Partnerschaften, in denen beide berichteten, physisch und psychisch aggressiv miteinander umzugehen. (11 = ca. 7 %).

3.4 Grenzverletzungen gegenüber Peers und Partner*innen

Bezüglich relevanter soziodemographischer Angaben unterschieden sich die fünf Gruppen nicht.

Wie wir sehen, gibt es selbst unter Gymnasiasten, von denen z.B. eine deutlich geringere Mobbingrate bekannt ist, eine Gruppe von 60 % aller Paare, bei denen es nach eigenen Angaben im Lauf von Auseinandersetzungen neben psychischer Aggression zu körperlichen Formen von Aggression, also zu Gewalt kommt. Diesen 60 % stehen 40 % Paare gegenüber, die kaum aggressiv miteinander agieren, weil sie über andere Konfliktregulierungsformen und andere Freundschaftskonzepte verfügen (ebd., 6).

Bei den Paaren mit Gewalt gehen die körperlichen Attacken überwiegend von einer Person aus, während der andere Partner nicht mit denselben Mitteln antwortet. Körperliche Aggression geht überraschenderweise sogar etwas häufiger von weiblichen Jugendlichen aus als von männlichen. Dafür fällt deren Gewalt heftiger aus, führt zu mehr und stärkeren Verletzungen und löst mehr Angst aus (ebd., 6). Nur bei wenigen Paaren tut man sich wechselseitig Gewalt an, vermutlich im Zusammenhang mit eskalierenden Konflikten.

Ich schließe daraus, dass das Austragen von Konflikten gerade dort, wo leidenschaftliche Gefühle entstanden und durchaus auch gewollt sind, erst gelernt werden muss. Die Steuerungsfähigkeit wird in diesem emotional hoch bedeutsamen Beziehungen eher brüchig. Damit verletzen die Jugendlichen, bei Gymnasiasten vermutlich die Mehrzahl, einen Wert, den sie ansonsten für das soziale Miteinander vertreten. Gewalt passiert ihnen, neben manchen Gemeinheiten, die sie für sich auch nicht in Ordnung finden. Sie erleben sich außer Kontrolle und müssen das verarbeiten, was Mädchen vermutlich noch schwerer fallen dürfte als Jungen:

> »Wir fanden es bemerkenswert, dass in allen Partnerbeziehungen, in denen die Mädchen deutlich aggressiver waren als ihre Partner, unabhängig ob die Aggression physisch oder psychisch war, ihre Partner nicht mit Gegenaggressionen antworteten. Das weist auf eine geschlechtsspezifische Interpretation der Bedeutung und Funktion von Aggression hin. Untersuchungen über ›doubled standards of aggressive behaviour‹ (Sears u.a.

2007) zeigen auf, dass aggressives Verhalten bei Jungen und Männern scharf kritisiert, aber bei Mädchen und Frauen eher bagatellisiert und nicht ernst genommen wird« (ebd., 7).

»Männliche Jugendliche scheinen auf aggressive Auseinandersetzungsangebote von Seiten ihrer Partnerinnen nicht zu reagieren und versuchen stattdessen sie zu beruhigen bzw. sich herauszuziehen. Diese Form des männlichen self-silencing scheint in dieser kleinen Gruppe recht häufig zu sein« (ebd.).

Mit »self-silencing« ist gemeint, dass sich der angegriffene Partner still verhält und aufkommende Ärgerimpulse aktiv unterdrückt.

»Nur bei Frauen führt self-silencing zu Depressionen, während Männer, die sich bei aggressiven Verhaltensweisen ihrer Frauen still verhalten bzw. zurückziehen, keine gesundheitlichen Folgen aufweisen« (ebd.), was noch einmal die geschlechtsspezifische Bedeutung und Verarbeitung der weiblichen Aggressionen in Partnerschaften verdeutlicht.

Halten wir fest: Gewalt anzuwenden erscheint selbst bei einem Teil relativ gebildeter Gymnasiasten auch innerhalb der Paarbeziehung eine geschlechterübergreifende Konfliktlösung darzustellen, mit der man aber auch gegen eigene Werte und Regeln verstößt. Die Verbreitungsrate von Gewalt dürfte bei Jugendlichen anderer Schultypen noch höher sein. Dennoch gelingt es den meisten Jugendlichen im Lauf der Adoleszenz, andere Konfliktlösungsformen zu entwickeln. Gewalt zeigt fehlende Übung und wahrscheinlich auch Überschätzung der eigenen Kontrollfähigkeiten an.

3.4.2 Mobbing an Schulen

Der Begriff umfasst alle Formen von Gewalt durch eine oder mehrere andere Personen, denen das Opfer wiederholt und über längere Zeit (vier Wochen und länger) hilflos ausgesetzt ist. Gemeint sind damit sowohl die psychische als auch physische Gewalt in Form von Schlagen, Schubsen oder etwa Treten. Zu den Formen psychischer Gewalt zählen Verhaltensweisen wie das Beleidigen,

3.4 Grenzverletzungen gegenüber Peers und Partner*innen

Beschimpfen oder anderweitiges Schikanieren. Cybermobbing stellt eine Form des psychischen Mobbings dar und erfolgt mithilfe von Internet- und Mobiltelefondiensten über einen längeren Zeitraum hinweg. Dabei werden andere Jugendlichen über das Handy oder ihren PC beleidigt, erfundener Vergehen bezichtigt, mit kompromittierenden Fotos erpresst oder lächerlich gemacht und durch die Preisgabe privater Daten gegen ihren Willen verfolgt. Diese Form des Mobbings hat auf Grund der immer wichtigeren Rolle digitaler Medien in den benannten Altersgruppen in den letzten Jahren weiter zugenommen (Deutscher Bundestag, 2018, 3 f.).

Die Häufigkeit von Mobbingerfahrungen wird in unterschiedlichen Studien je nach Art der Befragung von Schüler*innen zwischen 15,2 % (Olweus 2005) und 54,3 % (Jäger/Fischer/Riedel 2007, 7 f.) angegeben. In der Quelle Deutscher Bundestag sind mehrere neuere Studien aufgelistet, deren Zahlen etwa ähnlich streuen (Deutscher Bundestag 2018, S. 3 ff.). Die Spitze erreicht das Verhalten mehreren Studien zufolge zwischen 10 und 14 Jahren, d. h. im fünften bis siebten Schuljahr (Jäger/Fischer/Riedel ebd.). Bei Jungen ist es (etwas) stärker ausgeprägt als bei Mädchen, was vor allem für die offen aggressiven Formen zutrifft (ebd. 2018, 4 f.). Für viele Schüler*innen steht in diesen Schuljahren an, sich in eine neue Klasse integrieren zu müssen, was Statusgerangel begünstigt, insbesondere wenn man befürchtet, nicht die gewünschte Anerkennung bzw. den für einen selbst angemessenen sozialen Platz zu finden. Für Gymnasien wird, insbesondere in den oberen Klassen, eine deutlich niedrigere Rate angegeben. Angeblich werden 20 % aller Suizide von Jugendlichen auf Grund von Mobbingerfahrungen begangen (Plener/Fegert 2014, 18). Insgesamt betrachtet dürfte Mobbing ein Konfliktverhalten von Jugendlichen darstellen, das hinsichtlich seiner Breitenwirkung viele andere Peers involviert und psychisch belastet.

Welchen Konflikttyp soll man für dafür annehmen (▶ Kap. 3.1.2)? Von Mobber*innen werden häufig Aussehen und Charaktereigenschaften des Gemobbten oder Beziehungskonflikte mit ihm als

Rechtfertigungsgründe für das eigene grenzüberschreitende Verhalten angeführt. Jugendliche geben an, sie könnten den Gemobbten nicht leiden und/oder bezichtigen ihn, sich in sozialer Hinsicht nicht »normal« zu verhalten. Solche Annahmen teilen Täter und Opfer häufig sogar. Aber sie verschleiern, dass es beim Mobben primär darum geht, sich auf Kosten eines Schwächeren Statusgewinne bei den Peers zu verschaffen (▶ Kap. 3.4.2). Wichtiger als die persönliche Befriedigung, die man aus dem Ärgern oder Quälen eines anderen gewinnt, ist die soziale Anerkennung, die man dafür erhält, sei es direkt in Form von Zustimmung anderer Jugendlicher (»richtig gemacht, der hat es verdient!«), sei es, dass man sich durch ein betont aggressives Verhalten Respekt verschafft, weil niemand der Nächste sein möchte, der aufs Korn genommen wird. Auf Seiten der Zuschauer*innen und Mitläufer*innen mischen sich häufig Bewunderung und Angst vor dem oder denjenigen, von denen Mobbing ausgeht. In erster Linie werden diese von einem Anerkennungsdefizit angetrieben.

Zur Rekonstruktion der Dynamik sollte man aber nicht vergessen, in welchem sozialen Raum das Mobbingverhalten auftritt: am Ort Schule, einem Ort, an dem sich etwa ein Viertel der Schüler*innen einem hohen Anpassungsdruck ausgesetzt sehen und mit schlechten Noten kämpfen, also gleichzeitig Versagenserlebnisse und rigide Einschränkungen von Autonomiewünschen erleben. Dazu kommt das oben beschriebene Anerkennungsvakuum, das insofern von der Institution Schule verschärft wird, als die Schüler*innen voneinander mitbekommen, wie sie schulisch – d. h. von den Noten her und in der Anerkennung durch Lehrer*innen – stehen. Eher schwache Schüler*innen fühlen sich vermutlich immer wieder auf offener Bühne von Lehrer*innen vorgeführt und/oder diskreditiert. Manchmal wird das auch tatsächlich der Fall sein, andere Male dürften die Schüler*innen so dünnhäutig sein, dass sie auch sachliche Formen der Kritik als Kränkungen erleben. Dazu passt, dass als Mobber*innen vor allem Personen aus dem abgehängten Viertel hervortreten (Dümmler & Melzer 2009, 134; Reinhard/Jäger/Riedel 2007, 17 f; Karazman-Morawetz, I. & Steinert, H. 1995).

Insofern kann man Mobbing außer als eine ungeübte Form des Kampfes um Anerkennung auch als eine Form der Weitergabe von strukturellen Gewalterfahrungen von Schwachen an noch Schwächere verstehen. Freilich werden sich die Mobber*innen selbst nicht als Schwache bezeichnen, eventuell aber als Enttäuschte oder Gekränkte. Falls das zutrifft, macht es die Auseinandersetzung mit ihrem Verhalten und die Konfliktbehandlung am Ort Schule durch Lehrer*innen nicht gerade einfach. Es könnte für manche Schüler*innen unannehmbar sein, wenn sich die gleichen Lehrer*innen, die ihre Leistungen und Mitarbeit (negativ) bewerten (müssen) und von denen sie sich (sowieso schon) in ihrem Status bedroht fühlen, ihnen gegenüber auch noch zu Regelwächtern in Bezug auf ihr Verhalten aufschwingen und sie moralisch verurteilen. Gleichzeitig bedürfen viele Schüler*innen des Schutzes durch Lehrer*innen bzw. dass diese ihre Notlage wahrnehmen, also z. B. dass sie von anderen Schüler*innen gemobbt werden. Das scheint allen Studien zufolge noch zu wenig zu geschehen (Deutscher Bundestag ebd. 5 f.). Aus diesem Dilemma kommt man wahrscheinlich nur heraus, wenn man annimmt, dass ein effektiver Schutz vor Mobbing nicht allein durch Lehrer*innen, sondern durch Mitschüler*innen bzw. die Klassenöffentlichkeit gewährleistet werden kann. Freilich müssen Lehrer*innen – oder schulunabhängige Personen in Zusammenarbeit mit diesen – die Schüler*innen dafür gewinnen, sich mit solchen Themen offen auseinanderzusetzen. Wie schwer das ist, aber auch wie es gelingen kann, hat uns die Studie von Otto gezeigt (▶ Kap. 3.3.4, vgl. auch Jannan 2015).

3.5 Konflikte mit dem Gesetz

Verstöße gegen das Gesetz sind im Jugendalter in ihren leichten Formen einerseits ubiquitär, andererseits bagatellhaft und vor allem episodisch (Heinz 2016, 1). Relativ viele Jugendliche »leisten«

sich ein, zwei, drei eher harmlose Gesetzesverstöße, hören aber von alleine wieder damit auf. Eine kleine Gruppe von überwiegend männlichen Jugendlichen begeht eine große Anzahl aller, auch der schwereren Straftaten in der jeweiligen Altersgruppe. Die Gruppe ist nicht größer als 10 bis max. 15 % aller Jugendlichen. Ein Gutteil dieser sog. Mehrfach- oder Intensivtäter stellt das kriminelle Handeln zwischen 15 und 20 Jahren aber wieder ein – oft sogar ohne die Intervention von Gerichten (Heinz ebd. S. 6). So weit in Kürze die wichtigsten Ergebnisse zur Erforschung der Kriminalitätsbelastung von Jugendlichen. Was bedeutet das im Einzelnen?

3.5.1 Ubiquitäre, bagatellhafte und episodische Verstöße

Ubiquitär bedeutet »überall vorkommend« und meint, dass sich Jugendliche aus unterschiedlichen Schichten, aus unterschiedlichen Herkunftsmilieus, aus Städten und dem ländlichen Raum in Bezug auf wenig gravierende Delikte sehr ähnlich verhalten. Nimmt man Schwarzfahren in die Liste leichter Gesetzesverstöße auf, haben 71,4 % der männlichen und 67,6 % der weiblichen Jugendlichen nach eigenen Angaben schon einmal ein Delikt begangen.

Umfasst die Liste Gesetzesverstöße wie Sachbeschädigung (Vandalismus), Ladendiebstahl, Raubkopien erstellen, Graffiti sprayen, Drogenverkauf, Raub, Gewaltkriminalität etc. reduzieren sich die Zahlen auf 43,7 % aller männlichen und 23,6 % aller weiblichen Jugendlichen (ebd., 3).

Das häufigste selbst berichtete Delikt stellt Ladendiebstahl (14,2 % männlich, 12,4 % weiblich) dar und verkörpert damit das Delikt, das die beiden Geschlechter beinahe in gleichem Umfang begehen. Geschlechtsspezifische Unterschiede betreffen vor allem Gewaltdelikte (20,2 %/6,4 %), aber auch Vandalismus oder das Erstellen von Raubkopien. Männliche Jugendliche sind in diese Aktivitäten immer mit erheblich höheren Anteilen verwickelt (ebd., 2).

Gleichzeitig führt die früher einsetzende Autonomieentwicklung der weiblichen Jugendlichen auch zu einem früheren Einsteigen in die Praxis leichter Gesetzesverstöße (in insgesamt geringerer Anzahl). Den Höhepunkt ihrer Deliktaffinität erreichen sie mit 14 bis 16 Jahren, während das bei männlichen Jugendlichen erst mit 19 bis 21 Jahren der Fall ist. Ähnlich wie bei den sexuellen Aktivitäten sind die Mädchen den Jungen also ein paar Jahre voraus (ebd,. 5). Nach den jeweiligen Peaks klingen die Deliktbelastungen bei beiden Geschlechtern deutlich ab.

Wie man sieht, besteht bei der Mehrzahl der Jugendlichen kein Anlass zur Sorge. Wiewohl gut die Hälfte der männlichen Jugendlichen und ein knappes Drittel der weiblichen Gesetzesverstöße riskieren, scheint das Gesetz als Ordnungssystem für sie durchaus eine relevante Größe darzustellen, an der sie ihr Verhalten ausrichten. Diesen Schluss kann man auch aus folgendem Umstand ziehen: 2009 wurde das Jugendschutzgesetz in Bezug auf das Rauchen verschärft. Wie haben Jugendliche auf diese Gesetzesveränderung reagiert, die einerseits ein massenhaftes Verhalten wie Rauchen zu einem Delikt macht, andererseits aber völlig auf Sanktionen verzichtet?

> »Es hat sich gezeigt, dass die Anhebung des Mindestalters für den Verkauf von Tabakprodukten von 16 auf 18 Jahre den Raucher-Anteil unter den 16- und 17-Jährigen um rund 30 Prozent verringert. Ein Effekt zeigte sich aber auch bei den 15-Jährigen, die von einer solchen Maßnahme ja nicht direkt betroffen sind« (Stigler et. Al. 2014). Und: »In Großbritannien, wo das Alterslimit erst 2006 von 16 auf 18 Jahre erhöht wurde, ging der Anteil der Raucher unter den 16- bis 17-Jährigen von 23,7 auf 16,6 Prozent zurück. Das war ein Minus von rund 30 Prozent. Doch auch bei 11- bis 15-Jährigen zeigte sich eine Reduktion des Raucheranteils um ein Drittel« (ebd. und BAG 2019).

3.5.2 Vom Verstoß zum offenen Konflikt mit und ohne Konfliktbewusstsein

Bisher haben wir uns mit Verstößen gegen das Gesetz beschäftigt. Wie steht es aber mit Gesetzeskonflikten? Diese setzen nach unserer Definition (▶ Kap. 3.1) erst ein, wenn eine andere Person den

Verstoß registriert und als Konflikt zwischen dem Einzelnen und – in diesem Fall – der staatlichen Sphäre thematisiert. Das ist der Fall, wenn die Polizei aufgrund eines Tatverdachts ermittelt, um diesen zu bekräftigen oder zu widerlegen und anschließend diesen Prozess mit einer Meldung an die Staatsanwaltschaft beendet. 2018 betrug im Bundesdurchschnitt der Anteil der 14- bis 18-Jährigen unter den Tatverdächtigen 8,8 % (Polizeiliche Kriminalitätsstatistik 2018). In den großen Städten liegen diese Prozentzahlen sogar noch niedriger, aber nicht weil Jugendliche hier weniger Delikte begehen, sondern weil überhaupt mehr Delikte registriert werden und der Anteil der von Jugendlichen begangenen kleiner ausfällt als im ländlichen Raum: So beträgt z. B. in Berlin der Anteil der Jugendlichen unter den Tatverdächtigen 7,4 %, in Stuttgart 8,8 %, in München 7,1 % und in Hamburg 7,7 % (ebd.).

Daneben gibt es Ermahnungen durch die Polizei, ohne dass es zu Ermittlungen kommt. Nach statistischen Daten (allerdings aus England) finden etwa 1,4 Personenkontrollen pro Jahr pro Jugendlichem statt (Oberwittler, 2016, 416). In einer Schülerbefragung in zwei deutschen Städten gaben 19 % der Jugendlichen an in den letzten 12 Monaten wegen ihres Verkehrsverhaltens angehalten worden zu sein, was für sie überwiegend ohne weitere Konsequenzen blieb (ebd. 419). Interessant ist, dass die Schüler in Deutschland, und zwar deutsche Schüler*innen ebenso wie die mit Migrationshintergrund, aus diesen potenziell konfliktreichen Begegnungen mit einem überwiegend positiven Bild von der Polizei herausgehen. Offensichtlich werden sie in einer für sie annehmbaren Weise kontrolliert oder zur Rede gestellt und finden die Behandlung fair. Im Unterschied dazu resümieren die parallel dazu befragten französischen Schüler, insbesondere solche mit Migrationshintergrund, die Kontakte mit der Polizei deutlich negativer (ebd.).

Wir wissen wenig darüber, wie Jugendliche es erleben, wenn die Polizei Ermittlungen gegen sie aufnimmt oder eine Anzeige gegen sie erstattet wird. In der Regel werden in diesem Moment auch ihre Eltern informiert. Die Mehrzahl der Eltern hatte wahrscheinlich keine Kenntnis von den erstmaligen oder wiederholten

Delikten ihrer Kinder und wird darauf beunruhigt, besorgt oder auch entsetzt reagieren. Konflikte in der Familie und damit Ärger und Stress (▸ Kap. 3.2) werden in vielen Fällen die Folge sein, ohne dass damit ein Konfliktbewusstsein auf Seiten der Jugendlichen verbunden sein muss. Wenn die Möglichkeit einer Gerichtsverhandlung im Raum steht, wird die Jugendgerichtshilfe aktiv, die sich als Vermittler zwischen dem angeklagten Jugendlichen und dem Gericht versteht. Im sozial stark belasteten Oberhausen war das zwischen 2010 und 2014 bei 8,2 % bis 9,5 % aller Jugendlichen der Fall (Oberhausen 2016). Im Bundesgebiet dürfte diese Zahl deutlich niedriger ausfallen. Ob das Auftreten der Jugendgerichtshilfe zu einer Erhöhung der (Konflikt-)Spannung führt oder im Gegenteil zu einer Beruhigung, ist schwer einzuschätzen und dürfte wesentlich von dem Auftreten der Sozialarbeiter*innen gegenüber dem Jugendlichen abhängen.

Wird der Jugendliche zu einer Gerichtsverhandlung bestellt, bekommt das Delikt eine offizielle staatliche Resonanz. Allein die formalen Charakteristika der betreffenden Anschreiben machen unmissverständlich klar, dass (meist wiederholt) eine Grenze überschritten wurde, worauf mit einem erheblichen Aufwand reagiert und eine korrigierende Intervention in welcher Form auch immer intendiert wird. Dieser Eindruck kann sich in der Gerichtsverhandlung ändern, da viele Jugendrichter und/oder Schöffen ausgesprochen respektvoll und freundlich auftreten und keine Angst machen wollen. Angst und Schrecken erwecken auch die Konsequenzen nicht. Selbst bei bestätigtem Verdacht auf gefährliche/schwere Körperverletzung (2015: 16.485 in absoluten Zahlen) werden nur 35 % der Jugendlichen abgeurteilt: 14 % zu ambulanten Maßnahmen, 7 % zu Gefängnisstrafen, darunter viele zur Bewährung, und nur 1 %, zu einer Gefängnisstrafe ohne Bewährung (in absoluten Zahlen in Deutschland 2015: 185 Jugendliche) (Heinz 2016, ebd. Schaubild 5). In 79 % der Delikte findet der Konflikt eine andere Auflösung, sei es, dass der Jugendliche einem Täter-Opfer-Ausgleich zustimmt und sich bei dem Geschädigten entschuldigt oder ein Konflikttraining besucht, das ihn dabei unterstützen soll, sich aus potenziell gewaltförmigen Konflikten rechtzeitig herauszuziehen oder gar nicht erst in diese hineinzugeraten.

Die Jugendlichen erleben demnach, dass als Folge ihrer Straftat Forderungen an sie gestellt werden, deren Erfüllung den Konflikt mit dem Gesetz wieder beenden kann. Für viele Jugendliche dürfte der Eindruck entstehen, dass kein großer Wirbel um ihre Straftat gemacht wird, auch wenn diese erheblich war. Diese Art der Konfliktbehandlung scheint eher dazu anzuregen, weitere Delikte zu vermeiden; vielleicht nicht beim ersten Mal, aber zumindest beim zweiten oder dritten. Dafür spricht auch, dass die Rückfallquoten nach ambulanten Maßnahmen erheblich geringer ausfallen als nach Gefängnisaufenthalten: 78 % werden noch erneut straffällig und 45 % kehren wieder in den Vollzug zurück« (Jehle/Heinz/Sutterer 2016, 55).

Strenge Strafen scheinen demnach nicht zu helfen, sondern im Gegenteil eher die eigene negative Identität zu bestärken und so zur Fortsetzung der Straffälligkeit beizutragen. Dafür spricht auch der Ausstieg vieler Mehrfachtäter aus ihrer begonnenen Kriminalitätskarriere, ohne dass ihre Delikte – zumindest nicht alle – offengelegt, angezeigt und zu einer Gerichtsverhandlung geführt hätten (Heinz 2016). Während sie im Alter von 15/16 Jahren 6,5 % unter allen Jugendlichen ausmachen, sind es im Alter von 20 Jahren nur noch 1,5 % (Heinz 2016, 7).

3.5.3 Umgang mit Schuld und Scham bei straffälligen Jugendlichen

Auch wenn es nur eine sehr kleine Gruppe von Jugendlichen betrifft, ist es interessant zu beobachten, wie diese mit der, mit einer Verurteilung verbundenen, Schuldzuweisung umgehen. Weyers hat mit Jugendlichen, die schwere Straftaten begangen haben, narrative Interviews durchgeführt. Bezogen auf die Verarbeitung ihrer Taten konnten sechs verschiedene Typen rekonstruiert werden (Weyers, 2005, 16 ff.):

- Der *reuige Sünder* bewertet seine Tat mit konventionellen moralischen Maßstäben und verurteilt sie. Er sieht sich als schuldig und verantwortlich an. Das wird von starken Schuldgefühlen, Selbstzweifeln und depressiven Stimmungen begleitet.
- Das *Opfer* sieht sich zwar in einer Krise, übernimmt aber keine Verantwortung für seine Tat. Er sieht sich selbst überwiegend als unschuldig an. Andere als er oder ungünstige Umstände haben dazu geführt, dass die Tat stattgefunden hat. Er verleugnet, die Tat selbst gewollt bzw. mit der Tat etwas Bestimmtes für sich selbst gewollt zu haben. Er bedauert sich und seine Situation mehr als das eigentliche Opfer bzw. den Schaden, den er angerichtet hat.
- Der *Held* erzählt dagegen eine Erfolgsgeschichte. Er präsentiert sich als ein erfolgreicher Gangster mit ausschweifendem Lebenswandel. Seine Taten haben sich gelohnt, er hat nichts zu bereuen. Sein Selbstbewusstsein ist scheinbar ungebrochen.
- Der *erwachsen Gewordene* hat einen biographischen Wandel vollzogen. Er bewertet seine Straftat und seine damaligen Einstellungen und Perspektiven stark negativ. Zugleich schaut er auf seine Tat zurück, als habe sie in einem anderen Leben stattgefunden. Er bedauert sie, ist sich aber sicher, dass etwas Ähnliches nicht mehr stattfinden wird. Insofern hat er damit abgeschlossen und wird nicht mehr von Schuldgefühlen heimgesucht.
- Der *dumme Junge* stellt sich als jemand dar, der immer wieder in die gleichen Situationen und Taten hineinrutscht. Er möchte daraus lernen, aber schafft es nicht. Er bekommt sich einfach nicht in den Griff. Zugleich richtet er sich in dieser Selbstdiagnose ein und benutzt sie zur Verleugnung von eigener Verantwortung. Er hat eher keine Schuldgefühle.
- Für den *kriminellen Abweichler* stellt die Delinquenz Teil seines Selbstbildes und seiner Lebensführung dar. Die Gesellschaft wird als strikt geteilt erlebt: Legal hat er keine Chance, seine Ziele und Bedürfnisse lassen sich nur in der Illegalität erreichen. Er zeigt sich von bestimmten Delikten fasziniert und sieht keinen Grund damit aufzuhören.

3 Konflikte von Jugendlichen im Zusammenhang mit Regeln und Grenzen

Weyers schreibt:

> »Die sechs Typen beinhalten unterschiedliche Perspektiven der Akteure auf sich und ihre Taten und unterschiedliche Muster der Integration der Delinquenz in ihre Biographie. Straffällige Jugendliche unterscheiden sich also auch in der retrospektiven Beurteilung ihres Handelns erheblich voneinander« (ebd. 16).

Auf der einen Seite mag es erschreckend erscheinen, dass Verantwortung für die Tat und Schuldgefühle nur bei einem bzw. zwei der Typen überhaupt erlebt werden. Daraus darf man allerdings nicht schließen, dass die moralischen Normen und Werte für die anderen keine Rolle spielen würden. Im Gegenteil: Gerade weil das *Opfer* und der *dumme Junge* diese Werte teilen, müssen sie sich und anderen erklären, warum sie sich nicht daran halten konnten. Auch der *Held* und der *Abweichler* teilen konventionelle Werte wie Anstand, Treue, Fürsorge, reservieren sie aber für ihre Beziehungen mit ihren Freunden, ihrer Familie oder ihrer Gang. Insofern halten auch sie sich wahrscheinlich für »gute Menschen«.

4

Krisenhafte Entwicklungen und ihre Bewältigung bzw. Eskalation

In diesem Kapitel werde ich fünf Fallvignetten vorstellen, die zeigen, wie Jugendliche in Krisen geraten, die auch ihr Verhältnis zu Regeln, Grenzen und Ordnungssystemen betreffen oder daraus resultieren (Günter 2011). Als typisch kann man solche Krisen bezeichnen, weil sie in dem Prozess der Ausbalancierung von Normenorientierung, Eigensinn und sozialer Bezogenheit angelegt sind. Diese Ausbalancierung gelingt selten auf Anhieb und manchmal gar nicht (▶ Kap. 1, ▶ Abb. 2). Sie bedarf einer Übungsphase, in der es beinahe immer zu Verunsicherungen, Fehleinschätzungen und Handlungen kommt, die man später bedauert. Zwei Gründe sind dafür maßgebend: zum einen, dass das Ausbalancieren entwicklungspsychologisch voraussetzungsreich ist. Bestimmte Kompetenzen dafür hat man besser schon zu Beginn der Adoleszenz entwickelt (siehe Serkan ▸ Kap. 1), andere kann und muss man sich im Verlauf des Jugendalters aneignen. Zum anderen, weil man dabei sowohl in der Außen- als auch der eigenen Innenwelt mit neuen verwirrenden Themen in Kontakt kommt.

Manche Jugendliche erkennen das Krisenhafte ihrer Situation, andere nicht (vgl. Adam & Breithaupt-Peters 2003/2010, 22 f.). Manche bewältigen die Krise mehr oder weniger alleine, andere mit der Hilfe von Erwachsenen (Matthias, Alice, Celine), wieder andere nur auf einem Weg der Auseinandersetzung mit Ordnungsmächten (Frank). Freilich gelingt es nicht allen Jugendlichen, die in der Krise angelegten Wendepunkte zu entdecken und zu nutzen; ihre Adoleszenz (beginnt meist schon und) endet mit schweren Belastungen (Ute und Tobias). Auch dann kann es im jungen Erwachsenenalter noch zu Trendwenden kommen, aber eben auch zu lang anhaltenden Chronifizierungen.

4.1 Celine: Die Entwicklung eines Zwangs und seine Auflösung

Celine ist dreizehn Jahre alt und lebt bei ihren Eltern als einziges Kind in gut situierten Verhältnissen. Schon als Kind galt sie als eher ängstlich in Hinsicht auf soziale Kontakte mit Fremden und anderen Kindern, was sich z. B darin ausdrückte, dass sie ungern in die KiTa ging und dort oft weinend verabschiedet werden musste. Auch bei Übernachtungsbesuchen kam es häufig vor, dass sie als Einzige ihrer Freundinnen nicht einschlafen konnte und sich deswegen nachts von ihren Eltern abholen und nach Hause bringen ließ. Ihr Bett stellte schon immer einen Hort der Sicherheit für sie dar, zumindest seit sie es – nach langen zähen Kämpfen – akzeptierte, nachts nicht mehr regelmäßig ins elterliche Bett zu kommen (mit etwa 6 Jahren). In ihrem Bett umgab sie sich mit zahlreichen Kuscheltieren, insbesondere Bären und Pferden, die gleichsam über ihren Schlaf wachten. Mit einsetzender Pubertät wurden diese Tiere aber entfernt und machten selbst genähten Kissen und Puppen Platz. Mit zehn Jahren ging Celine aufs Gymnasium. Sie war eine gute Schülerin, zweifelte aber an ihren Fähigkeiten und setzte sich insbesondere vor Klassenarbeiten erheblich unter Druck. Mit elf, zwölf häuften sich Einladungen zu Partys und gemeinsamen Übernachtungen, erstmals auch in Anwesenheit von ausgewählten Jungen. Celine probierte es, dort teilzunehmen, fühlte sich aber insbesondere nachts dort allein und verloren und bat darum, ihre Eltern anzurufen, um sie abzuholen. In Folge vermied sie solche Einladungen, indem sie einen Tag vorher krank wurde oder ihre Eltern geschickt dazu brachte, etwas anderes zu planen, oder sie bat darum, ihr die Teilnahme zu verbieten. Die Eltern erkannten ihre Not und taten ihr diesen Gefallen.

Kurz nach ihrem 12. Geburtstag fährt die Familie in Urlaub nach Spanien. Vorher hat Celine darauf bestanden, einen neuen Badeanzug zu kaufen, weil ihr der alte als »zu knapp« erschien. Die Mutter muss sich alle Mühe geben, um Celine zu einem für sie passenden Badeanzug zu überreden; sie selbst hätte einen gewählt, der zwei oder drei Nummer zu groß war. Celine fällt in Spanien wegen verschiedener Komplikationen rund um das Thema Essen auf: Zum einen besteht sie auf pünktlichen Essenszeiten (um 18.00 Uhr spätestens 18.30 Uhr), was für die dortigen Verhältnisse früh ist und dazu führt, dass die Familie beinahe regelmäßig allein im Restaurant sitzt. Zum anderen isst Celine nur noch Salate und vermeidet strikt bestimmte Speisen, die sie früher mochte (Fisch, Kapern, Oliven etc.). Bevor sie ins Bett geht, zieht sie die Laken stramm und stopft diese am Bettende unter die Matratze, sodass sie wie in einem Briefkuvert liegt, die Decke trotz hoher Temperaturen oft bis zum Hals. Aus dem Urlaub zurückgekehrt, holt Celine ihre Kuscheltiere ins Bett zurück. Anders als früher müssen diese nun in einer ganz bestimmten Reihenfolge sitzen. Es scheint wichtigere oder mächtigere Kuscheltiere zu geben, die am Kopf und Rumpf platziert werden, und andere, die ans Fußende gestellt werden. Das Laken wird weiter unter die Matratze geschoben, aber zusätzlich durch eine Decke verstärkt. Die Prozedur des Bettrichtens nimmt anfangs 5, später 10 bis 15, dann aber 20 Minuten und länger in Anspruch, weil immer wieder Umgruppierungen vorgenommen werden. Darüber hinaus besteht Celine nun auf pünktlichem Zubettgehen. Um Punkt 20.00 muss alles fertig sein. Alle häuslichen Aktivitäten haben sich dieser Uhrzeit unterzuordnen, danach hat absolute Stille zu herrschen. Die Eltern fühlen sich unter Druck gesetzt, aber passen sich an, da sie ihre Tochter unterstützen wollen. Trotzdem erscheint Celine immer häufiger um 21.00 Uhr oder später, weinend, weil sie nicht einschlafen kann. Drei Tage nach ihrem 13. Geburtstag, eine Menarche hat bisher noch nicht eingesetzt, erfindet Celine ein neues Ritual. Vor dem Richten des Bettes und bald auch ein zweites Mal, nämlich danach, geht sie in den Keller, öffnet die Türe zu einem Raum und schließt diese wieder. Dazu murmelt sie etwas Beschwörendes. Das wiederholt sie zwei- oder dreimal, bevor sie wieder in ihr Zimmer geht.

Zu diesem Zeitpunkt sind die Eltern beunruhigt und überlegen, eine Beratungsstelle aufzusuchen. Dort wird das Verhalten von Celine als Ausdruck ihrer Verunsicherung angesichts der Pubertät und ihrer Herausforderungen gedeutet. Insbesondere scheint sie von Körperängsten heimgesucht, konkret hat sie anscheinend die Phantasie entwickelt, dass etwas in ihr Bett eindringen und ihr Schaden zufügen könnte. Man darf dabei auch an eine sexuelle Symbolik denken bzw. an Ängste rund um das Thema Sexualität. Gleichzeitig arbeitet die Beraterin heraus, was in der Entwicklung von Celine altersgemäß und erfreulich verläuft: Celine hat inzwischen stabil gute Noten, der Stress scheint ein wenig nachgelassen zu haben. Celine geht seit Jahren regelmäßig einmal in der Woche reiten und hat dort sowohl mit den Pferden als auch mit den Mädchen in der Gruppe – ne-

4.1 Celine: Die Entwicklung eines Zwangs und seine Auflösung

ben manchen Konkurrenzen – durchaus auch Freude und Spaß. Die Beraterin rät von der Konsultation eines Kinderpsychiaters ab und setzt darauf, dass es sich um eine pubertäre Übergangskrise handelt.

Sie fragt die Mutter, ob sie bereit wäre, Celine möglichst beiläufig von den Selbstzweifeln und Wirren ihrer eigenen Pubertät bzw. Adoleszenz zu erzählen und davon, wie diese sich nach und nach aufgelöst haben. Das kann sich die Mutter gut vorstellen, auch weil sie sich durchaus an schwierige Situationen erinnert, darunter eine schockierende Begegnung mit einem Exhibitionisten. Die Beraterin fordert die Eltern aber dazu auf, eigene Bedürfnisse wie z. B. späteres Essengehen oder abendliches Fernsehschauen als eigene Bedürfnisse ernst zu nehmen und zu praktizieren, egal ob Celine damit einverstanden ist oder nicht. Sie müssten gemeinsam als Eltern dafür Sorge tragen, dass ihr Familienleben nicht weiter in den Bann der Zwänge hineingezogen wird.

Bei einer Städtereise nach London kommt es zu einer Panne: Das Hotel kann nur ein Familienzimmer zu Verfügung stellen, nicht wie geplant eines für Celine und eines für die Eltern. So kommt es zu fünf gemeinsam verbrachten Abenden in einem Raum, die die Familie mal lesend, mal etwas gemeinsam spielend verbringt, nachdem sie gemeinsam essen oder im Kino waren. Im Beisein ihrer Eltern reduziert Celine das Bettmachritual auf das Einstopfen des Bettlakens. Celine hat fünf Nächte lang keine Gelegenheit für ihr Türritual. Auf dem Weg nach Hause spricht der Vater Celine etwa so an: »Hör mal, das mit dem Keller und der Türe, das finden Mama und ich schon länger ein wenig komisch. Ich glaube, du kannst das jetzt wieder lassen. Die letzten Tage ging es ja auch prima ohne ... .«

Tatsächlich gibt Celine das Ritual auf. Nach zwei Wochen räumt sie die Kuscheltiere wieder weg. Einige stehen nun auf der Fensterbank, andere werden in den Keller gebracht, in denselben Karton, aus dem sie geholt worden sind. Celine befragt die Mutter nun von sich aus häufiger über deren Kindheit und Jugend und das junge Erwachsenenalter. Eingeleitet wird das formelhaft mit: »Mama, wolltest du mir nicht noch was erzählen von deiner Jugendzeit...?« Beim Reiten hat Celine Erfolge: Zweimal gewinnt sie einen Springpokal und bekommt dafür auch soziale Anerkennung seitens ihrer Peers. Die weitere Entwicklung von Celine verläuft in den nächsten Jahren unauffällig.

Thema: Während viele Jugendliche gegen viele Regeln und Ordnungen rebellieren und sie in Frage stellen, werden diese von einer kleinen Gruppe dagegen strikt befolgt und als unumstößliche Gesetze behandelt. Bei Celine bezieht sich das insbesondere auf schulische Anforderungen sowie Essens- und Schlafenszeiten. Das strikte Einhalten dieser Ordnungen scheint ihr ein Gefühl von Schutz und Sicherheit zu gewähren. Damit treten sie aber zugleich in den Dienst einer Abwehr. Abgewehrt werden Ängste, die hier vermutlich um das Thema Sexualität, aber auch um aggressive Impulse kreisen (siehe dazu das nächste Beispiel). In den Dienst der Abwehr gestellte Regeln und Normen entwickeln sich häufig zu Zwängen. Während Ordnungen Orientierung bieten und deshalb inneren Aufruhr beruhigen (können), bringen Zwänge neue Ängste hervor, die auch von penibel eingehaltenen Ritualen nicht mehr beschwichtigt werden können. Zwänge machen mehr Stress, als sie eindämmen. Ordnungen und Rituale verlieren zudem ihre sozialen Bezüge und isolieren von anderen Menschen, weil man selbst spürt, dass sie bizarr sind, und man Angst haben muss, dass sie nicht verstanden werden können.

Typisch: Typisch dürfte sein, dass es sich um ein Mädchen handelt, die den oben beschriebenen Zwang entwickelt. Während Jungen oft externalisierend agieren, d. h. ihre Unsicherheiten und Aggressionen nach außen wenden und andere einschüchtern, schlagen oder bestehlen, internalisieren weibliche Jugendliche deutlich häufiger ihre Konflikte und entwickeln dabei psychosomatische Symptome, selbstverletzendes Verhalten, Depressionen oder Zwangssymptome. Die Psychologin Carol Gilligan bringt das auch mit einer anderen moralischen Ordnung in Verbindung, in der Fürsorge- und Gerechtigkeitswünsche und -überzeugungen weit deutlicher ausgeprägt seien als in den Moralvorstellungen von männlichen Jugendlichen (Gilligan 1982, 89 ff., siehe Göppel 2019, 126). Empirisch hat sich diese Idee wohl nicht bestätigen lassen. Dennoch erscheint es mir sinnvoll, danach zu fragen, warum Mädchen weniger ausagieren und mit ihren Symptomen mehr sich selbst als andere verletzten und damit bei Beobachter*innen eher Betroffenheit auslösen, während sich bei den Taten der Jungen häufiger Empörung und Ärger einstellen. Typisch dürfte es ebenfalls sein, dass die Mutter eine wichtige Führerin durch die Unsicherheiten der Pubertät darstellt, auch wenn der Vater als Begrenzer des Zwangshandelns eine andere, ebenso wichtige Rolle einnimmt. Das Beispiel zeigt, dass gut abgestimmte Eltern keine Angst vor Symptomen ihrer Kinder haben müssen. Gemeinsam können sie die Selbstheilungskräfte ihres Kindes so unterstützen, dass jene wieder verschwinden.

4.2 Alice: eine mörderische Phantasie

Alice Munro ist eine Autorin aus Kanada, die 2009 den Nobelpreis für Literatur verliehen bekommen hat. Viele ihrer Erzählungen tragen autobiographische Züge; die hier vorgestellte Episode bezeichnete sie selbst in einem Interview als »authentisch« (Bartels 2013). Dort beschreibt sie, wie sie im Alter von 14 Jahren nach einer Blinddarmoperation, bei der man ihr auch eine gutartige Geschwulst entfernt hat, einen Sommer lang in eine Krise gerät. Sie kann nicht einschlafen, wälzt sich im Bett und geistert nachts durch den Garten. Einmal trifft sie dort auf ihren Vater.
»Keine Albträume?« – »Nein!«.
»Dumme Frage«, sagte er. »Schöne Träume würden dich nicht aus dem Bett scheuchen.«

4 Krisenhafte Entwicklungen und ihre Bewältigung bzw. Eskalation

> Er wartete ab, ob noch etwas kam, er fragte nichts. Ich hatte vor, mich zurückzunehmen, aber ich redete weiter. Die Wahrheit kam mit nur wenigen Abstrichen heraus. Als ich von meiner kleinen Schwester sprach, sagte ich, dass ich Angst hatte, ihr weh zu tun. Ich glaubte, das wäre genug, er würde schon wissen, was ich meinte. »Sie zu erwürgen«, sagte ich dann. Ich konnte mich doch nicht bremsen. Jetzt konnte ich es nicht mehr ungesagt machen. Ich konnte nicht mehr zu der Person zurückkehren, die ich zuvor gewesen war. Mein Vater hatte es gehört. Er hatte gehört, dass ich mich für fähig hielt, ohne Grund die kleine Catherine in ihrem Schlaf zu erwürgen.
> Er sagte: »Tja.« Dann sagte er, kein Grund zur Sorge. »Menschen haben manchmal solche Gedanken.« Er sagte das ganz ernsthaft und ohne jede Beunruhigung, nicht erschrocken, auch nicht überrascht. Die Menschen haben solche Gedanken oder auch Ängste, wenn du so willst, aber das ist wirklich kein Grund zur Sorge, nicht mehr als ein Traum, denk ich mal.« Er sagte nicht ausdrücklich, es bestehe keine Gefahr, dass ich so etwas täte. Er schien es eher für selbstverständlich zu halten... .« (Munro 2013, 174).

Thema: Die Jugendliche Alice scheint mit einer Phantasie schwanger zu gehen, die sie schon eine ganze Zeit lang bedrückt. Sie muss wach bleiben, um sicherzugehen, dass sie bei abgedimmtem Bewusstsein nicht etwas Unkontrolliertes tut. Sie hat Angst, ihre kleine Schwester töten zu können. Man kann vermuten, dass diese Angst etwas mit dem Tumor zu tun hat, der zufällig entdeckt und entfernt wurde. Auch hier war in ihrem Inneren etwas durcheinandergeraten und hatte sich insgeheim etwas potenziell Bedrohliches entwickelt, das vorher nicht absehbar war. Zwar war der Tumor nicht bösartig, aber wer weiß, was das nächste Mal der Fall ist und was sich dort sonst noch alles zusammenbrauen kann.

Der Vater von Alice besitzt ausreichend Lebenserfahrung, um angesichts der Mordphantasie nicht zu erschrecken. Er kann die dunklen Gefühle seiner Tochter annehmen, ohne über sie zu er-

4.2 Alice: eine mörderische Phantasie

schrecken. Das ist umso wichtiger, als sich diese Phantasie auf seine zweite Tochter bezieht, die Kleine, den Sonnenschein der Familie. Ihm gelingt es, die Besorgnis seiner Tochter ernst zu nehmen und zugleich als Angst oder Phantasie zu rahmen. Er relativiert die Phantasie, aber räumt ihr zugleich einen Platz ein. »So sind wir Menschen.« Damit führt er sie zugleich in ein wichtiges Wissen ein, das man wohl noch nicht mit einem Kind, sondern erst mit einer Jugendlichen teilen kann. In gewisser Weise nimmt er sie damit in den Kreis der Erwachsenen auf, da er sie auf eine Ebene mit sich und Seinesgleichen stellt. Und er fokussiert auf den zentralen Unterschied zwischen unwillkürlichen Phantasien und Handeln; die einen kommen und gehen, in Handlungen umsetzen muss man sie noch lange nicht.

Die wenigen Sätze, die er sagt, scheinen auszureichen. Die Phantasie verblasst, wird als weniger bedrängend erlebt und bald kann Alice wieder schlafen.

Typisch: Eine typische Erfahrung des Jugendalters besteht darin, mit den Abgründen im eigenen Selbst in Kontakt zu kommen. Im Zusammenhang mit Träumen, mit Literatur oder Filmen, aber auch aufgrund des Erlebens eigener Impulse kann man sich auf einmal vorstellen, jemanden umzubringen, verrückt zu werden oder sich selbst von einer Brücke zu stürzen. Das sind zunächst nur Phantasien. Aber weil es neue und intensiv gefühlte Phantasien sind, fordern sie den Jugendlichen heraus. Die Frage stellt sich, wie stark sie in den Ordnungen dieser Welt verankert sind und wie gut sie sich selbst und ihre Impulse kontrollieren können, oder ob sie etwas aus der Bahn werfen und Amok laufen lassen könnte.

Kinder handeln – zum Teil hoch aggressiv – und leiden darunter in Form von Schuld- oder Schamgefühlen. Aber sie sorgen sich in der Regel noch nicht darum, ob ihr Verhalten als normal oder pathologisch bzw. abnorm eingeschätzt wird. Das ändert sich im Jugendalter. Jugendliche stoßen in ihrem eigenen Selbst auf dunkle Triebe, auf archaische Abgründe und irrationale Ängste, wie sie jeder Mensch in sich trägt, so sehr er sich auch um dessen Domestizierung bemühen mag. Normalität, so die realistische Einsicht, kann zusammenbrechen und von plötzlich ausbrechenden, mächtigen Kräften hinweggefegt werden. Daher das Interesse am Genre der Horrorfilme, die diese Einsicht bestätigen und unterschiedliche Szenarien anbieten, wie es nach diesem Einbruch des Fremden weitergeht.

Munro beschreibt in der Geschichte einen günstigen Ausgang für die Jugendliche Alice und macht zugleich deutlich, dass es sich für sie um ein Schlüsselerlebnis handelt. Vermutlich konnte sie als Schriftstellerin diese unauslotbaren dunklen Abgründe in uns allen so treffend imaginieren, weil sie um deren Unausweichlichkeit wusste. Kein Wunder, dass der Tod in ihren Erzählungen allgegenwärtig ist, wie auch destruktive Impulse, und dass in ihren Erzählungen immer wieder junge Menschen eine Rolle spielen, die zu Opfern werden.

4.3 Matthias: von beiden Eltern verlassen

Matthias ist zwölf Jahre alt, als sein Vater die Familie verlässt. Eine junge Frau aus der Nachbarschaft, die selbst noch bei ihren Eltern lebt (gerade 20 Jahre) und der gestandene Familienvater, 42 Jahre alt, in der Computerbranche tätig, haben sich ineinander verliebt und beschließen zusammenzuziehen. Das löst – neben der Krise in der Familie – einigen Wirbel in der Nachbarschaft aus. Die Leute reden ... Anfangs besucht der Vater Matthias und seine beiden jüngeren Schwestern noch regelmäßig oder holt die Kinder für Ausflüge ab. Aber nach zwei Jahren zieht das neue Paar in eine andere Stadt und gründet dort eine neue Familie. Matthias weigert sich zunehmend, die wöchentlichen Telefonate mit ihm zu führen. Auch für die Mutter stellt die Trennung anfangs einen Schock dar. Sie ist selbst erst Mitte Dreißig und beschließt, sich von diesem Tiefschlag nicht unterkriegen zu lassen. Sie wechselt die Arbeitsstelle und ist nun wieder den ganzen Tag beschäftigt, weil sie möchte, dass sie und ihre Kinder den Lebensstandard halten können, den sie bis jetzt gewohnt waren. Dafür arbeitet sie hart, erwartet aber von ihren Kindern, dass sie häusliche Pflichten übernehmen und keine Probleme machen. Am Wochenende geht sie gemeinsam mit ihren Freundinnen regelmäßig aus und kommt spät abends, manchmal auch erst am Morgen nach Hause. Matthias wird an diesen Abenden als Babysitter gebraucht und findet das anfangs auch in Ordnung, weil er so selbst länger aufbleiben kann. Die Mutter bringt nie einen Mann nach Hause, führt aber während der Woche ausgedehnte Telefonate mit Freundinnen und mit Liebhabern, von denen Matthias einiges mitbekommt. Mit etwas über 13 fängt er an, die Schule zu schwänzen. Ein- bis zweimal die Woche verbringt er den Morgen in Kaufhäusern, in denen er PC-Spiele ausprobieren kann. Dort spricht ihn eines Tages auch ein Mann an und bezahlt ihm ein PC-Spiel, das Matthias schon lange haben möchte, sich aber nicht leisten kann. Der Mann lädt Matthias beim zweiten oder dritten Kontakt zu sich nach Hause ein. Matthias folgt dieser Einladung und ist entsetzt, als der Mann ihn zu sexuellen Kontakten auffordert. Er bricht den Kontakt sofort ab. Er schwänzt weiter die Schule und beginnt Alkohol zu trinken, anfangs nur an den Abenden, an denen er als Babysitter gebraucht wird, später, als die Mutter dafür sorgt, dass kein Alkohol im Haus ist, mit Freunden. Während der Woche kommt er nun immer häufiger erst nach 22 Uhr nach Hause, häufig angetrunken. Zweimal wird er von Passanten so betrunken aufgefunden, dass ihm in der Klinik der Magen ausgepumpt werden muss. Die Mutter ist besorgt und wendet sich an das Jugendamt. Sie bricht allerdings den Kontakt ab, als sie eine Familienhelferin angeboten bekommt und meint, Vorwürfe in der Stimme der Sozialarbeiterin gehört zu haben. Matthias trinkt weiter und stiehlt nun auch häufiger Alkohol und Zigaretten. Innerhalb von einem Monat wird er dabei drei Mal erwischt und jedes Mal von der Polizei nach Hause gebracht. Es hagelt Vorwürfe von Seiten der Mutter. Sie verbietet ihm, abends länger als bis 19.00 Uhr auf der Straße zu sein; Matthias hält sich nicht daran. Die Mutter ist verzweifelt und wendet sich noch einmal ans Jugendamt. Sie möchte, dass Matthias in ein Heim kommt.

In der Schule beraten die Lehrer*innen, wie sie weiter mit Matthias verfahren sollen. Er hat an 33 Tagen im Schuljahr ganz und an weiteren 14 stundenweise gefehlt. Seine Versetzung ist gefährdet. Sie wissen um die häusliche Misere; die Mutter hat ihnen eingestanden, dass sie selbst nicht weiter weiß. Einige Lehrer*innen kennen ihn schon seit Jahren und erinnern sich, dass er früher ein guter und beliebter Schüler war. Insbesondere hatte er sich zwei Schuljahre mit großem Einsatz im Schulgarten engagiert und sich dort für den Bau von Nistkästen für Vögel und Käfer stark gemacht, weil ihn diese Tiere immer schon interessiert hatten. So kommt sein früherer Naturkundelehrer, der den Schulgarten betreut hatte, auf die Idee, Matthias anzubieten, in seine Umweltschutz-AG zu kommen. Er ist so klug, diese Einladung nicht an einen regelmäßigen Schulbesuch zu binden. Nachmittags unternimmt er mit interessierten Schüler*innen naturkundliche Exkursionen und arbeitet mit ihnen in Renaturierungsprojekten. Er schreibt Matthias einen Brief, in dem er ihn um seine Mithilfe beim Anlegen eines Feuchtbiotops bittet. Matthias kommt zu dem vereinbarten Termin. Er wird von der Gruppe, die aus 10–14 Schüler*innen verschiedener Altersstufen besteht, herzlich aufgenommen und scheint seinerseits den unbeschwerten gemeinsamen Nachmittag zu genießen, auch wenn der Lehrer ihm das Rauchen mit Blick auf die Jüngeren verbietet. Matthias kommt nach dem ersten Termin beinahe regelmäßig in die Umwelt-AG. Auch sein Schulbesuch verstetigt sich wieder, wenn auch erst nach und nach. Er besteht das Schuljahr nicht, aber bekommt angeboten, am Ende der Ferien eine Nachprüfung ableisten zu können. Der Naturkundelehrer organisiert einen Studenten der PH, der Matthias Nachhilfe gibt und ebenfalls in Sachen Naturschutz engagiert ist. Dieser nimmt

4.3 Matthias: von beiden Eltern verlassen

Matthias auch zu Treffen einer Naturschutzorganisation mit. Matthias schafft die Nachprüfung und muss die Klasse nicht verlassen. Er geht nun regelmäßig sowohl zu Treffen der Jugendabteilung der Naturschutzorganisation wie auch der Umwelt-AG der Schule. Dort findet er auch eine Freundin. Dieser zuliebe stellt er das Rauchen und Trinken komplett ein. Im Alter von 17,3 Jahren hat Matthias einen qualifizierten Hauptschulabschluss geschafft und einen Ausbildungsplatz als Landschaftsgärtner gefunden. Er wird zum Sprecher der Jugendabteilung der Organisation gewählt, in der er inzwischen eine Heimat gefunden hat.

Thema: Matthias gerät in eine massive Krise. Er hat den Glauben an die Werte verloren, die ihm bisher selbstverständlich erschienen: Leistungsbereitschaft, Selbstkontrolle, Rücksichtnahme und Familienorientierung. Er lässt alle auf einmal fahren. Mitten in diese Schutzlosigkeit fällt dann auch noch ein verwirrendes Erlebnis mit einem sexuellen Angebot, das ihn vor den Kopf stößt. Alle Erwachsenen scheinen merkwürdig verdreht zu sein. Man kann ihnen auf keinen Fall trauen. In dieser Situation zeigen Lehrer*innen, die ihn schon eine ganze Weile kennen, dass sie für ihn da sein wollen. Ohne dass ihnen das klar ist, bieten sie sich an, ein Stück weit Elternaufgaben übernehmen. Matthias kann sich darauf einlassen. Er stößt in der Umwelt-AG und später der Naturschutzorganisation auf ein Sachthema, das ihn immer schon interessiert hat. Sicherlich weist es auch Bezüge zu seiner inneren Situation auf: denn auch Matthias stellt eine bedrohte Spezies dar, deren Umwelt nicht mehr das zur Verfügung stellt, was er zum Aufwachsen braucht; auch er ist auf der Suche nach einem Nistkasten, in dem er zur Ruhe kommen und sich sicher fühlen kann. Er kann damit aber gleichzeitig an eine positive Identität anknüpfen, wie er sie schon über sein Engagement im Schulgarten gespiegelt bekam, jetzt aber in neuen jugendgemäßeren sozialen Zusammenhängen: einer Gruppe von Gleichgesinnten, die zwar unter der Führung eines Erwachsenen, aber bald auch eigenständig das Thema Naturschutz weitertreiben. Der Lehrer und der Nachhilfestudent bieten ihm die vermisste väterliche Zuwendung in der Doppelgestalt von älterem vertrauenswürdigen Mann und großem Bruder. Von beiden Männern fühlt sich Matthias zugleich unterstützt und anerkannt. Wahrscheinlich hilft ihm diese männliche Rückendeckung auch dabei, eine Beziehung mit einer Gleichaltrigen einzugehen. Wichtig ist, dass diese Unterstützung zunächst an keine Gegenerwartung gekoppelt ist: Matthias musste nie versprechen oder in Aussicht stellen, wieder regelmäßig in die Schule zu kommen. Das war seine Entscheidung. Dieser Respekt vor seiner Autonomie dürfte ein wichtiger Anstoß für seine Umorientierung gewesen sein.

Typisch: Matthias ist (im Gegensatz zu Tobias) ein *late beginner* (Patterson 1982). Er hat eine halbwegs glückliche und stabile Kindheit erlebt, das Problemverhalten setzt erst relativ spät ein. Der Beginn fällt mit einer einschneidenden familiären Krise zusammen: Er wird von seinem Vater in einem Alter verlassen, in dem er ihn dringend als Orientierung und Lotsen bräuchte. Für Matthias ist es wie für alle Jugendlichen schwierig, wenn Eltern zeitgleich mit ihren Kindern (noch einmal) »jugendlich« sein wollen, gerade auch im Hinblick auf Liebe und Sexualität, die beide Eltern nach ihrer Trennung noch einmal in eher jugendgemäßen Formen suchen. Das wirkt sich beinahe immer verwirrend und hemmend auf ihre Kinder aus. Insofern hat Matthias in mehrfacher Hinsicht Grund, sich von beiden Eltern verlassen zu fühlen. Er zeigt in typischer Weise auf, wie Jugendliche auf Enttäuschungen durch ihre bisher wichtigsten Beziehungspersonen reagieren. Sie bestrafen ihre Eltern mit Regelbrüchen und Grenzüberschreitungen, weil sie den Eindruck haben, dass die Eltern auch ihnen gegenüber zentrale Zusicherungen gebrochen haben: »Ich bin für dich da«, lautet eine dieser Zusicherungen, »Du bist der Jugendliche, ich begleite dich dabei als reifer Erwachsener«, könnte eine andere lauten.

4.4 Frank: ein drogenabhängiger, krimineller Jungunternehmer lernt das Fürchten und steuert um

Franks Eltern hatten sich früh getrennt, worauf er zeitweise bei seiner psychisch labilen Mutter, zeitweise bei seiner für diese einspringenden Großmutter aufgewachsen war (ausführlicher in Schwabe, 2013, 136 ff.). Zum Vater bestand kein Kontakt mehr. Frank beschreibt sich selbst als einen Jungen mit starkem Bewegungsdrang und heftigen Wutausbrüchen, die ihn immer wieder in Konflikt mit seiner Umwelt brachten. Schon während seiner Schulzeit in Berlin kam er mit Drogen in Kontakt und wurde bereits mit 14 Jahren zum Kleindealer für Haschisch und Marihuana. Diese Tätigkeit ermöglichte ihm rasch Gewinne zwischen 300 und 400 Mark (2001) in der Woche. Damit finanzierte er seinen eigenen Haschischkonsum und kaufte sich gelegentlich auch das eine oder andere technische Gerät. Ansonsten hortete er das Geld und führte einen eher unauffälligen Lebenswandel. Der regelmäßige Schulbesuch trat mehr und mehr in den Hintergrund und wurde schließlich ganz aufgegeben. Nachdem sich Konflikte mit Mutter und Großmutter, denen seine Aktivitäten nicht verborgen blieben, gehäuft hatten, wurde er der gemeinsamen Wohnung verwiesen. Frank wurde in einem niederschwelligen Wohnprojekt aufgenommen, in dem er seine Dealertätigkeiten ungeniert und ungestört fortsetzte, nun auch mit lukrativeren Angeboten wie Koks und Amphetaminen, die er bei Bestellung per Handy ins Haus lieferte.

Frank berichtet rückblickend über seinen Tagesablauf:

»... wenn ich mein Handy angestellt habe, da waren schon frühmorgens 150 Anrufe in Abwesenheit drauf« (ebd. 138).
Deswegen ist er »...morgens immer aufgestanden, hab ein, zwei Bier getrunken, was gegessen und mir einen Joint angehauen und dann runter gerannt... ich hatte gut zu tun, eigentlich den ganzen Tag, und

war froh, wenn ich abends die Beine hochlegen konnte, den ganzen Tag rumlaufen, das schlaucht...« (ebd.).

»Zu der Zeit hab ich halt gedacht, ich bin abgesichert mit meinen Geschäften und der Kohle, sodass es auf jeden Fall eine Zukunftsperspektive gibt für mich, weil man sieht ja auch, wenn man sich in diesem Viertel umschaut: Da sind Familien, die fahren einen 21er Mercedes und das sind ja heute teilweise keine Drogendealer mehr. Die haben vielleicht so von 16 bis 20 Drogen verkauft, Koks oder so. Die haben ihren Reibach gemacht, aber sind jetzt Clubbesitzer und haben fünf Türsteher oder haben Videotheken. Also man hat ja einen Plan im Kopf, man will ja nicht sein ganzes Leben lang ticken, das hält man auch so psychisch nicht mehr so aus, das ist ja auch voll der Stress und man will irgendwann mal was machen ..., was legal ist« (ebd. 137).

Frank stellt sich als einen viel beschäftigen Jungunternehmer dar, der einen Businessplan im Kopf hat und diesen auch gezielt umsetzt. Trotz seines eigenen Konsums kann er die für seine Geschäfte notwendige Disziplin und Zuverlässigkeit aufbringen. Mit seiner täglich unter Beweis gestellten Tüchtigkeit kann er Unsicherheiten und Verletzungen, die aus anderen Lebensbereichen resultieren, kompensieren. Freilich gerät er damit auch in Konflikte mit säumigen Kunden, die er zum Teil auch mit Drohungen und Gewalt löst – und gerät ins Visier der Polizei.

Zweimal gelingt es ihm zu flüchten und die Polizei an der Nase herumzuführen. Schließlich kennt sie aber seinen Wohnort und führt dort eine Razzia durch. Dabei werden nur kleine Mengen an Drogen sichergestellt, weil Frank sehr viel größere Menge in verschiedenen Verstecken aufbewahrt. Frank kommt bei Gericht mit einer Verwarnung davon und fühlt sich innerlich der Polizei überlegen. Er wird von da an aber – ohne dass er das weiß – observiert. Er setzt sein kriminelles Verhalten fort; Anzeigen wegen Körperverletzungen, die er im Kontakt mit säumigen Kunden und anderen Dealern begangen hat, gehen bei der Polizei ein. Schließlich kommt es zu einer zweiten

4.4 Frank: ein drogenabhängiger, krimineller Jungunternehmer

Razzia, bei der wesentlich mehr Drogen gefunden werden. Frank kommt in Untersuchungshaft und wird angeklagt:

»... da hab ich mir überlegt, na hörst du besser auf, wenigstens für ein halbes Jahr oder Jahr ... weil auf Knast hast du keinen Bock, du brauchst deine Freiheit. Ich finde, das ist eine der schlimmsten Strafen, die sie einem aufbrummen können, so einsperren in eine acht Quadratmeter große Zelle und nur eine Stunde Ausgang, die Vorstellung alleine hat mich ganz krank gemacht...« (ebd. 139).
»...dann hab ich mich halt erkundigt, man kann halt den Knast umgehen, wenn man sagt, ich geh auf ne Therapie...(...) und das war halt genau mein sechzehnter Geburtstag, wo ich in den Entzug gegangen bin« (ebd.).

Diese Entscheidung ist für ihn mit dem Eingeständnis eines Scheiterns verbunden. Wenn er an seine früheren Aufstiegspläne dachte, musste er einräumen:

»Ups, tja, Pech gehabt, du bist nicht der, der es geschafft hat! Wie ärgerlich ... aber den Traum vom Ticker zum Boss von irgendwelchen Läden musst du dir abschminken« (ebd. 139/140).

Allerdings war die Entscheidung für die Vermeidung der Gefängnisstrafe noch nicht die Entscheidung für die Veränderung seines Lebens als Drogenkonsument und Dealer.

»Ich hab halt gedacht so, machst ein Jahr Pause, bist ja noch jung, kannst danach immer noch weitermachen, machst du halt so ein Jährchen auf ruhig...« (ebd. 140).

Frank bekam eine Gefängnisstrafe, die gerade noch zur Bewährung ausgesetzt werden konnte. Er ging zunächst in eine Einrichtung zur Entgiftung und anschließend in eine andere zur Drogentherapie, die er allerdings schon nach kurzer Zeit wieder abbrach. Trotz des Verstoßes gegen die Auflagen des Gerichts wurde er nicht inhaftiert, aber zur ambulanten Fortsetzung der Therapie aufgefordert. Das scheint in Folge auch überprüft worden zu sein. Als er nachlässig damit umging, kam es zu einer letzten Verwarnung. Danach setzte Frank die Drogentherapie ambulant fort, dieses Mal mit deutlich mehr Eigenmotivation. Innerhalb von zwei Jahren brachte er sie zu einem erfolgreichen Ende und absolvierte in dieser Zeit auch noch einen Anti-Gewalt-Trainingskurs, weil er selbst feststellte, dass er immer wieder in Konfliktsituationen geriet, in denen er in Gefahr war, zuzuschlagen und damit seine Bewährung zu gefährden. Drei Jahre nach seiner Festnahme, inzwischen wieder ein freier Mann, resümiert er:

»Ich bin zufrieden, wie es zurzeit läuft, ich hab zum ersten Mal ne feste Freundin, wo ich halt auch erst mal klarkommen muss so, gewöhn mich gerade wieder an Schule, ich geh auf eine Abendschule, will unbedingt einen Realschulabschluss schaffen (...). Ich will schon was mit Musik machen (...) z. B. kann man ja mit Realschulabschluss Tontechniker machen.«

Beim zweiten Interview zwei Jahre später, Frank ist mittlerweile 21 Jahre alt, bekräftigt er das endgültige Aus seines Drogenkonsums und arbeitet gerade auf sein Fachabitur zu. Er treibt viel Sport, seine musikalischen Interessen hat er dagegen aufgegeben. Noch ein Jahr später hören wir, dass er das Fachabitur bestanden hat und sich anschickt, BWL zu studieren. Es scheint, als habe Frank die Kurve gekriegt.

Thema: Frank entdeckt bereits in jungen Jahren ein alternatives Ordnungssystem, wenn auch ein illegales, dessen Gesetze und Rituale er schnell durchschaut und zu bedienen lernt. Mit Hilfe von Drogen dämpft er die inneren Spannungen, die ihn immer wieder zu zerreißen drohen, und findet dort auch ein Betätigungsfeld. Die Anforderungen und Regeln dieses anderen Ordnungssystems beherrscht er schneller und leichter als z. B. die der Schule. Seine Er-

4.4 Frank: ein drogenabhängiger, krimineller Jungunternehmer

folge führen zu starken Selbstwirksamkeitsüberzeugungen, weswegen er sich in diesem System einrichtet und in ihm seine Zukunft sieht. Das viele Geld, das er dabei verdient, bestätigt ihn darin. Seine Orientierung an einem anderen Ordnungssystem hängt sicher damit zusammen, dass sein erstes Ordnungssystem, die Familie, früh zusammengebrochen ist und weder von der Mutter noch von der Großmutter so repariert bzw. so repräsentiert werden konnte, dass er es als attraktiven Ort hätte erleben können. Frank fühlte sich vermutlich früh einsam und muss selbst für seine emotionale Stabilität sorgen.

Typisch: Frank ignoriert zunächst den Verfolgungsdruck durch die Polizei und fühlt sich dieser sogar überlegen. Auch als sie ihn das zweite Mal stellt, glaubt er seine Karriere noch fortsetzen zu können, wenn er eine Zeitlang die Füße stillhält. Dafür, dass ihm doch noch der Ausstieg aus der eingeschlagenen Karriere gelingt, dürften mehrere Faktoren eine Rolle spielen. Frank kann sich nach der U-Haft vorstellen, wie es ist, längere Zeit im Gefängnis zu verbringen. Dieses Szenario erschreckt ihn nachhaltig. Das möchte er auf keinen Fall. Er braucht seine Freiheit. Deswegen, zur Vermeidung einer glaubhaften und für ihn vorstellbaren Drohung, begibt er sich in Therapie, lässt sich aber ein Schlupfloch offen und riskiert nach kurzer Zeit mit dem Abbruch der Therapie, dass er doch inhaftiert wird. Offensichtlich verhalten sich Richter und Bewährungshelfer einerseits klar, andererseits offen genug und geben ihm eine zweite und auch sogar noch dritte Chance. Die Mischung aus Insistieren und Langmut kommt bei ihm an. Seine Intelligenz und sein Durchhaltevermögen helfen ihm, die Therapie und die Abendschule erfolgreich zu beenden. Das Fachabitur eröffnet ihm gute gesellschaftliche Teilhabechancen in der Legalität.

4.5 Ute und Tobias: Zwei Provinzpunks in der biographischen Sackgasse Großstadt

Ute und Tobias stammten beide aus Mecklenburg-Vorpommern und haben sich dort in einem Heim kennengelernt, als sie beide 15 Jahre alt waren (eine längere Fallversion bei Schwabe u. a. 2013, 114 ff.). Für Tobias war es bereits die sechste Einrichtung nach Unterbringungen in drei Pflegefamilien und zwei anderen Heimen. Seine Mutter war gestorben, als er fünf Jahre alt war, die Familie daraufhin auseinandergebrochen, u. a. weil sein Vater hemmungslos trank. Tobias war während der Jahre seiner öffentlichen Erziehung mehrfach von Betreuer*innen enttäuscht und auch geschlagen worden. Im Alter von 12/13 ließ er sich von Pädagog*innen immer weniger sagen, entwickelte aggressive Verhaltensweisen und entwich immer wieder aus Einrichtungen.

Ute wuchs bei einer alleinerziehenden Mutter auf, die beruflich sehr erfolgreich war und von ihrer Tochter gute Schulnoten und angepasstes Verhalten erwartete. Ute entwickelte in diesem Zusammenhang zunächst Versagensängste und Panikattacken, rebellierte dann aber immer offener gegen die Ansprüche der Mutter und fiel in der Kleinstadt, in der sie lebte, durch Alkoholkonsum und Schuleschwänzen auf. Als weder Mutter noch Tochter mehr zusammenleben wollten, wurde Ulrike ein Platz in einer Wohngruppe angeboten, wo sie mit 15 Jahren auf den nur wenig älteren Tobias traf.

Beide junge Menschen sahen ausgesprochen gut aus. Ulrike fand in Tobias einen starken, beschützenden, männlichen Freund, der sie auf Händen trug. Dass sie den Ansprüchen ihrer Mutter nicht genügte, wurde dadurch kompensiert. Tobias fand in Ulrike eine attraktive Partnerin, die sich gerne an ihn lehnte und sein Organisationstalent, seine Weltläufigkeit und seinen Mut schätzte. Zudem verband sie ihr Interesse an Punkmusik und den Idolen der Punkszene. So entwickelten sie gemeinsam die Idee, das Heim zu verlassen und sich in der Berliner Punkerszene anzusiedeln. Tobias hatte bereits während seiner Entweichungen jeweils für ein paar Wochen in Berlin gelebt und war sich sicher, dort so etwas wie eine Existenz für sie aufbauen zu können. Zudem konnten sie im Heim nicht so eng als Paar zusammenleben, wie sie sich das wünschten, was eine Flucht umso attraktiver machte.

In Berlin schlossen sie sich der Punkerszene auf dem Alex an und verdienten sich etwa vier Wochen lang Geld als Fotomotive für Touristen. Dafür hatten sie sich Szene-typisch mit Hunde- bzw. Stachelhalsband, Nietenjacken, aufgeschlitzten Hosen, martialischen Stiefeln etc. ausstaffiert. Ihre blonden Haare hatten sie gefärbt und in wilden Zickzackmustern beschnitten. Das Paar posierte ausgesprochen erfolgreich und verdiente oft mehr als 100 Euro am Tag, die sie mit anderen Punks teilten und so tatsächlich eine Art von Ersatzfamilie fanden. Zudem nutzten sie die in Berlin mittlerweile gut ausgebaute soziale Infrastruktur für sog. Straßenkids, die aufgrund massiver Spenden aus der Bevölkerung (seltsamerweise vor allem aus Bayern und Baden-Württemberg) »ihren Jugendlichen« Duschen, Schlafsäcke, Waschmöglichkeiten für Bekleidung, medizinische Versorgung etc. zur Verfügung stellen konnte.

Tobias und Ute wurden allerdings bald von der Polizei ausfindig gemacht und ins Heim zurückgebracht. Als sich dieser Zyklus wiederholte, konnten sie ihren Eltern (der Mutter bei Ulrike) bzw. gesetzlichen Vormündern (bei Tobias) klarmachen, dass sie weiter abhauen würden, wenn man sie zwänge, in die Provinz zurückzukehren oder gar erneut in einem Heim zu leben. Die beiden zuständigen Jugendämter einigten sich mit den Erziehungsberechtigten und den Jugendlichen darauf, sie in einem niederschwelligen Wohnprojekt für Jugendliche in Berlin unterzubringen, damit sie wenigstens ein Dach über dem Kopf und eine feste Meldeadresse hätten, schließlich waren beide erst gerade 16 Jahre alt.

Das Verbleiben in Berlin, noch dazu in einer eigenen Wohnung, brachte für beide Jugendliche endlich die lang ersehnte

Freiheit. Sie genossen es, ihren Tagesablauf selbst zu bestimmen, nächtelang auf Partys zu gehen, unreglementiert Alkohol zu trinken, Drogen nehmen zu können und Sex miteinander zu haben, wann sie wollten. Endlich konnten sie das Leben führen, das sie sich während der langen und harschen Reglementierungen durch Mutter und Erzieher ausgemalt hatten.

Nach zwei bis drei Monaten schlichen sich aber zunehmend Konflikte in das Paradies ein. Tobias verhielt sich Ulrike gegenüber besitzergreifend und wurde schnell eifersüchtig. Ulrike fand ihn bevormundend und entzog sich ein paar Mal seiner Aufsicht und ließ offen, mit wem sie sich zu was getroffen hatte. Ein paar Mal zettelte Tobias Prügeleien mit anderen männlichen Jugendlichen an, die Ulrike tatsächlich oder vermeintlich angemacht hatten. Zurück in der gemeinsamen Wohnung zeigte sich Ulrike oft lust- und antriebslos und blockierte die Aktivitäten, die Tobias in Bezug auf Stadterkundungen und Erschließung neuer Partymöglichkeiten oder auch neuer sexueller Praktiken vorschlug. Beide ärgerten sich immer wieder übereinander, die Streitigkeiten eskalierten: Er schlug sie, sie ließ ihn nicht mehr in die Wohnung. Beide gingen kurzzeitige Beziehungen mit anderen ein, aber mehr um den anderen zu verletzen, als dass sie daran etwas geschätzt hätten. Zusätzlich kämpften sie – wahrscheinlich auf Grund ihres Lebenswandels und fehlender Hygiene – mit Krankheiten: Beide hatten die Krätze, Ulrike einen chronischen Husten und häufige Blasenentzündungen, Tobias Ekzeme, die immer wieder eiterten. Ihre Ernährung umfasste überwiegend Essen aus Imbissständen, das oft hastig verschlungen wurde und nicht wirklich gesund war. Mit mehreren Punks auf dem Alex hatten er oder sie oder sie sich gemeinsam zerstritten und konnten sich dort nicht mehr blicken lassen. Vieles in ihrem Leben fühlte sich nach gerade sechs Monaten in Berlin desolat an.

Eine neue Einigkeit und Innigkeit entdeckten die beiden erst wieder, als sie anfingen, Heroin zu nehmen, zuerst Tobias heimlich, bis ihm Ulrike auf die Schliche kam und gleiches Recht für beide forderte. Die Wirkung dieser Droge war für beide neu und faszinierend, machte sie aber auch rasch abhängig. Zur Beschaffung des nötigen Geldes musste Tobias zunehmend illegale Aktivitäten begehen, insbesondere nächtliche Überfälle und Raub. Diese gelangen nicht immer; ein paar Mal wurde er auch von anderen verprügelt. Es kann sein, dass er sich deswegen gelegentlich prostituiert hat. Zumindest wurde das auch von Ulrike in Erwägung gezogen, von Tobias aber kategorisch abgelehnt, weswegen es unter dem zunehmenden Suchtdruck zu weiteren Streitigkeiten mit Gewalt kam. Tobias stieg selbst in das Dealen mit Heroin ein und muss in diesem Zusammenhang auch mehrfach Streit mit anderen Dealern bekommen haben, vermutlich auch, weil er diese betrogen und/oder beraubt hatte. Inzwischen liefen gegen Tobias mehrere Strafanzeigen und hatten sich einige Personen, die mit ihm offene Rechnungen unterhielten, zusammengetan, um sich an ihm zu rächen. Zweimal geriet Tobias in Hinterhalte und wurde verprügelt. Darauf beschaffte er sich eine Pistole und setzte diese wohl auch ein paar Mal mit dem Ziel der Einschüchterung ein. Inzwischen ermittelten verschiedene Berliner Polizeidienststellen gegen ihn. Zweimal geriet er auch mit Polizisten in körperliche Auseinandersetzungen, als diese ihn kontrollieren oder festnehmen wollten.

In dieser hoch angespannten Situation beschloss Tobias, dass es an der Zeit war, mit dem Heroin aufzuhören. Das Aufsuchen einer Therapieeinrichtung kam für beide nicht in Frage, da ein solcher Ort sie zu stark an den verhassten Heimkontext erinnerte. Ulrike ging ein paar Mal in eine Beratungsstelle, legte aber nicht wirklich ihre Probleme offen. Tobias war sich sicher, dass sie es alleine schaffen konnten. Dabei ging er geplant, umsichtig und fürsorglich vor. Zunächst führte er für sich einen kalten Entzug durch, indem er sich für zehn Tage aufs Land in das Haus eines ehemaligen Betreuers zurückzog. Für Ulrike, die zunächst in Berlin blieb, hinterließ er eine ausreichende Menge Heroin, so dass diese keine Beschaffungsprobleme bekäme. Mit Unterstützung seines ehemaligen Betreuers, aber letztlich ganz auf sich gestellt, meisterte er den Entzug. Danach holte er Ulrike zu sich aufs Land und führte mit ihr einen dosierten Entzug durch, indem er sie mit vorher beiseitegeschafftem Heroin in immer geringeren Dosen langsam über 14 Tage entwöhnte. Der Heroinentzug gelang. Beide haben in den nächsten beiden Jahren kein Heroin mehr konsumiert.

Aber bevor die beiden noch überlegen konnten, wie und wo sie ihr erneut zurückgewonnenes Leben gemeinsam gestalten wollten, wurde klar, dass Ulrike schwanger war (bereits im 4. Monat). Beide waren sich unsicher, ob sie das Kind haben wollten. Aber noch bevor sie diesbezüglich eine Entscheidung treffen konnten, wurde Tobias von der Polizei gestellt und in U-Haft genommen. In der Zeit seiner Inhaftierung kehrte Ulrike zu ihrer Mutter zurück. Unter dem Einfluss ihrer Mutter beschloss sie zum einen, das Kind auszutragen, und zum anderen, den Kontakt zu Tobias abzubrechen. Schon während der Schwangerschaft wurde klar, dass das Kind eine schwere Behinderung aufweisen würde. Diese scheint die Konsequenz massiver toxischer Schäden durch Alkohol- und Drogenkonsum zu sein. Ulrike war darüber sehr traurig, sah aber eine Chance darin, das Kind mit Hilfe ihrer Mutter aufzuziehen. Damit ging eine Wiederannäherung an ihre Mutter, aber auch die endgültige Trennung von Tobias einher. Sie verweigerte ihm einen von seiner Seite dringend gemachten Besuch im Gefängnis, damit er sein Kind sehen könnte.

Tobias wurde aufgrund der massiven Delikte in der Berliner Zeit zu einer vierjährigen Gefängnisstrafe verurteilt. Bei einem Besuch des Autors im Gefängnis zeigte er sich sehr betroffen von der Trennung von Ulrike. Gleichzeitig beschwor er die Berliner Zeit als die beste seines Lebens. Nur damals sei er wirklich frei gewesen. Deswegen gebe es nichts zu bereuen oder zu bedauern.

Thema: Zwei Jugendliche finden sich, die jeder für den anderen einen zentralen Mangel, den sie bisher erlebt haben, kompensieren können. Das setzt starke Emotionen frei: Das Paar fühlt sich da-

4.5 Ute und Tobias: Zwei Provinzpunks

durch zu allem in der Lage und glaubt, dass ihnen die Welt offen steht. Die wechselseitige narzisstische Spiegelung bindet sie aneinander, aber führt sie auch nicht weiter, weil die Abhängigkeit, die sie dadurch eingehen, von ihnen zugleich als kränkend und ängstigend erlebt wird. Man hatte sich vorher autonomer geglaubt und muss nun fürchten, vom anderen verlassen zu werden und in ein Loch zu stürzen. Aus diesen Spannungen heraus verletzen sich beide erneut.

Typisch: Tobias ist ein *early starter,* d. h. seine Biographie wird früh stark belastet, worauf er seinerseits mit Symptomen reagiert, die ihn und seine Umwelt weiter belasten, so dass er weitere Betreuungsarrangements verliert und immer schneller weitergereicht wird. Ulrike gerät in den Bann der hohen Erwartungen ihrer alleinerziehenden Mutter und kann sich daraus nur befreien, indem sie sie verlässt, geht aber gleich darauf die nächste enge Beziehung ein, in der das Drama von enger Bindung, Bevormundung und Rebellion von vorne beginnt. Beide junge Menschen verfügen über eine gute Intelligenz, Ausdauer und viele Talente. Die Autonomieansprüche, die sie stellen, können über weite Strecken als berechtigt angesehen werden, da es ihnen gelingt, ihr Leben in verschiedener Hinsicht selbstständig zu führen. Das Überleben in den ersten Wochen in Berlin und noch mehr der Drogenentzug und die Entwöhnung stellen planerische und logistische Meisterleistungen dar. Vieles gelingt ihnen und dennoch scheitern sie, weil unstillbare Wünsche immer wieder zu neuen Unzufriedenheiten führen. Drogen und insbesondere Heroin verheißen Ruhe und Zufriedenheit, treiben sie aber auch in eine immer hektischere Beschaffungskriminalität. Die frühen biographischen Belastungen münden in Selbst- und Fremdgefährdungen, die ihr Leben nachhaltig und für viele Jahre überschatten: Tobias sitzt für mehrere Jahre im Gefängnis; Ulrike ist zu ihrer Mutter zurückgekehrt und damit in alten Abhängigkeiten. Beiden ist die Ausbalancierung von Normenbeachtung und Eigensinn misslungen, weshalb sie erneut gravierende Einschränkungen ihrer Autonomieansprüche in Kauf nehmen müssen.

5

Selbstbildungsprozesse in Bezug auf Ordnungen, Grenzen und Regeln

In Kapitel 2 (▶ Kap. 2) haben wir in Zusammenhang mit Hip-Hoppern und Skatern verfolgen können, wie genau sich Jugendliche an Regeln halten können und wie engagiert sie sich im Rahmen dieser jugendkulturellen Ordnungssysteme in Lernprozesse stürzen, wenn sie diese anerkennen. Aber auch in den Jugendkulturen stoßen Jugendliche auf *vorgegebene* Regeln und *schon etablierte* Ordnungen. In diesem Kapitel geht es deswegen darum, wie Jugendliche alleine oder gemeinsam *neue* Regeln für ihr Verhalten entwickeln oder Konflikte anlässlich von Grenzüberschreitungen klären, und zwar ohne Interventionen von Erwachsenen oder szenebekannten Autoritäten. Das bezeichnen wir als *Selbstbildungsprozesse* im engeren Sinne.

Im ersten Beispiel schildere ich Beobachtungen rund um die Annäherung zweier Cliquen, einer weiblichen und einer männlichen, in einer Freibadsituation (▶ Kap. 5.1).

Im zweiten Beispiel geht es um den Bericht einer heute Erwachsenen, den sie mit Blick auf ihre Erfahrungen bei zwei Festivals geschrieben hat, die sie als Jugendliche besuchte. Hier steht im Vordergrund, wie Jugendliche in lebenspraktischer und sozialer Hinsicht selbstständig werden (▶ Kap. 5.2).

5.1 Gemeinsames Basteln an einer komplexen Ordnung für erotische Berührungen

In einer Mediengesellschaft haben Jungen und Mädchen bereits viele Bilder im Kopf, wenn es das erste Mal dazu kommt, dass sie sich in erotischer Absicht annähern und einander berühren. Sicher stehen ihnen dafür auch rudimentäre Handlungsskripte zur Verfügung (Klatetzki 2019), die in Filmen, Videos, Bildergeschichten und Büchern angeboten und von den Jugendlichen als Modelle aufgegriffen werden. Dennoch müssen diese Entwürfe und Vorgriffe in die Interaktion mit realen, lebendigen Anderen eingebracht werden und sich dort bewähren oder – wie vielfach nötig, weil sie wirklichkeitsfremde Klischees bedienen – korrigiert und ergänzt werden. Insbesondere die Feinstruktur der erotischen Interaktion, das Wahrnehmen von günstigen Gelegenheiten, das Anbahnen von Kontakten, das Formulieren und Verstehen von Einladungen oder Abweisungen und schließlich das Zusammenspiel von zwei Körpern im Nahbereich verlangen danach, ausprobiert und eingeübt zu werden. Sprachliche, para-sprachliche und expressive Kommunikationen, die nur oder zumindest überwiegend gestisch handelnd ausgetauscht werden können (z. B. Streicheln, Küssen etc.),

5 Selbstbildungsprozesse in Bezug auf Ordnungen, Grenzen und Regeln

müssen für dieses Thema auseinandergenommen und neu zusammengeführt werden, was Missverständnissen Tür und Tor öffnet und sicher immer wieder auch zu Enttäuschungen und schmerzhaften Erlebnissen führt (Bateson 1988, 604). Gleichzeitig ist es ein erster entscheidender Lernprozess, der quasi in eigener Regie, d. h. ohne direkte Beobachtung und Anleitung durch Eltern und Pädagog*innen gestaltet wird, wenn auch im engen Austausch mit den Peers.

Im Sommer 2014 verbrachte ich einen Sommer in einer süddeutschen Kleinstadt. Der Ort verfügte über ein Freibad, das günstig an der S-Bahn-Linie lag, sodass es von mehreren Ortschaften der Umgebung angefahren werden konnte. Während der vier Wochen meines Aufenthalts besuchte ich es beinahe täglich. Die hier auszugsweise geschilderten Beobachtungen ergaben sich ungeplant. Die ersten haben ich nach drei Tagen aus der Erinnerung aufgeschrieben, die anderen zunächst in einem Notizbuch festgehalten und etwa ein Jahr später ins Reine geschrieben.

Die geschilderten Jugendlichen waren nach meinem Eindruck zwischen 12 und 14, vielleicht auch 15 Jahre alt. Ich vermute, dass sich die beiden Gruppen vorher nicht gekannt haben (einzelne vielleicht doch) und auf verschiedene Schulen gingen. Mitgedacht werden müssen bei meinen Schilderungen das heiße Wetter und die nackte Haut bzw. knappe Bekleidung der Jugendlichen. Bei den Jungen waren es überwiegend schlabbrige Shorts; bei den Mädchen durchwegs Bikinis.

20.7. Auch an diesem Tag treffen zuerst die Jungen ein. Zunächst vier, dann nach und nach drei weitere. Ich bin mir nicht bei allen sicher, ob es die gleichen sind wie gestern. Erst spielen sie Fußball und integrieren dabei auch zwei deutlich Jüngere. Gegen 11 wird es ihnen offensichtlich zu heiß und sie wechseln zum Pool. Im noch fast leeren Nichtschwimmerbecken veranstalten sie unter lautem Johlen eine Art Nachlaufen im Wasser, in das Verfolgungsjagden quer über die Wiese integriert werden. Wann man im Becken zu bleiben hat bzw. wann man es aber verlassen darf oder muss, verstehe ich nicht. Ein Junge, nennen wir ihn Hannes, scheint der Tonangebende zu sein, der die Regeln formuliert bzw. erweitert. (...). Gegen 12.00 Uhr kommen die ersten drei weiblichen Jugendlichen. Sie bleiben wie gestern auf der Wiese, cremen sich gegenseitig ein und sonnen sich. Zwei weitere gesellen sich dazu. Erst als Vanessa (so habe ich sie getauft) mit ihrer besten (?) Freundin ankommt und sich die Mädchen ausführlich begrüßt haben (mit wechselseitigen dreifachen Wangenküsschen), nimmt die Gruppe wieder Kontakt mit den Jungen auf. Wieder in einer eher uneindeutigen Form: Zweimal umkreisen sie im Pulk das Schwimmbecken, stehen länger an der Kaltdusche, spritzen sich gegenseitig nass, ignorieren die Jungen aber. Diese rufen einige der Mädchen beim Namen (ob es sich um die wirklichen Namen oder Phantasienamen handelt, weiß ich nicht); diese reagieren aber entweder gar nicht oder werfen einen abweisenden Blick über die Schulter, tuscheln aber miteinander. Abgang der Mädchen.

Eine gute Stunde später kommt es zu direkten Begegnungen. Alle Mädchen (bis auf eines) schwimmen im großen Becken, drei Jungen umkreisen sie und spritzen sie nass. Einige der Mädchen protestieren, andere spritzen zurück. Andere Jungen kommentieren das Geschehen vom Beckenrand. Zweimal nimmt Vanessa die Verfolgung eines Jungen auf, der sich allerdings rasch wegbewegt. Sie ruft ihm Schimpfworte nach (»Hau ab, du Spast!«); er antwortet darauf: »Ja, du Süße!«. Nach etwa 10 Minuten ziehen sich die Mädchen demonstrativ genervt zurück, die Jungen schwimmen weiter oder machen Sprünge vom Beckenrand, bis der Bademeister sie vertreibt. (...).

22.7. Als ich gegen 11.00 Uhr komme, halten sich beide Gruppen am Schwimmerbecken auf. Die Mädchen (erst fünf, später sieben) sitzen eng auf einer Bank oder daneben und unterhalten sich. Die Jungen haben sich gut sichtbar an der Querseite des

Beckens versammelt. Vom Beckenrand aus machen sie Sprünge, vor allem »Arschbomben«, einige auch Salti oder witzig aussehende Zappelbewegungen in der Luft, bevor sie aufs Wasser prallen. Zwei Jungen präsentieren sich mehrfach mit Hinternwackeln oder rhythmischem Schwingen des Beckens, das man als Imitation von Koitusbewegungen auffassen könnte. Mal schauen die Mädchen, wenn auch sich gelangweilt gebend, aus der Ferne zu, mal wenden sie sich demonstrativ ab und schütteln unwillig die Köpfe. Zwei der Jungen, die mutigen unter ihnen (?), darunter Hannes, laufen drei-, viermal zur Bank, sprechen die Mädchen an, gestikulieren, zeigen auf andere Jungen, werden von den Mädchen aber weggeschickt, manchmal auch mit rüden Gesten und Worten. Nach etwa 20 Minuten macht der Schwimmmeister den Sprüngen vom Beckenrand ein Ende. Daraufhin legen sich die Jungen auf die heißen Bodenplatten, beobachten die Mädchen und scheinen über sie zu reden. Schließlich umkreisen die Mädchen den Pool in einer festen Traube, einige untergehakt, zwei Hand in Hand, und gehen an den Jungen vorbei. (...). Eines der Mädchen (nennen wir sie Silke) steigt mit einer demonstrativ angewiderten, gezierten Geste über einen Jungen, vielleicht wie über einen am Boden liegenden Obdachlosen oder über einen Haufen Hundekot, wozu die anderen Mädchen laut und ausgiebig lachen. Beim nächsten Vorbeischlendern versuchen drei Jungen eine Attacke auf die Mädchengruppe, insbesondere um Silke festzuhalten und vermutlich ins Wasser zu schubsen. Sie scheitern aber am sofort formierten erbitterten Widerstand der Mädchengruppe, die laut schreien und sich kollektiv mit Händen und Füßen gegen die Jungen wehren. Die Mädchen ziehen ab, nicht ohne Schimpfworte und Gesten (sich an die Stirne tippen) gegen die Jungen geschleudert zu haben. (...). In den nächsten beiden Stunden nehmen sie keinen Kontakt mehr auf.

23.7. Am nächsten Tag agieren die beiden Gruppen zunächst nebeneinander und ohne Kontakt. Die Mädchen tauschen Handybilder oder Nummern und Adressen aus, die acht Jungen spielen Fußball. Nach etwa zwei Stunden besuchen die Jungen geschlossen die sechs Mädchen auf der Liegewiese. Ich verstehe nicht, was geredet wird, vermute aber, dass es sich um eine Art von Herausforderung handelt. Nach dem Abgang der Jungen sprechen die Mädchen lange und teilweise erregt miteinander, wie man es von Kontroversen kennt. Nach ca. 15 Minuten ziehen sie schließlich gemeinsam Richtung Schwimmerbecken. Die Jungen, die sie aus der Ferne beobachtet haben, bekommen das mit und schließen sich der Gruppe an. (...). Zum ersten Mal kommt es zu einer Art von Gruppenkommunikation, sodass sie in einer eher aufgelösten Formation am Schwimmerbecken auftauchen. Dort entsteht rasch und ohne viele Worte eine Art Spiel, zu dem sich Jungen und Mädchen in zwei Gruppen aufteilen. Immer drei Jungen versuchen eines der Mädchen aus einer der weiblichen Gruppen herauszulösen und ins Wasser zu schubsen. Es ist immer nur eines, das sie ausgewählt haben, sodass allen klar ist, um wen es geht. Die anderen Mädchen helfen aber der Bedrängten sofort und kollektiv, durchaus auch mit Fäusten und Tritten und lautem Geschrei. Die Jungen agieren eher mit gebremster Kraft, ziehen sich immer wieder zurück, beschweren sich aus drei, vier Metern Distanz über die Schläge und Tritte der Mädchen, begutachten ihre Verletzungen und reiben an diesen herum, lachen aber dazu. Einmal gelingt es einer Gruppe, ein Mädchen ins Wasser zu schubsen, worauf zwei von ihnen selbst ins Wasser gestoßen werden. Diese Aktion wird von allen Jungen mit lautem Gejohle begrüßt. Es ist sozusagen der erste Erfolg, der gefeiert wird, wobei darin auch Häme mitschwingt mit Blick auf diejenigen Jungen, die im Wasser gelandet sind. Aber auch die Mädchen werden mutiger: Sie verteidigen sich nicht nur, sondern versuchen ihrerseits, den Angreifer festzuhalten und ins Wasser zu stoßen. Dabei kooperieren die beiden Mädchengruppen und eilen sich gegenseitig zu Hilfe, während die zwei bzw. drei Jungengruppen weiter isoliert agieren. Zweimal in Folge gelingt den Mädchen gemeinsam, was die Jungen bis auf Weiteres nicht mehr schaffen. Daraufhin geben diese ihre anfängliche Vorsicht auf und verstärken ihre Angriffe. Auf Seiten der Mädchen wird ausgiebig und laut gekrischen. In weniger als zwei Minuten höre ich 12-mal »Nein«, »Hör(t) auf« und »Aua« in allen möglichen Tonarten. Einmal fasst ein Junge ein Mädchen so ungeschickt an den Bikini, dass der Träger verrutscht und die Brüste des Mädchens sichtbar werden. Darauf schreit diese so laut, dass alle für einen Moment erstarren. Das Mädchen (nennen wir sie Beate) bringt ihren Bikini wieder in Ordnung, der Übeltäter steht mit hochrotem Kopf daneben und entschuldigt sich kleinlaut. Zwei andere Jungen feixen über den Vorfall und halten sich den Bauch vor Lachen. Sie werden daraufhin von drei anderen Mädchen attackiert, verbal und mit Schubsen. Darauf lassen sie sich zu Boden fallen und rollen sich dort weiter lachend herum. Das betroffene Mädchen hat sich inzwischen wieder gefangen und signalisiert, nachdem sie einen der Jungen (nennen wir ihn Sergio) auf dem Boden kräftig in den Hintern getreten hat, die Rückkehr zum Spiel.

In der nächsten Phase gelingt es den Jungen kurz hintereinander, zwei Mädchen ins Wasser zu schubsen, was sie mit lautem Johlen und Abklatschen feiern. Das Treiben wird wilder und ausgelassener. Alle Mitglieder beider Seiten scheinen stark engagiert und haben nur noch Augen füreinander. Einmal muss ein Vater mit seinem Kind zur Seite springen, um nicht umgerannt zu werden und beschwert sich laut, erhält aber keine Beachtung. Die Mädchen gehen inzwischen dazu über, selbst ins Wasser zu springen, wenn absehbar ist, dass ihre Kräfte bzw. der Widerstand der Gruppe am Brechen ist. Sie fügen sich ins Unvermeidbare, verteidigen so aber auch ein Stück Autonomie. Die Kämpfe gehen weiter. Auf einmal stürzt ein Mädchen auf den aufgerauten Zementboden; sie zieht sich ein blutendes Knie zu, hält ihren Arm und weint. Innerhalb kurzer Zeit haben alle das Spiel unterbrochen. Während sich drei Mädchen um die Verletzte kümmern, schreien drei andere auf die Jungen ein, die den Sturz ausgelöst haben, und beschimpfen sie. Von der spielerischen, aufgekratzten Wettkampfatmosphäre, die noch fünf Minuten zuvor dominierte, ist nichts mehr zu spüren. Die Jungen werden als »brutal« bezeichnet. Mir scheint, dass der Sturz auch andere Mädchen dazu bringt, erlittene Heftigkeiten nachträglich als »zu viel« zu definieren, und dass im Grunde mehrere froh sind, dass das Kampfspiel beendet wird. Das humpelnde Mädchen in ihrer Mitte, ziehen sich die Mädchen auf die Liegewiese zurück. 20 Minuten später ziehen zwei Mädchen mit der Verletzten in der Mitte ab. Zumindest in der nächsten Stunde nehmen die beiden (Rest-)Gruppen keinen Kontakt mehr miteinander auf.

25.7. (...). Offensichtlich versteht man sich wieder. Als ich um 11.00 Uhr komme, liegen die beiden Gruppen gemeinsam auf der Liegewiese, wenn auch mit zwei Meter Abstand in zwei klar voneinander getrennten Gruppen. Die Jugendlichen reden und diskutieren lebhaft etwas, was ich nicht verstehe. Alle zusammen brechen zum Becken auf. Offensichtlich hat man sich zum Schubsen verabredet. Heute sind es Zweier- und Dreierteams, die gegeneinander antreten und auch zusammenbleiben. Erst haben die Jungen deutlich die Übermacht. Nach ein paar besonders schrillen Aua-Schreien bahnt sich eine Veränderung an. In der nächsten halben Stunde landen mehr Jungen im Wasser als Mädchen, auch weil sich die Jungen bereitwillig schubsen lassen. (...) Anfangs sind dazu zwei oder drei Mädchen nötig, bald aber reicht auch die Kraft eines Mädchens aus. Für die Jungen stellt es offensichtlich eine Art von Zuwendung dar. Vielleicht wollen sie den Mädchen aber auch zeigen, dass es gar nicht so schlimm ist, geschubst zu werden.

Später gehen beide Gruppen zusammen weg und spielen Volleyball. Zunächst Jungen gegen Mädchen, dann tauschen mehrere die Seiten, so dass sich gemischte Teams ergeben. (...) Mein Eindruck ist, dass heute für beide Seiten nach der ersten Annäherung und dem wilden Treiben verstärkt Kennenlernen und

Miteinander-Umgehen im Vordergrund stehen. Man könnte auch an vertrauensbildende Maßnahmen denken...

27.7. (...) Heute gibt es wieder das Jägerspiel am Schwimmerbecken, aber die Mädchen halten nicht mehr so strikt zusammen wie noch vor ein paar Tagen. Es sind immer nur ein oder zwei andere Mädchen, die der Bedrängten zur Hilfe kommen. Und sie müssen aufpassen, denn immer wieder lassen die Jungen von der einen ab und schubsen ihre Beschützerin ins Wasser. Jede kann jederzeit zum Opfer werden. Gleichzeitig scheint es heute aber auch attraktiver für die Mädchen zu sein, ins Wasser geschubst zu werden. Zum einen wehren sie sich weniger heftig dagegen, auch wenn weiter viele »Nein«- und »Hört auf«-Schreie ausgestoßen werden. Zum anderen springen sie nicht selbst, sondern warten auf den entscheidenden Stoß eines Jungen. Noch attraktiver scheint es allerdings für drei Mädchen zu sein, an Armen und Beinen gleichzeitig gepackt und erst einmal hin und her geschwungen zu werden, bevor man ins Wasser geschleudert wird (darunter Beate). Dies setzt einiges an Kooperation voraus, weil die Jungen das Mädchen erst in die Horizontale bringen müssen, was ohne das Zutun anderer, aber auch des Mädchens wohl nicht gelingen kann. Silke und Vanessa lassen es jedenfalls nicht zu. Wenn es aber geschieht, halten sich die anderen Mädchen zurück und zählen bei den Schwenkbewegungen sogar lautstark mit: Eins zwei, drei. Vielleicht geht es aber auch darum, in dieses komplizierte Festhalten, Umlegen, Heben, Tragen und Schwingen nicht zu intervenieren, damit kein Unfall geschieht. Mir scheint, dass die Jungen insgesamt zupackender geworden sind und ihre körperliche Überlegenheit deutlicher ausspielen. Gleichzeitig schreien und kreischen die Mädchen heute lauter als sonst (oder kommt es mir nur so vor?). Zweimal schubsen aber auch Jungen einen über seinen Erfolg triumphierenden Jungen ins Wasser, was von Seiten der Mädchen mit Klatschen belohnt wird. Der Junge, nennen wir ihn Benny, hat vorher ausgiebig und direkt am Beckenrand gespielte Muskelprotz-Posen eingenommen, die man gut als Herausforderungen oder Gelegenheiten zum Schubsen interpretieren kann. Vielleicht wollte er auch von den, einigen, einem Mädchen geschubst werden? Die Schubserei wird immer ausgelassener, die Grenzen zwischen den beiden Gruppen lockern sich: Zum ersten Mal sehe ich einen Jungen und zwei Mädchen, die einen Jungen ins Wasser schubsen; zweimal probieren sich auch Mädchen in sexy Posen mit angedeutetem Hinternwackeln, springen aber freiwillig, noch bevor die Jungen sie erreichen (...).

29.7. (....) wieder ausgelassenes Schubsen und Werfen ins Wasser (....). Mein Eindruck ist, dass von Seiten der Mädchen weniger geschrien wird; eine Art Grundkonsens scheint darüber hergestellt zu sein, dass dieses Spiel mit Handgreiflichkeiten verbunden ist und unter anderem auch deswegen Spaß macht. (...).

31.7. (....) ein neues Element sind heute die Handys, mit denen die Aktionen am Becken von drei Mädchen fotografiert werden. Das führt dazu, dass das Schubsen bzw. Werfen von Seiten der Mädchen hinsichtlich der Werfenden bestellt werden kann und somit zum ersten Mal auf Verabredung erfolgt. Die Szenen wirken entsprechend gestellt und kontrolliert. Gleichzeitig verlängern sie den Körperkontakt, weil man – quasi mit dem Mädchen im Arm – warten muss, bis das Foto gut aussieht. Die Jungen gehen zunächst bereitwillig auf die Fotowünsche der Mädchen ein und lassen sich von diesen dirigieren und gruppieren. Sie bieten sich auch an, zu zweit oder als Gruppe fotografiert zu werden, worauf einige Mädchen, wenn auch zögerlich, eingehen. Einzelnen wird das Fotografieren allerdings kategorisch verweigert. Daraus entwickelt sich erst ein Wortwechsel, dann eine Rangelei. Drei Jungen versuchen dem Mädchen, das bisher am stärksten Regie führte, das Handy abzunehmen und als das nicht gelingt, diese ins Wasser zu schubsen oder jedenfalls so zu tun, als ob sie das wollten. Das Mädchen scheint sich aber über den Charakter des Versuchs unsicher zu sein, und beginnt – vermutlich wegen der Gefahr, die sie für ihr Handy sieht – beinahe panisch zu schreien, und bricht in Tränen aus. Der Bademeister kommt, befragt das Mädchen, stellt die Jungen zur Rede und verweist sie aus der Zone um das Becken. Auch auf der Liegewiese scheint das Thema weiter verhandelt zu werden. Mehrere Personen gestikulieren heftig. Einige Mädchen machen den Jungen (so vermute ich) Vorwürfe für ihr rücksichtsloses Verhalten und unterstellen ihnen, das wertvolle Objekt gefährdet zu haben. Die Jungen versuchen (so vermute ich) sich zu verteidigen. Es kommt zu einer Spaltung der Jungengruppe: Drei ziehen um und legen sich demonstrativ ans andere Ende der Wiese (...).

1.8. Heute wieder ausgelassenes Schubsen und Werfen ins Wasser (....). Es geht auch ohne Fotografieren. Der Vorfall von gestern scheint vergessen zu sein oder wurde aufgearbeitet. (...).

3.8. (...) Bisher sind ins Wasser geschubste Mädchen (oder Jungen) immer so schnell wie möglich aus dem Wasser geklettert und wieder in ihre Gruppe zurückgekehrt. Heute sehe ich das erste Mal, dass ein Junge (Benny) einem Mädchen (Silke) nachspringt und den Kontakt mit ihr im Wasser sucht. Sie strampelt aber wild in seine Richtung, er schreit ihr etwas zu und nähert sich ihr. Sie spritzt ihn weiter nass, er taucht unter und packt sie unter Wasser an ihren Beinen. Sie schreit laut und spitz, er taucht neben ihr auf und lacht sie an. Sie spritzt ihn nass, er wiederholt seine Berührungen unter Wasser, sie strampelt weiter, bleibt aber im Wasser. So geht das eine Weile hin und her. Vom Beckenrand schauen zwei, drei Jungen und zwei Mädchen interessiert zu und feuern jeweils einen der beiden an bzw. verteilen Tipps an beide. Eine Stunde später sehe ich drei Mädchen im Wasser, die immer wieder von drei verschiedenen Jungen angeschwommen werden. Diese packen sie tauchend an den Beinen oder berühren sie auch am Rücken. Einer der Jungen lässt sich von den Mädchen auch untertauchen: Er schwimmt so nahe an sie heran, dass sie ihn auf den Kopf fassen und ihn unter Wasser drücken können. Das greifen auch die anderen beiden Jungen auf. Es scheint eine Art Deal zu geben: Wir berühren euch unter Wasser und üben dort die Kontrolle aus, dafür könnt ihr über Wasser Kontrolle ausüben. Gleichzeitig scheint mir aber, dass die Jungen selbst eher vorsichtig sind und in Kauf nehmen, dass sie für zarte Berührungen mit relativ heftigem Unter-Wasser-gedrückt-Werden »bestraft« werden.

Nicht alle Mädchen sind so offensichtlich an intimeren körperlichen Kontakten mit den Jungen interessiert. Zwei scheinen generell mehr Abstand zu suchen (liegen auf der Wiese und lesen) bzw. weiter indirekte Formen zu bevorzugen, da sie später beim Schubsen wieder mit dabei sind. Mit der relativ sanften Art der Annäherung bei einem Teil der Gruppe kontrastiert die zwischen Vanessa und Hannes. Sie schwimmt mit ihrer Freundin, offensichtlich haben sie sich verabredet, eine Anzahl von Bahnen zu schwimmen, und sie unterhalten sich währenddessen. Hannes schwimmt Vanessa dreimal von hinten an, packt sie um die Taille, presst sie kurz an sich und drückt sie unter Wasser. Allerdings achtet er immer darauf, dass sie vorher genügend Luft holen und sich sogar die Nase zuhalten kann. Sie schreit zwar ein paar Mal »Hör auf!« und »Geh weg«, einmal auch »Hau ab. du Bastard«, aber es scheint mir, dass sie eher einen Protest behauptet, aber nicht wirklich so meint. Vielleicht macht Vanessa das auch, um der Freundin, für die sich niemand direkt zu interessieren scheint, zu signalisieren, dass sie diese nicht alleinlassen wird. Als Hannes sich schließlich zurückzieht, schaut Vanessa ihm nach und scheint ihn auch später mit den Augen zu suchen.

(...) Später am Nachmittag versammeln sich alle Jugendlichen bei Eis und Pommes. Es ist das erste Mal, dass ich sie gemeinsam ein kommerzielles Angebot nutzen sehe (vielleicht hat jemand Geburtstag und gibt den anderen etwas aus?). Von weitem sehen die beiden Gruppen inzwischen wie eine Clique aus und lassen sich gegenseitig Eis und Pommes probieren. Dabei wird zwischen zwei Mädchen und zwei Jungen auch am Eis des andern probeweise gelutscht, worauf andere mit Ekelbekundungen reagieren. Die Betroffenen (unter anderem Silke und Benny) reagieren mit Schulterzucken und (wie ich vermute) Rechtfertigungen.

Später lösen sich die drei »Paare« von vorhin (darunter auch die beiden Eislutsch-Paare) und setzen ihre Anschwimm- und Tauchspiele im Wasser fort. Jetzt ist es auch völlig klar, welcher Junge sich dabei auf welches Mädchen bezieht. Neu dazugekommen ist, dass Mädchen und Jungen Wasser in den Mund nehmen und sich gegenseitig nassspritzen. Vanessa und Hannes sitzen am Beckenrand und reden ernsthaft miteinander. Nach einer Weile kommen zwei andere, ältere (?) Jungen dazu und schalten sich ungefragt in das Untertauchspiel ein, das sie offensichtlich falsch aufgefasst haben. Sie tauchen zu zweit ein Mädchen unter (Susanne), das dabei wohl auch Wasser schluckt. Mit hochrotem Kopf und japsend taucht sie wieder auf und verlässt das Becken mit einer Freundin, offensichtlich weinend. Es kommt zu einem erregten Wortwechsel zwischen den Jungen, denen, die untertauchen durften und nun ihre Partnerinnen verloren haben, und denen, die es ungefragt taten. Einen Augenblick sieht es so aus, als würde es zwischen den Jungen zu einer handgreiflichen Auseinandersetzung kommen. Hannes und Vanessa mischen sich ein und treten dabei geschlossen auf (beinahe wirken sie wie ein Paar); die beiden älteren Jungen ziehen sich zurück, machen aber noch Stinkefinger-Zeichen gegen die beiden Wortführer im Wasser. Alle gehen zur Liegewiese zurück und trösten Susanne gemeinsam. Die Sitzordnung hat sich aufgelöst. Jungen sitzen auf den Handtüchern der Mädchen und umgekehrt.

4.8. (....). Die Wasserspiele werden variiert...(...). Aber sonst nichts Neues zwischen den Kids (...).

6.8. (...). Später beobachte ich das erste Mal intimere Szenen. Vanessa und Hannes spielen im Wasser, er schwimmt sie direkt an, stoppt kurz vor ihr, lässt sich von ihr untertauchen und bewegt sich darauf von ihr weg. Sie strampelt in seine Richtung, tritt spielerisch, trifft ihn aber sicher auch ein paar Mal unter Wasser, hält ihn so eine Weile auf Distanz, lässt dann aber zu, dass er sich wieder nähert. Dann umarmen sie sich, pressen ihre Körper zwei, drei Sekunden aneinander, tauchen gemeinsam unter und trennen sich wieder. Diese Sequenz wiederholt sich mindestens sechs Mal. Ich ziehe mich zurück, weil ich mich als Voyeur fühle.

Später am Nachmittag beobachte ich weiter. Auch zwei der Paare vom gestern machen nun ähnliche Spiele (...).

10.8. (...) Zwei Paare haben sich gebildet (Vanessa und Hannes und Beate und Sergio): Sie verlassen das Schwimmbad jeweils den Arm um die Schulter des anderen gelegt, zwar gemeinsam mit den anderen, aber doch deutlich auf einander bezogen bzw. ein Stück weit unabhängig von den anderen. Ihre nun auf Dauer gestellte Berührung mit den links und rechts schlenkernden Tragetaschen sieht noch ein wenig ungeschickt bzw. unbequem aus, wird aber bis zur S-Bahnhaltestelle durchgehalten. Silke und Benny, das dritte sich formierende Paar, laufen allerdings an den entgegengesetzten Endes des Pulkes; zwischen ihnen scheint es eine Krise zu geben oder hat das Sich-Herantasten zu einem negativen Ergebnis geführt (...).

Interpretation

Methodische Vorbemerkung: Zunächst soll in Erinnerung gerufen werden, dass ein Beobachtungstext ebenso viel über den Beobachter aussagt wie über die Beobachteten (von Förster 1993, Glasersfeld 1997). Denn auch in diesem Beispiel ist klar, dass der Beobachter, wie alle Beobachter*innen, eigene Perspektiven in die Beobachtungssituation mitbringt und nur die Phänomene beobachtet, die er sehen kann. Bereits in seine Wahrnehmungen gehen Deutungsmuster ein, die die Phänomene, die er beschreibt, erst hervorbringen. Insofern sind seine Beobachtungen Konstruktionen. Die Beobachterabhängigkeit wird im Folgenden dadurch noch verstärkt, dass der Beobachter auch der Interpret seiner Beobachtungen ist. Dazu hat er einige Passagen aus dem Material ausgewählt und andere weggelassen und schon dadurch Vorauswahlen für mögliche Bedeutungsgebungen getroffen und andere ausgeschlossen.

Für dieses Buch, das keinen Forschungsschwerpunkt besitzt, nehme ich nun aber wieder eine gleichsam naive Position ein und frage: Was haben die Jugendlichen miteinander erlebt bzw. miteinander gelernt? Die Leser*in wird mich dabei kritisch beobachten.

1. Vermutlich kannten sich die beiden Gruppen vorher nicht. Einerseits fanden sie sich rasch gegenseitig interessant und anziehend, andererseits durfte das nicht sofort gezeigt werden. Zumindest die Mädchen spielten zu Beginn die Abweisenden, Genervten, forderten die Jungen aber auch heraus (durch Aufsuchen von Räumen, die diese besetzt hatten, und durch provokative Gesten und Worte). Man kann annehmen, dass es zu Beginn der Kontakte durchaus (Selbst-)Zweifel und Ambivalenzen hinsichtlich der Annäherung gegeben hat. Beide Gruppen mussten sich umorientieren (weg von der Bezugnahme auf die eigene Gruppe) und ihr Interesse am anderen Geschlecht zulassen: Gruppen-öffentlich, aber auch in sich selbst. Damit begeben sie sich – zuminest diejenigen mit wenigen Erfahrungen – in eine Unsicherheitszone, da niemand wusste, ob er bzw. sie attraktiv genug wäre, um in dieser Begegnung willkommen zu sein, oder geschickt genug, sie passend für sich gestalten zu können. Gleichzeitig folgen die Jugendlichen mit der Annäherung auch einer von vielen Medien zum Ausdruck gebrachten gesellschaftlichen Erwartung: In diesem Alter sollte man sich für das andere Geschlecht interessieren, jedenfalls, wenn man sich weiter normal fühlen will. Wehe dem, der das nicht kann oder will (z. B. wegen einer anderen geschlechtlichen Orientierung). Der oder dem drohen Verdächtigungen, peinliche Nachfragen oder sogar Exklusionserfahrungen. Insofern kann man davon

5.1 Gemeinsames Basteln an einer komplexen Ordnung

ausgehen, dass für den Einzelnen eigene Wünsche, aber auch Gruppenzwänge und ein latenter gesellschaftlicher Konformitätsdruck eine Rolle spielen und deswegen in das Verhalten jedes der jungen Menschen unterschiedliche Motive eingehen. Dieser Heterogenität kann meine Beobachtung nicht gerecht werden. Sie homogenisiert die jungen Menschen immer wieder stärker, als es vermutlich der Selbstwahrnehmung entspricht.

2. Wie bereits erwähnt, mussten die Jungen es lernen, mit Ignorieren, Abweisungen und abwertenden Gesten (Silke steigt angewidert über einen Jungen) der Mädchen umzugehen. Wahrscheinlich ist es im Schutz der Gruppe einfacher, die damit verbundenen Kränkungen zu verdauen als alleine. Vielleicht auch, weil man sie gemeinsam besser umdeuten kann: als Formen von Interesse, das sich zunächst tarnt und erst einmal negativ daherkommt. Die Mädchen konnten sich des Interesses der Jungen sicher(er) sein und so auch länger abwägen, ob sie sich einlassen wollten oder nicht. Aber vermutlich stand auch für sie immer wieder die bange Frage im Raum, ob sie das Interesse der oder eines bestimmten Jungen auf sich ziehen könnten oder leer ausgehen und als Zuschauerinnen danebenstehen würden, während die anderen zum Zuge kommen.

3. Die Jungen mussten im direkten Umgang mit den Mädchen die Ausbalancierung zweier gegenläufiger Möglichkeiten erlernen (s. o.). Sie durften weder zu heftig werden oder im Hinblick auf erotisch deutbare Berührungen zu schnell zur Sache kommen noch zu zögerlich, unentschieden oder rücksichtsvoll bleiben. Beides hätte sie in den Augen der Mädchen diskreditiert, zumindest vermute ich, dass sie das angenommen haben.

Bezogen auf den Beobachtungszeitraum der Aktivitäten beider Gruppen lassen sich fünf Phasen unterscheiden:

1. Aufeinander aufmerksam werden; erste Verabredungen und geplante Aktionen;
2. zunehmendes Engagement führt zu ungestümen Aktionen und in deren Folge zu Vorfällen und Krisen (herausgerutschte Brust, blutiges Knie, Handypanik);

3. zurückhaltender Körpereinsatz von Seiten der Jungen; den Mädchen werden größere Spielräume eröffnet: Mehr Jungen landen im Wasser als Mädchen;
4. wechselseitig befriedigende Spaß-Kämpfe, in die neue Formen integriert werden (posieren, fotografieren, die Dreier-Schaukel mit behutsamem Umlegen des Körpers). Parallel dazu werden die Gruppenaktivitäten und Begegnungsformen erweitert (Volleyball, Eis essen etc.);
5. zunehmende Erotisierung der Berührungen und Paarbildung bei einem Teil der Gruppe.

Das Ziel des Lernprozesses könnte man für die Jungen beschreiben mit »beherztes Zupacken mit Augenmaß«. Die richtige, d.h. eine für sie passende Mischung aus Aggressivität und Kontrolle wurde von den Mädchen genau beobachtet. Inwieweit die Jungen auch sexuelle Erregung und Gier gleichzeitig zulassen und kontrollieren mussten, lasse ich offen. Erektionen, die man für wahrscheinlich halten könnte, sah ich keine. Der Unfall mit Sturz und blutendem Knie zeigt jedenfalls, dass Erregung – auf welcher Seite auch immer – überhandnehmen und das spielerische Gerangel entgleisen kann. Das haben die Mädchen zweimal deutlich markiert. Das Herausrutschen der Brust wird einem Jungen angelastet, bestraft werden aber die, die darüber lachen. Das blutige Knie und der geprellte Arm führen dagegen zu einer Krise, aus der gelernt wurde und die bewältigt werden konnte.

Im Vergleich dazu durften die Mädchen nach meinem Eindruck ungehemmter agieren. Wenn sie schlugen oder traten oder ihrerseits schubsten, wurde von den Jungen nicht darauf geachtet, ob es »brutal« sei. Im Gegenteil: Die Jungen nahmen eine Umdeutung vor und begrüßten die ihnen zugefügten Schmerzen als Zeichen aktiver Zuwendung. Mädchen, die sich effektiv wehren konnten, wurde Respekt gezollt. Insofern mutet dieser Lernprozess auf dem Hintergrund je anderer Rollenzuweisungen den beiden Geschlechtern Unterschiedliches zu: Jungen müssen ihre Kräfte dosieren lernen, Mädchen ihre Kräfte voll zum Einsatz zu bringen.

4. Die Mädchen lernen aber auch, sich von den Angehörigen des anderen Geschlechts grob anfassen und schubsen zu lassen; genauer: sich dem Zugriff und den überlegenen Kräften eines interessierten Fremden anzuvertrauen und die Kontrolle über ihren Körper zeitweise aufzugeben. Handlungen, die üblicherweise eine Grenzverletzung darstellen würden, wurden hier probeweise riskiert bzw. gebilligt und irgendwann, so meine Vermutung, auch gewünscht und als lustvoll erlebt. Dass kraftvolle Berührungen und heftige Bewegungen als interessant und lustvoll erlebt werden können, ist keinesfalls selbstverständlich und gilt auch nur für bestimmte soziale Kontexte. Dabei kann man mit Michael Balint durchaus an »Angstlust« denken (Balint 1972). Die Schreie der Mädchen erinnern nicht zufällig an solche, die man aus Achterbahnen hört. Auch dort kommt es zu einem kinetischen Überwältigungserlebnis, wenn auch ganz anderer Art. Diese heikle und vermutlich angstbesetzte Preisgabe der eigenen Körpergrenzen und der kinetischen Souveränität (geschubst und geschleudert zu werden) findet – anders als bei der späteren genitalen Sexualität – unter mehrfacher Beobachtung statt: Zum einen sind da die Peers, insbesondere die anderen Mädchen, die sofort zur Stelle sind, wenn einer von ihnen Schaden droht. Als genauso, wenn auch anders wichtig kann die meist Hintergrund bleibende Schwimmbadöffentlichkeit eingeschätzt werden, viele davon Eltern mit Kindern. Man kann annehmen, dass diese bei aggressiven und sexuellen Entgleisungen intervenieren würden. Nicht zuletzt gibt es einen Bademeister, dem von allen Besucher*innen eine Ordnungsfunktion zugebilligt wird, die dieser auch immer wieder wahrnimmt. Diesen unterschiedlichen Öffentlichkeiten wird die Rolle von mehr oder weniger nahen Zeugen eingeräumt, die über die gewollten Grenzüberschreitungen in zweifacher Weise wachen. Was öffentlich stattfindet, kann zum einen moralisch nicht schlecht sein, auch wenn sicher nicht die ganze Bandbreite an Verhaltensweisen von allen Eltern der Mädchen und Jungen ausdrücklich gebilligt werden würde. Zum anderen dürfte die Präsenz so vieler anderer eine Art Garantie dafür darstellen, dass es nicht zu trauma-

tisierenden Übergriffen kommt. Unklar bleibt dabei, ob die Mädchen das Grobe in den Kontakten bzw. die spielerischen Formen von Gewalt auch genießen können oder ob sie diese lediglich in Kauf nehmen, weil sie einen Weg eröffnen, an dessen Ende sie sich zärtlichere Formen der Intimität erhoffen? Diese Frage kann man auch für die Jungen stellen, denn u. U. setzt das Einnehmen einer männlich dominanten Position beim Kämpfen oder Berühren sie zeitweise auch in Stress.

5. Beide Gruppen vollziehen und ermöglichen einen Übergang von einer von Wettkampf und eher aggressiv geprägtem Kämpfen und Rangeln geprägten Atmosphäre hin zu einer erotischen, die am Ende des Sommers zu ersten Paarbildungen führt. Während am Anfang Packen, Zerren, Ziehen, Schubsen, sich dagegen Stemmen und lautes Protestieren etc. im Vordergrund standen, finden in der Übergangsphase gemeinsames Volleyballspielen, eine Fotosession, Eis-Essen und Miteinander-Reden statt und lassen sich am Ende zunehmend intimere Körperkontakte beobachten. Das Kämpfen könnte man insofern als eine Art *warming up* für neue Formen des Miteinanders und für weitere Intensivierungen von Körperkontakten verstehen. Gleichzeitig könnte man aber auch schlussfolgern, dass sich das Lusterleben ein Stück weiter verschiebt: Das aggressive körperliche Gerangel scheint von beiden Seiten durchaus als attraktiv wahrgenommen zu werden und besitzt schon von Beginn an eine erotische Aufladung. Aber es scheint irgendwann auch ausgereizt zu sein und bedarf neuer Energie- und Erregungsquellen.

Wie auch immer: Die beiden Gruppen tasten sich miteinander – so vermute ich – in neue Erlebensbereiche hinein. Gut möglich, dass mit solchen Annäherungen bereits vorher schon Erfahrungen gemacht wurden oder dass sogar einige Mädchen in dieser Hinsicht über mehr Erfahrungen verfügten als einige Jungen. Die von mir vertretene Konstruktion einer Initiation, d. h. erstmaligen Einführung in das Thema »erotische Berührung« für die meisten Mitglieder beider Gruppen, kann keineswegs als gesichert gelten.

Wie auch immer: Einigen Jungen und Mädchen gelingt es, Umfang, Tempo und Intensität ihrer Berührungen zunehmend aufein-

5.1 Gemeinsames Basteln an einer komplexen Ordnung

ander abzustimmen und gemeinsam erotisch aufzuladen. Die Verständigung findet dabei in erster Linie nicht verbal statt. Sie wird im wahrsten Sinne des Wortes »ausgehandelt«, d. h. über gezielte, aber auch zufällige und halb bewusste Bewegungen vorangetrieben, die man sich wie einen Austausch von Fragen und Antworten vorstellen kann. Dazu müssen einseitige Vorstöße riskiert, Befremdliches und Ambivalentes zeitweise ausgehalten, Unangenehmes zurückgewiesen oder zunächst zurückgestellt und nach einer Pause doch wieder zugelassen werden. Insgesamt scheint das den hier beobachteten Paaren aber relativ mühelos zu gelingen. Freilich entzieht sich das Erleben von Angst und Beschämung, aber auch von Neid und Enttäuschungen, das es in den beiden Gruppen gegeben haben mag, der direkten Beobachtung.

6. Zumindest einzelne Vertreter*innen aus beiden Gruppen haben im Laufe des Sommers Fortschritte in der Dosierung und Abstimmung von intimeren Berührungen gemacht. Dabei geht es um die Frage, welche Körperteile des anderen man berühren darf und will und welche zunächst weiterhin eine Tabuzone bleiben. Dabei scheint es auf Seiten der Mädchen stärkere Vorbehalte zu geben. Intimere Berührungen werden zunächst durchgehend abgewehrt. Ob das einer typischen weiblichen Rolle entspricht, in die sie seit Jahren von Eltern, Lehrer*innen, Medien etc. sozialisiert wurden, oder sich damit ein Aspekt geschlechtsspezifischer Besonderheit von Mädchen/Frauen offenbart (vgl. Pally 1994), kann offenbleiben. Vorstellbar ist aber auch, dass sich Mädchen und Jungen hier in eine komplementäre Kommunikation begeben. Das würde bedeuten, dass Ängste und Hemmungen wie auch das Interesse an aktiver Erkundung anfangs ungefähr gleich verteilt wären, die Jungen aber ihren Anteil an Hemmung an die Mädchen delegieren, während diese ihren Erkundungsmut den Jungen überlassen und sich stärker auf die Begrenzung desselben konzentrieren.

Wie auch immer: Offensichtlich sind auch Ängste, Hemmungen und Ekelschwellen zu überwinden, damit man Spaß miteinander haben kann. Mit Blick in die Zukunft könnte man sagen: Mit den Berührungen im Wasser, die an unverfänglichen Körperstellen ansetzen und Busen und Po zunächst aussparen, und dem kurzen Aneinanderpressen der Körper werden intensivere Pettingkontakte vorbereitet, während mit dem Eislecken und dem Wasser-aus-dem-Mund-Spritzen das Küssen eingeleitet wird. Im aktuellen Geschehen gehen die jungen Menschen aber immer nur so weit, wie es ihnen angemessen erscheint. Sie gehen Schritt für Schritt vor. Einerseits überstürzen sie nichts und andererseits können sie offensichtlich Vorstöße in bisher unerkundetes Terrain wagen und zumindest teilweise auch genießen.

7. Die beiden Gruppen etablieren miteinander einen Kontext, in dem das, was im Alltag verpönt oder verboten ist, möglich wird, weil es in einem weiteren Sinne zum *Spiel* erklärt wird. Die Jugendlichen inszenieren heftige Kämpfe, bei denen es darum geht, den anderen aus dem Gleichgewicht zu bringen und in eine inferiore Position zu zwingen. Denn der Sturz ins Wasser ist das Unerwünschte und markiert eine Art von Niederlage bzw. räumt dem Gegner einen Triumph ein. Auch wenn sie ernsthaft kämpfen und dabei all ihre Körperkraft einsetzen, ist es doch kein Kampf, sondern ein verabredetes Kampfspiel. Angepackt zu werden stellt keinen wirklichen Übergriff dar; geschubst zu werden wird nicht wirklich als Verlieren erlebt und die Gewinner nehmen eher Triumphposen ein, als dass sie ernsthaft triumphieren würden. Allen diesen Aktivitäten ist ein Moment von »so tun als ob«, von bewusster Übertreibung oder Ironie bzw. Rollendistanzierung beigemischt. Damit wiederholt sich etwas hinsichtlich der Struktur und Dynamik des Prozesses, das wir auch für das Geschehen rund um den Hip-Hop-Battle angenommen haben (▶ Kap. 2).

8. Feindschaft und miteinander Spaßhaben bzw. Nein-Rufen und sich den anderen körperlich nahe zu wünschen, widersprechen sich in vielen Alltagskontakten, fallen hier aber zusammen. Dass in diesem Kontext solche expliziten Reflexionen nicht nötig sind und damit eine Entlastung vom mühsamen Aushandeln qua Sprache und von bewusster Steuerung überhaupt stattfindet, trägt sicher wesentlich zum Spaß bei. Die Kehrseite davon ist – und das macht das Kribbeln und den »Thrill« aus –, dass man sich beim

Kämpfen-Spielen nie vollkommen sicher sein kann, ob es auch dabei bleibt. Der Rahmen des Spiels besitzt eine prekäre Stabilität. Als in der Wahrnehmung einer Jugendlichen ihr Handy in eine echte Gefahr gerät, ist plötzlich »Schluss mit lustig«. Angesichts des hohen materiellen und emotionalen Wertes ihres Handys bricht für das Mädchen der Rahmen des Spiels zusammen. Sie kann sich nicht mehr vorstellen, dass es sich beim Tun der Jungen nur um eine Andeutung handelt. Schließlich ist sie im bisherigen Spiel ja auch real ins Wasser geschubst worden. Und wahrscheinlich berücksichtigen die Jungen in diesem Moment nicht genügend, dass mit dem Handy ein neues Element hinzukommt, für das der Kontext (Schubsen = Spiel, nicht feindseliger Akt) neu definiert werden muss. Aber ein Kommunizieren und Verstehen auf dieser Ebene misslingt, weshalb es bei dem Mädchen zu einer echten Panik kommt. Diese dürfte sich immer einstellen, wenn der sicher geglaubte Rahmen des Spiels plötzlich bricht.

9. Beide Gruppen lernen, sich über ihre Vorhaben abzustimmen, und erweitern dabei die Bandbreite der Begegnungsmöglichkeiten. Zum einen geht es dabei um Inhalte wie Schubsen oder Volleyballspielen oder miteinander Eis-Essen, zum anderen um das Timing: Wann soll oder kann was stattfinden? Wenn es für intimere Berührungen noch zu früh ist, macht es Sinn, eine gemeinsame Sportaktivität oder eine Fotosession dazwischenzuschalten. Bestimmte Aktivitäten können mehrfach stattfinden, damit Variationen eingeführt werden können oder man sich im Rahmen des schon Abgesteckten bewegen und weiter üben kann. Solche Redundanzen sind auf beiden Seiten durchaus erwünscht. Die anderen Aktivitäten, die man miteinander durchführt, erweitern und vertiefen zugleich das Kennenlernen und das Vertrauen in den/die anderen.

10. Die Jungen haben in dem Prozess gelernt, verschiedene Formen des Widerspruchs zu differenzieren. Denn einerseits schrien (fast) alle Mädchen zu Beginn laut und heftig »Nein« und »Hör auf«, als sie gepackt wurden, ohne dass sie wirklich gewollt hätten, dass die Jungen von ihnen abließen. Andererseits gab es körperlichen Widerstand und verbales Nein, die unbedingt wahrgenom-

men und beachtet werden mussten wie z.B. in der Szene mit den herausgerutschten Brüsten oder dem Handy. Für die Jungen stellt sich damit ein Problem: Wann bedeutet »Nein« tatsächlich »Stopp! Hör auf!« und wann kann es etwas anderes oder sogar das Gegenteil des verbal Kommunizierten bedeuten? Den Unterschied können sie nur herausfinden, wenn sie einerseits erkennen, dass verbale Botschaft und innere Bereitschaft auseinandertreten können. In diesem Fall müssen sie sich über die verbale Botschaft hinwegsetzen, um die Bereitschaft der Mädchen zu bedienen, wenn und insofern diese auch ihrer eigenen entspricht. Sie müssen ein Ohr dafür entwickeln, ob und wann und wie sich lustvolle Töne ins Protestieren und Kreischen mischen können, welche die latente Bereitschaft ausdrücken und bekräftigen. Gleichzeitig müssen sie aber auch wahrnehmen lernen, dass die Stimme umschlagen und die Bereitschaft kippen kann. »Hör auf« kann eben auch tatsächlich heißen: »Hör sofort auf!« und wer das nicht versteht und berücksichtigt, riskiert u.U. den Abbruch einer sich anbahnenden Beziehung.

Man kann die Jungen dafür bedauern, dass sie so etwas Kompliziertes lernen müssen, und voraussehen, dass sie ein paar Mal daran scheitern werden, bis sie mit dieser widersprüchlichen Form der Kommunikation umgehen können. Aber wahrscheinlich gibt es ähnliche widersprüchliche Signale auf Seiten der Jungen, die Mädchen deuten lernen müssen. Denn bei Jungen ist z.B. nicht jede verbale Aufforderung auch ernst gemeint und entspricht nicht jede kraftvolle Pose auch einem entsprechenden Selbstbewusstsein.

Insofern könnte es für beide Geschlechter relevant sein, auf die Stimme des anderen zu hören. Leikert formuliert: Der Stimme »kommt eine besondere Bedeutung zu, da sie in der Lage ist, der erlebten Spannung einen kongruenten Ausdruck zu verschaffen. Die Stimme ahmt die erlebte Spannung nach und gibt ihr eine sinnliche Gestalt, die es erlaubt, die Spannung zu kommunizieren« (Leikert 2007, 479). Die im Schreien der Mädchen zum Ausdruck kommende Gestalt scheint eine Art von Spannung auszudrücken, die zugleich lustvoll, aber in unterschiedlichen Anteilen auch besorgt sein kann und den Abbruch als Möglichkeit offenhalten will, auch wenn sie zunächst Zustimmung signalisiert. Damit wird deutlich, dass die Jungen eher auf die Stimme als auf den Inhalt hören müssen bzw. dass das laute Kreischen zunächst eine Spannung ausdrückt, die je nachdem lustvoll oder ängstlich-besorgt sein kann oder beides zugleich. Es ginge also für sie auch darum, Ambivalenzen hören und berücksichtigen zu können, was wiederum ganz sicher eine Aufgabe für beide Geschlechter darstellt.

12. Würden die Jungen den Protest der Mädchen und deren Nein einfach als »Ja« umdeuten, hätten sie die Ambivalenz der Mädchen übersprungen, die tatsächlich – so meine Unterstellung – oft noch nicht wussten, was sie wollen und nicht wollen und wie weit sie im Kontakt mit den Jungen gehen würden. So waren die Jungen gut beraten, vorsichtig vorzugehen. So ließen sie sich anfangs vertreiben, begaben sich in die Position der Schwächeren, die Blessuren aus den Kämpfen davontrugen; sie ließen sich ins Wasser schubsen und dosierten ihre Körperkraft etc. Erst als sie sich der non-verbalen Zustimmung der Mädchen halbwegs gewiss waren, gingen sie »entschiedener zur Sache«.

Ich stelle mir vor, dass Mädchen und junge Frauen – wenn auch individuell sehr verschieden – häufig beides von einem Jungen erwarten: dass er den Körperkontakt sucht und mutig vorantreibt, manchmal auch bei einem Nein. Genauso wichtig ist, dass er dabei nicht brachial vorgeht, Stimmungsumschwünge, auch wenn sie nicht verbalisiert werden, spürt und beachtet und bei einem klaren Nein den weiteren Fortgang unterbricht bzw. warten kann, bis sie eine Fortsetzung wünscht. Offensichtlich lernen das nicht alle Männer und offensichtlich finden nicht alle Frauen zu einem klaren Nein oder ziehen bei einer Missachtung eines echten Nein nicht die nötigen Konsequenzen. So kann es nur beruhigen zu sehen, wie relativ abgestimmt und konfliktfrei die Jungen und Mädchen in unserem Beispiel vorgegangen sind.

Zusammenfassung

In der Überschrift sprachen wir vom »Erlernen von Regeln und Kontext-sensiblem Verhalten für erotische Berührungen«. Dahinter steht die These, dass erotische Anbahnungen und sexuelle Verhaltensweisen eine köperbasierte Verständigung erforderlich machen, die wie eine neue Sprache gelernt werden muss. Anders als verbale Sprachen stützt sich diese neu zu erlernende Sprache auf den Austausch von Gesten und Handlungen, die nur zum Teil bewusst gesteuert werden können, sondern spielerisch-spontan und unwillkürlich oder wie von selbst stattfinden sollen, was bedeutet, dass vor- und unbewusste Formen der Kontrolle gefragt sind. Bewusstsein und Reflexivität spielen in dieser Sprache nur eine untergeordnete, Sensibilität und die Fähigkeit, vorreflexiv mit Widersprüchen und Ambivalenzen umzugehen, dagegen eine bedeutende Rolle.

Die Grammatik dieser Sprache knüpft insofern an das Spiel an, als man bereits als Kind gelernt hat, im Modus des Als-ob zu agieren und dabei auch Ambivalenzen in symbolischen Gestaltungen auszudrücken. Neu ist im Jugendalter, dass nun reale, stimulierende Bewegungen eingeführt werden (Anfassen, Schubsen, Berühren, Streicheln, Küssen etc.), die zu einer realen Erregung führen sollen, die aber auch nicht zu schnell zu intensiv werden sollen, weil sie entweder zu einer Übererregung führen oder zu Angst vor Kontrollverlust. Wie schon beim Battle rückt auch bei den inszenierten Kämpfen das Spiel näher an die Realität heran und vermischt sich mit realen physischen Elementen. In dieser Zone lässt man sich auf Uneindeutiges und Ungewisses ein, das zu einer begrenzten Erregung führen soll (noch nicht zum Orgasmus), hofft aber gleichzeitig, dass man sich trotzdem entspannen und wohlfühlen kann.

Der Sommer endet nicht für alle Mitglieder der beiden Gruppen gleich. Nicht alle – so vermute ich – haben so viel erfahren, wie sie gerne hätten erfahren wollen. Aber ich glaube, dass die meisten Beteiligten einen Schritt weitergekommen sind. Und dass die

Jugendlichen und die Geschlechter überwiegend gut zusammengearbeitet haben. Ohne Pädagog*innen, ganz auf sich gestellt (wenn auch in einem sozialen Rahmen) und autonom.

5.2 Schritte zur Autonomie anlässlich von Festivalbesuchen

In diesem Kapitel steht der Bericht einer heute 18-jährigen Auszubildenden im Mittelpunkt, die auf meine Bitte hin rückblickend ihre Erlebnisse auf zwei Festivals aufgeschrieben hat, an denen sie als 15- und 16-Jährige teilgenommen hat. An einigen Stellen habe ich behutsam stilistisch in den Text eingegriffen. Mit Blick auf das Thema dieses Kapitels habe ich sechs Auszüge aus diesem Bericht zusammengestellt, die ich jeweils im Anschluss kommentieren werde. Eine Zusammenfassung schließt das Kapitel ab (▶ Kap. 5.2.2).

5.2.1 Sechs Szenen aus den Besuchen zweier Festivals

Szene 1: »... Unser Start verlief schlecht, weil Marita im Zug die Tasche mit unseren Lebensmitteln stehen ließ. Zumindest war das meine Version. Marita behauptete, sie hätte mir die Verantwortung dafür gegeben, weil sie einem anderen Pärchen geholfen hatte, ihre Räder aus dem Zug zu tragen. Ich war meiner Meinung nach aber für das Zelt zuständig und das hatte ich ja auch. Auf jeden Fall war der Zug weg und wir hatten keine Lebensmittel mehr. Wir haben uns kurz gefetzt, aber dann beschlossen, uns dadurch nicht die Stimmung verderben zu lassen. Wir haben erst versucht, beim Bahnhof mit dem Zugschaffner Kontakt zu bekommen, aber da war kein Kartenschalter bei dieser Station. Dann fragten wir Leute auf der Straße. Einen Laden gab es dort auch nicht. Als wir dann auf dem Festivalgelände waren, haben wir schnell kapiert, dass unser Geld nicht ausreichen würde, uns die nächsten drei Tage zu verpflegen. Die Preise für Eintöpfe, belegte Brötchen oder Salate waren sauhoch. Erst dachten wir, dass wir einfach drei Tage fasten würden. Ein, zwei Kilo weniger wiegen ist ja nie schlecht. Aber das schien uns dann doch zu stressig. Wir haben erst die Leute vom Essensstand gefragt, ob sie uns wenigstens Brot und Obst verkaufen, aber das wollten die nicht. Dann haben wir andere Jugendliche gefragt und ihnen die Sache mit der Tasche erzählt. Manche haben gar nicht reagiert oder uns angeschaut wie Auto oder gleich so Ausreden gebracht. Zwischendrin war es schon voll peinlich und es war gut, dass wir zu zweit waren. Manchmal haben wir nachher aber auch gelacht, wenn jemand richtig blöd war. Wir haben uns aber auch nach jedem Mal verbessert und später dann auch so was gesagt wie »Jeder Apfel zählt« oder »jedes Stückchen Brot ist gut, wir zahlen ja auch, was ihr bezahlt habt«. Das hat gewirkt. Vier Leute waren bereit, mit uns zu ihrem Zelt zu gehen und zu schauen, ob sie was überhaben. Zwei haben uns dann die Sachen auch geschenkt, weil sie mehr als genug hatten. Nach einer Stunde hatten wir für diesen und den nächsten Tag einen guten Vorrat zusammenbekommen. Nicht üppig und schon gar nicht unsere Favorits, aber ganz o.k. ... .«

Kommentar: Durch einen Moment der Unachtsamkeit stehen die beiden jungen Frauen ohne Lebensmittel da. Es gelingt ihnen, den Streit über die Frage »wer ist schuld?« rasch zu beenden und sich der Suche nach Lösungen zuzuwenden. In der neuen Umgebung ist es aber sehr viel schwieriger sich zu versorgen, als sie sich bisher vorstellen konnten. Etliche Lösungsideen laufen ins Leere. Sich gegenüber Fremden als hilfsbedürftig zu definieren, fällt schwer und wird als peinlich erlebt. Abweisungen müssen hingenommen und verdaut werden. Aber die jungen Frauen lassen sich nicht entmutigen und entdecken, wie sie mit andern reden müssen, um diese zu einer Kooperation zu bewegen. Dadurch meistern sie eine

5.2 Schritte zur Autonomie anlässlich von Festivalbesuchen

schwierige Situation und bestätigen sich das augenscheinlich mit jedem Bissen, den sie zu sich nehmen.

Szene 2: »... Marita wollte bei der Hauptbühne gleich so weit vor wie möglich, um die Musiker aus der Nähe zu sehen. Aber das erste Mal hatte ich echt Angst. Ich dachte, da vorne wirst du zerquetscht, und ich hatte noch so Bilder im Kopf von der Loveparade in Duisburg. Deshalb ließ ich Marita erst mal alleine gehen. Aber das war natürlich auch voll schade, weil sie mir fehlte und ich häufiger von Leuten angequatscht wurde, die mir nicht gefielen. Aber mit der Zeit wurde ich mutiger. Ich musste erst lernen, mich durch so eine Menge hindurchzuschlängeln, die Lücken zu erkennen und kleine Bewegungen auszunutzen. Wenn man das kann, ist das eigentlich kein Problem mehr, sich da vor- und zurückzubewegen. Am Anfang war es ein Durchquetschen, aber da habe ich auch gelernt, dass man mit den Leuten reden muss, so: »Ey sorry, darf ich mal«, und sie auch mal anfassen muss an der Schulter oder am Arm oder auch mal sagen muss: »Hey, pass auf«, wenn einer einen anrempelte oder mir dauernd auf die Füße trat oder auch ein paar Mal »Hände weg, Alter!«, was ja sonst nicht mein Stil ist. Das kam beim ersten Festival gleich zweimal vor, dass mich jemand unangenehm angefasst hat. Das erste Mal bin ich ehrlich gesagt erstarrt, weil ich nicht damit gerechnet hatte. Habe gar nicht reagiert und mich einfach weiter nach vorne gewühlt. Nur schnell weg. Aber ich habe sofort gemerkt, dass das nicht gut ist, vor allem nicht, so was für mich zu behalten. Leider war Marita nicht da, aber ich habe es dann einem wildfremden Mädchen erzählt, nachdem ich eine Weile neben ihr stand und die Bühne umgebaut wurde. Die war total nett, hat mich umarmt und dann habe ich sogar ein bisschen geweint, kurz. Sie hat mir dann bestätigt, dass so was vorkommt und meinte auch, da müsse man auf jeden Fall reagieren und sich auch an jemand wenden, der da mit dabei steht, und daraus einen Skandal machen, damit die anderen Stellung beziehen. Sie hätte das schon zweimal probiert und hätte gute Erfahrungen dabei gemacht. Ich war total happy, dass ich dieses Mädchen angesprochen hatte. Komischerweise haben wir uns gar nicht unsere Namen gesagt oder Adressen ausgetauscht, das war einfach nur dieses Gespräch, dann ging die Musik weiter, und später wurden wir irgendwie getrennt.«

Kommentar: Die Begegnung mit großen Menschenmengen auf Festivals stellt eine häufig vorher nicht gemachte Erfahrung dar. Angesichts der vielen Körper auf engem Raum kann man Angst bekommen und tatsächlich kann man in einer Menschenmenge zerquetscht oder zu Tode getrampelt werden. Aber man kann im Meer auch ertrinken und würde deswegen auch nicht auf das Erlebnis des Schwimmens verzichten. Unsere Protagonistin lernt Strukturen (in) der Menge wahrzunehmen, zu lesen und zu nutzen. Sie lernt, durch die Menge hindurchzuschwimmen, und gewinnt zunehmend Sicherheit dabei. Sie entwickelt dafür neue Bewegungs- und Kommunikationsformen. Sie macht die Erfahrung, dass man auf Menschen stößt, die man nicht sympathisch findet, und sogar auf solche, die einem zu nahetreten und die Situation in der Menge ausnutzen, um einen sexuell zu belästigen. Auch damit lernt sie umzugehen. Dabei hilft ihr eine andere junge Frau, der sie sich öffnet. Es entwickelt sich ein dichter Kontakt zwischen zwei Fremden, der nicht fortgesetzt zu werden braucht, aber sicher lebenslang erinnert wird.

Szene 3: »... Am Anfang war es total nervig, weil uns alle etwas abgeben oder verkaufen wollten. Es war schon ein bisschen Schock für uns, was es da alles gab und in welchen Mengen. Natürlich kenne ich das aus Berlin, dass man angesprochen wird oder dass Gruppen gemeinsam etwas konsumieren. Aber das war wie eine Stadt der Drogen und es war sozusagen Pflicht, dass man was nahm. Manche von den Besuchern wurden richtig aufdringlich, wenn wir ablehnten, und brachten Sätze wie: »Warum seid ihr dann überhaupt hier«, oder »Was seid ihr denn für Tussen« oder »Das gehört hier mit dazu!« Wir sagten entweder

5.2 Schritte zur Autonomie anlässlich von Festivalbesuchen

gar nichts oder wurden auch mal frech und behaupteten »Wir trinken nur Milch«, oder »Wir wollen Musik hören ohne Dröhnung« und so was. Manche schauten uns darauf blöd an, andere lachten und diskutierten dann auch mit uns. Einer von den Tickern machte sich aber richtig einen Spaß draus und rief jedes Mal, wenn er uns sah, zu den um ihn stehenden Leuten: »Ah, da kommen unsere Jungfrauen, für die mache ich einen Extrapreis!« und so was. Das fanden wir voll peinlich. Einmal hörte das ein anderes Pärchen und solidarisierte sich mit uns. »Wir brauchen das auch nicht«, sagte das Mädchen und ihr Typ stimmte ihr zu. Mit den beiden zogen wir dann eine Weile herum, die waren auch mit vielen anderen Jugendlichen aus Münster da, die ähnlich tickten, und so hatten wir dann quasi einen drogenfreien Bekanntenkreis und zwinkerten uns auch mal zu, wenn wir zusammen angesprochen wurden...«.

Kommentar: Anja erfährt, dass auf einem Festival in Bezug auf den Drogenkonsum die Welt wie auf den Kopf gestellt aussieht: Was in der Stadt in bestimmten Zonen und gelegentlich geschieht, stellt hier so etwas wie eine Selbstverständlichkeit dar und gehört zum guten Ton. Die beiden jungen Frauen sehen sich von Drogennutzern und deren Angeboten beinahe so verfolgt, wie jene sich wahrscheinlich in einem von der Polizei kontrollierten Gebiet bedrängt fühlen. Aber sie haben kein Problem damit, sich der Mehrheitsnorm zu verweigern und ihren eigenen Normen treu zu bleiben. Dazu helfen die gleich gesinnten Peers, auf die sie stoßen und mit denen sie sich zusammentun und eine Minderheitenkultur pflegen. Andere regelmäßige Festivalbesucher*innen haben mir die Einschätzung mitgeteilt, dass die Wahrnehmung von Anja »übertrieben« sei. Vielleicht hat sie die Dominanz der Drogen auch ein wenig übertrieben, um sich als besonders mutig oder tough zu inszenieren?

Szene 4: »... Außerdem gab eindeutig zu wenig Toiletten für Frauen und auch die Aufladestationen für Handys hielten sich echt in Grenzen. Bei beiden bildeten sich immer wieder lange Schlangen und gab es durchaus Leute, die sich vordrängen wollten. Einmal wäre es beinahe zu einer Schlägerei gekommen, wenn sich nicht andere Frauen wie eine Mauer zwischen die beiden gestellt und beide beruhigt hätten. Meistens wurde das Vordrängen verhindert, bis auf zweimal, dreimal, wo man sah, dass eine Frau wirklich dringend auf Toilette musste oder sich übergeben. Bei der Aufladestation (für Handys) haben es manche auch mit krass erfundenen Geschichten versucht und sind von einem zum anderen gegangen, ob man sie vorlässt, weil man manchmal 20 Minuten anstehen musste. Aber das geht natürlich nicht in einer Reihe, wo jeder wartet und drankommen will. Da müsste man schon seinen Platz hergeben und sich selbst wieder ans Ende der Schlange stellen. Manchen war das nicht klar. Die hätten schon jemanden vorgelassen, aber das wurde denen dann klargemacht und am Ende haben sie dann auch abgelehnt. Nach solchen Diskussionen war die Stimmung schon ein bisschen giftig, aber insgesamt fand ich die Leute doch erstaunlich geduldig und oft hatte man jemanden vor oder hinter sich, mit dem man sich gut unterhalten oder ablästern konnte, so dass es schon wieder Spaß gemacht hat... .«

Kommentar: Die Versorgung einer großen Menschenmenge setzt eine komplexe Organisation voraus, die nicht immer lückenlos gelingt. Daraus ergeben sich lästige, aber durchaus sinnvolle Ordnungssysteme wie das Anstellen. In den Warteschlangen müssen sich alle an die gleichen Regeln halten. Für manche stellt das eine Selbstverständlichkeit dar, andere scheint das dazu herauszufordern, es mit Tricks zu probieren, um die Regel für sich außer Kraft zu setzen. Bei den dadurch auftretenden Konflikten ist Klarheit und Besonnenheit gefordert. Gleichzeitig erfährt man, dass auch viele miteinander nicht bekannte Personen gemeinsam Kontrollaufgaben übernehmen und Regeln durchsetzen können. Dabei lassen sich einige von persönlicher Ansprache beeindrucken, müssen aber lernen, dass die an sie gerichtete Anfrage die ganze

5.2 Schritte zur Autonomie anlässlich von Festivalbesuchen

Schlange betrifft. In der Festivalöffentlichkeit bewegt man sich nicht – oder nur in bestimmten Situationen und Räumen – als Einzelperson oder duale Einheit, sondern in einem System, in dem lange Interdependenzketten (N. Elias) vorherrschen und alle von allen abhängig sind. Entscheidungen müssen mit Blick auf das Ganze, nicht nur mit Blick auf den individuellen Spielraum getroffen werden. Gleichzeitig können Menschen, die sich auf lästige Situationen wie das Warten in der Schlange einstellen, diese Zeit auch nutzen, miteinander ins Gespräch kommen und Spaß haben.

> Szene 5: »... Unser Zelt stand ziemlich in der Mitte von der Wiese. Als wir es am Anfang aufgebaut haben, wussten wir noch nicht, dass sich die Fläche noch so weit nach oben zieht, und dachten, das wäre der Rand. Als es dann geregnet hat, kam einiges an Wasser den Hang hinunter. Unser Zelt war dicht, das war nicht das Problem. Aber um den Eingang entwickelte sich eine Riesenpfütze und es war klar, dass es total matschig werden würde. Die Jungens vom großen Zelt über uns hatten ganz professionell so mit Klappspaten einen Graben gezogen, aber das Wasser quasi zu unserem Eingang geleitet. Als wir das gemerkt haben, sind wir zu denen rüber und haben es ihnen gesagt. Die haben erst mal gelacht, weil ihnen gerade genau dasselbe von den beiden Zelten über ihnen passierte. Weil es noch immer regnete, haben die uns ins Zelt gebeten und dann auch Tee angeboten und Kekse. Das war richtig nett. Ein paar von denen waren alte Festivalhasen und haben dann von anderen Regenfällen erzählt und wie sie beinahe davongeschwommen sind. Inzwischen gluckerte das Wasser aber auch unter der Plane und quatschte so, wenn man darauf drückte, und wir lachten darüber, aber ich dachte mir auch so: »Das kann ja heiter werden.« Als der Regen aufhörte, gingen wir dann um unsere Zelte herum. Das machten viele andere auch und plötzlich entwickelte sich so eine Idee von einem vertikalen und einem horizontalen Graben. Ich weiß noch genau die Worte von dem Typen, weil ich vorher nicht wusste, was sie bedeuten, und er mir das er-

227

klärt hat. Die sollten nicht nur unsere beiden, sondern einen ganzen Block von Zelten vor neuen Wasserströmen schützen. Das haben wir dann mit den Leuten von den anderen Zelten besprochen. Zwei haben das erst nicht verstanden, aber zwei andere sofort und haben wieder die anderen überzeugt und die wieder das Nachbarzelt. Das hat keine 10 Minuten gedauert, da waren sich alle einig. Und dann wurden Aufgaben verteilt, weil man dazu noch zwei Zelte umstellen musste, und dann haben wir alle daran gearbeitet. Natürlich mussten sich die Jungens besonders profilieren mit den Klappspaten in der Hand und Fotos, die sie davon machen ließen. Aber es war doch eine gemeinsame Aktion und am Schluss haben wir dann ein Gruppenfoto mit allen gemacht. Man kannte dann alle Leute von dem eigenen Block und wenn man sich sah, hat man sich gegrüßt oder gewunken. Das Wasser floss auch tatsächlich richtig ab, das konnte man sehen. Und es war so, dass 8 Zelte umgeben wurden, aber kein anderes Zelt dadurch Nachteile bekommen hat. Das dachten erst zwei andere Zelte bzw. die Leute aus diesen. Aber die haben dann gesehen, dass der Plan wirklich gut war, und haben kurze Zeit darauf etwas Ähnliches gemacht mit den Zelten auf ihrer Plattform. Das Lustige an der ganzen Aktion war, dass es nachher kein bisschen mehr geregnet hat, obwohl das im Wetterbericht groß angekündigt war ….«

Kommentar: Bei einem Festival ist man der Natur in ganz anderem Maße ausgesetzt als im städtischen Alltag. Wenn es diesbezüglich zu Problemen kommt, wie bei einem starken Regenfall, sorgt zunächst jeder für sich selbst. Dadurch werden die Probleme aber häufig eher verschoben als gelöst. Gemeinsames Planen und kollektives Arbeiten führt im Gegensatz zu intelligenten Lösungen, die ein besseres Niveau für Viele schaffen. Auch wenn nicht alle dabei gleich wichtig sind, findet sich doch für jeden, der dazu bereit ist, eine Rolle im Kollektiv. Die Erfahrung solcher gemeinsamen Schutz- und Bautätigkeiten stiftet ein soziales Band, das über die Aktion hinaus anhält. Um gemeinsame Ziele zu erreichen, muss ein neues Ordnungssystem etabliert werden, in dem Absprachen, Hierarchien und Arbeitsteilung eine zentrale Rolle spielen. So wird die Arbeitswelt vorweggenommen und zugleich als ein potenziell sinnvoll und gewinnbringend zu strukturierender Ort erfahren.

> Szene 6: »... Blöd war, dass zwei von den Jungens in der Nacht zu uns reinkommen wollten. Gerade von dem Nachbarzelt, mit dem wir die gute Aktion gemacht hatten. Sie hatten schon den äußeren Reißverschluss offen und fummelten gerade am Reißverschluss vom Innenzelt herum, als wir aufwachten. Die waren besoffen und leider auch sehr aufdringlich. Wir haben sie irgendwann richtig laut angeschrien und die anderen Jungen um Hilfe gerufen, worauf sie endlich abgehauen sind. Später haben wir dann nur noch Geschnarche gehört. Das ist krass, wie laut sechs Jungen zusammen schnarchen können. Am nächsten Morgen haben wir ihnen den Rücken zugedreht, bis einer von ihnen (aber keiner von den beiden) gefragt hat, was los wäre. Wir haben darauf so etwas gesagt wie: »Schon vergessen, heute Nacht, was war denn das für eine Scheiße!« Dann haben die Jungen eine Weile miteinander diskutiert auf ihrer Zeltseite. Dabei wurde es durchaus auch lauter. Schließlich kamen die beiden und haben sich bei uns entschuldigt. Bei einem wirkte das echt, bei dem anderen schien es uns unklar. Aber wir haben es angenommen und waren dann auch wieder normal freundlich .... Es kam auch nichts mehr in der Richtung vor.«

Kommentar: Wenn männliche und weibliche Jugendliche mehrere Tage auf engem Raum zusammenleben, entwickeln sich immer auch Wünsche nach sexuellen Kontakten, einseitig oder beiderseitig. Neben vielen erwünschten Anbahnungen von Kontakt kommen auch mehr oder weniger ernst gemeinte und mehr oder weniger als bedrohlich erlebte Übergriffe bzw. Übergriffsversuche vor. Mit solchen Grenzüberschreitungen muss man umgehen lernen. Man hat ein Recht darauf, sich unmissverständlich dagegen zu wehren. Es empfiehlt sich, die eigene Betroffenheit darüber zu zeigen, auch um damit einen gewissen Druck aufzubauen, dass so etwas nicht wieder vorkommt, oder relevante andere zu Stellungnahmen aufzufordern oder als Bündnispartner*innen zu gewinnen. In diesem Fall hat ein Teil der Gruppe einem anderen Teil das eigene Missfallen deutlich ausgedrückt und eine Entschuldigung in Gang gesetzt. Hier wird eine Grenzüberschreitung von Jugendlichen in eigener Regie so weit wie möglich »repariert«. Das letzte Erlebnis kontrastiert schmerzlich mit der gemeinsamen Aktion des Grabenbauens. Zugleich dürfte es zu einer wichtigen Erfahrung im Jugendalter gehören, dass man auf Menschen stößt, unter anderem auch auf andere Jugendliche, die Stärken und Schwächen aufweisen, und dass mit den gleichen Menschen gute und schlechte Erlebnisse möglich sind.

> Szene 7: »... Probleme gab es auch mit Ratten. Das erste Mal sahen wir sie am zweiten Tag gegen Abend, als wir zu unserem Zelt gingen. Ich habe nur eine gesehen, aber Marita meinte, es wären zwei oder sogar drei gewesen. Die spazierte da in aller Seelenruhe herum, was wir natürlich ganz ekelig fanden. Allerdings sahen wir auch sofort, dass die Jungens rechts neben uns Brot- und Wurstreste einfach auf den Papptellern vor ihrem Zelt liegen gelassen hatten. Wir sprachen sie später darauf an, aber das beeindruckte sie scheinbar nicht. Jedenfalls ging keiner zum Zelt zurück, um ihren Müll zu beseitigen. In der Nacht hörten wir dann Trippeln von kleinen Pfoten und so Huschen um unser Zelt. Erst waren wir uns nicht sicher. Marita hatte mich geweckt, weil sie nach einem Gang auf Toilette noch wach war. Ich glaubte es erst nicht. Aber dann hörte ich es auch. Es müssen mehrere gewesen sein und wir hatten beide richtig Angst und schliefen schlecht. Als wir am nächsten Morgen zur ersten Gruppe gingen, schliefen die Jungens noch, und als wir gegen Mittag kamen, lagen wieder Reste von ihrem Frühstück herum. Wir suchten sie, konnten sie aber lange nicht finden. Dann trafen wir Mario, der allerdings ziemlich stoned war und meinte,

wir sollten uns nicht so haben. Am späten Nachmittag lagen die gleichen Reste immer noch herum. Marita war so wütend, wie ich sie noch nie gesehen hatte. Ich wollte alles in unsere Mülltüte packen, damit nicht weiter Ratten angezogen würden, aber Marta fand die Idee blöd. Sie meinte, wir würden uns damit nur wieder als die Hausmütter darstellen und die Jungens würden nichts daraus lernen. Bevor ich weitere Ideen entwickeln konnte, hatte Marita schon unsere halbvolle Mülltüte genommen und zu den Resten dazugekippt. Erst musste ich lachen, es sah so witzig aus. Aber dann dachte ich, das kann sie doch nicht bringen, und wollte es wieder einsammeln. Wir diskutierten hin und her, aber Marita ließ sich nicht davon abbringen. Am Schluss stimmte ich zu. Als wir die Jungens das nächste Mal sahen, waren tatsächlich alle Reste weg, ihre und unsere auch. Packo meinte grinsend: »Da habt ihr es uns aber gezeigt!« Weder er noch die anderen schienen irgendwie beleidigt und tatsächlich gab es dann keine herumliegenden Reste mehr bis zur Abfahrt.«

Kommentar: In Gemeinschaften sehen einige Menschen oft Problemanzeigen oder Ordnungsverstöße, die andere nicht oder noch nicht wahrnehmen. Die beiden weiblichen Jugendlichen entdecken die Ratten. Die Verursacher wissen noch gar nicht, dass sie etwas Problematisches in Gang gesetzt haben. Aber auch als sie es wissen, nehmen sie es nicht ernst. Die beiden jungen Frauen reagieren darauf mit einer frechen, durchaus gewagten Aktion, dem Ausbreiten von noch mehr Müll. Sie gehen damit das Risiko ein, dass das Problem sich zuspitzt (noch mehr Ratten) oder sich die männlichen Jugendlichen herausgefordert fühlen könnten, es ihnen heimzuzahlen. Wichtig ist, dass die beiden Frauen die Aktion noch einmal diskutieren und dabei auch die Risiken und Nebenwirkungen zur Sprache kommen. Schließlich tragen sie das Risiko gemeinsam und fahren damit einen Erfolg ein. Vorwürfe und Anklagen wären von den Jungen wahrscheinlich abgewehrt worden. Den Müll für sie wegzuräumen wäre demütigend gewesen. Die paradoxe Intervention geht dagegen auf.

5.2.2 Initiationsreisen

Besuche von Festivals stellen nicht nur herausragende Events dar, die den Alltag unterbrechen (Gebhardt/Hitzler/Pfadhauer 2000). Sie stellen – so meine Deutung – selbst organisierte *Initiationsreisen* dar und entsprechen dabei einem Topos, der im Übergang von Kindheit ins Erwachsenenalter schon lange eine wichtige Rolle spielt (Freese 1971). »Die erste Freiheit ist die Bewegungsfreiheit« (Virilio 1978, 31). So wie Bewegung in der Menschheitsgeschichte neue Freiheiten brachte, so erweitern Wanderungen, Fahrten und Reisen auch die Spielräume Adoleszenter. »Der Auszug aus der bekannten alten Welt ist der erste Schritt zu einer neuen Entwicklung« (Kalteis 2008, 101). Beispiele sind die Pilgerreisen jugendlicher Mönche zu heiligen Reliquien (oft in Begleitung eines älteren Mentors), die *Grand tour* englischer junger Adeliger oder die Weglaufgeschichten aus Jugendromanen, die solche Reisen seit mindestens 140 Jahren darstelen. Zu denken ist dabei an »Huckleberry Finn« (1884 von Mark Twain), »Der Fänger im Roggen« (1951 von Jerome D. Salinger) oder »Tschick« (2015 von Wolfgang Herrndorf). Ähnliches gilt für ethnographische Zusammenhänge: Auch die Jugendlichen vieler Stämme mussten vor den oder für ihre Initiationsriten das Dorf verlassen und sich zu einem anderen Ort begeben, um dort bestimmte Erfahrungen zu machen (teils einsam und sich selbst überlassen, teils in der Gruppe von anderen Initianden). Reisen hinaus in die Welt sind immer auch Reisen in die eigene Innenwelt. Die realen Gefahren und beglückenden Momente beim Reisen entsprechen inneren Zuständen und helfen, diese zu bewältigen bzw. zu erweitern. Insofern dienen Reisen/Wanderungen/Fahrten dem Ziel der weiteren Autonomisierung und können deswegen als Meilensteine auf dem Weg ins Erwachsenenalter beschrieben werden (Freese 1971).

Wenn wir mit diesem Blick auf die Festivalbesuche schauen, werden fünf existenzielle Themen deutlich, denen sich die Protagonistinnen stellen.

a) *Selbstversorgung:* Man muss sich unter anderen, prekären Bedingungen selbst versorgen und dafür neue Fähigkeiten entwickeln (Szene 1). Wenn einem das – wenn auch nur in bestimmten Situationen – gelingt, hat man einen großen Schritt gemacht: weg von der selbstverständlichen Versorgung mit Essen und Trinken durch die eigenen Eltern, auf die Kinder einen Anspruch haben, hin zu Selbstversorgung und der emotional gefühlten Grundsicherheit »Ich kann mich selbst versorgen« oder mit Blick auf archaische Ängste »Ich werde schon nicht verhungern (ohne meine Eltern)!«

b) *Weite Räume, anonyme Massen:* Überall, wo diese beiden Bestimmungen zusammentreten, kann man leicht verlorengehen. Man muss bestimmte Fähigkeiten entwickeln, um an solchen Orten die Orientierung zu behalten und sich bewegen zu können (Szene 2). Gleichzeitig muss man die Gefahren einschätzen können, die damit verbunden sein können. Wer sich hier bewegen kann, macht einen großen Schritt gegenüber einer alten Kinderangst: »Ich kann nicht mehr verlorengehen.« Das stellt zunächst eine räumlich-emotionale Erfahrung dar, kann aber – wenn noch ein paar andere Situationen und Verarbeitungsformen dazukommen – auch auf die eigene Identität übertragen werden: »Ich kann mir nicht verlorengehen.« Auch wenn ich in unübersichtliche Situationen gerate, auch wenn da tausende andere sind, die etwas gut oder schlecht finden, ich bleibe das Individuum, d. h. das ungeteilte Eine, das seine eigenen Ideen und Ziele hat und denen treu bleibt.

c) *sexuelle Kontakte:* Auf einer Reise, herausgelöst aus den häuslichen Routinen und Kontrollen, noch dazu in Gruppen mit vielen anderen »Pilger*innen« kann es zu sexuellen Kontakten kommen (Szene 2 und 6). Diese können einvernehmlich stattfinden und als lustvoll erlebt werden oder aber nur von einer Seite gewünscht, weswegen man sie abweist oder sich (zunächst) probeweise auf sie einlassen kann. Die Initiation in genitale Sexualität findet für Jugendliche jedenfalls nicht selten gerade auf Reisen, in einem eher unverbindlichen Kontext, statt. Sexualität wird nicht sofort an Beziehung gebunden. Was man selbst als legitime Bekundung von sexuellem Interesse betrachten kann und will und was als sexuelle Belästigung, muss jede/jeder für sich herausfinden. Wichtig ist, als Jugendlicher irgendwann das Grundgefühl zu spüren: »Mit eigenem und fremdem sexuellen Interesse kann ich inzwischen besser umgehen. Was mich zunächst noch verwirrt oder aus der Bahn geworfen hat, kann ich jetzt besser einschätzen und entsprechend handeln.«

d) *Ordnungsregeln und Konfliktgestaltung* (Szene 4 und 7): Anders als im Elternhaus und in der Schule muss man sich als Festivalbesucher oder Reisender damit auseinandersetzen, dass am neuen Ort andere Regeln gelten als die, die man kennt, und dass Konflikte auftreten, mit denen man nicht gerechnet hat (wie z. B. mit den Ratten). Zwar werden solche Aufgaben auf Festivals inzwischen immer mehr an Security-Personal delegiert. Dennoch bleiben genug Konflikte übrig, die die Besucher*innen selbst regeln können und müssen. Ordnungen wie das Anstehen an der Toilette oder Warten an der Handyaufladestation finden selbst organisiert statt und werden kollektiv überwacht. Manche Konflikte müssen aber auch direkt angegangen werden und miteinander zu reden ist nicht immer die beste Lösung. Wichtig ist, dass sich in dem Selbstbildungsprozess irgendwann die Gewissheit einstellt: »Auch wenn wir teilweise unterschiedliche Interessen haben, wir, d. h. bekommen das irgendwie geregelt.«

e) *Gemeinschaftliches Planen und Umsetzen von Verbesserungen* (Szene 5): Darüber ist oben bereits alles gesagt. Die existenzielle Erfahrung kann umschrieben werden mit: »Menschen können kooperieren. Ich finde meinen Platz in dieser Kooperation. Zusammen schaffen wir es, dass etwas besser wird.« Daraus kann dann auch ein Gefühl von Solidarität entstehen, d. h. sogar, wo ich selbst nicht unmittelbar selbst betroffen bin, fühle ich mich angesprochen, weil Menschen im besten Fall eine Gemeinschaft bilden können.

6

Zusammenfassung in 12 Thesen

1. Attraktive und relevante Orte entstehen für Jugendliche, wenn sie sich halbwegs sicher sein können, dort erwünscht zu sein, etwas Sinnvolles beitragen zu können und dafür Anerkennung zu bekommen. Dafür sind sie bereit, die dort geltenden Regeln zu befolgen, Zeit und Kraft zu investieren und tun dies immer wieder mit großer Disziplin. Auch wenn diese Regeln zunächst fremdbestimmt sind und mit erheblichem sozialen Druck verbunden sein können, werden sie bedient, weil die Jugendlichen sie sich zueigen gemacht haben. Das gilt auch für Diktate, die im Dienst der Mode, der Werbung oder von Zeitgeistbewegungen stehen. Bei der Auswahl dieser Orte und Gruppen wirken Jugendliche manchmal unkritisch und scheinen ihre Autonomieansprüche aufzugeben. Aber

das muss nicht so sein: Sie entscheiden sich relativ autonom für Gefolgschaft und Gehorsam, kündigen diese aber auch wieder auf, wenn für sie die Zeit dazu gekommen ist.

2. Jugendkulturen weisen sich durch eigene Stile aus. Stile umfassen ein komplexes Ordnungssystem mit jeweils eigenen Sprach-, Kleidungs- und Verhaltenscodes, in das man sich als Jugendlicher auf implizite Weise, über Nachahmung und Anleitung von Stil-Kundigen, integriert. Damit erhalten eigene Spannungen und Unsicherheiten Anschluss an kollektive Formen der Verarbeitung bzw. Meisterung. Für den Hip-Hop und das Skaten haben wir gesehen, wie sie das Erleben von (psychischer und/oder physischer) Verletzbarkeit in die Phantasie von Unzerstörbarkeit transformieren. Daran wird hart gearbeitet.

3. Manche Jugendlichen binden sich leidenschaftlich an eine spezifische Jugendkultur und halten diesem Ordnungssystem und seinen Ritualstrukturen über längere Zeit die Treue. Sie finden in der selbst gewählten Kultur Heimat und Orientierung auf Zeit. Andere halten sich den Zugang zu mehreren Jugendkulturen und Szenen offen und genießen dabei die autonome Regulierung von Nähe und Distanz. Beides Mal handelt es sich sowohl um eigene Entscheidungen wie um biographisch vorgebahnte Präferenzen.

4. Viele Jugendliche erweisen sich in ihrem Verhalten gegenüber Eltern, Lehrer*innen, Peers, aber auch im Rahmen von Jugendkulturen und in der Öffentlichkeit zugleich als Regelbefolger bzw. Regelwächter wie aber auch Regelbrecher. Dieselben Jugendlichen achten und missachten Grenzen anderer. Sie unterminieren bestimmte Ordnungssysteme und bauen andere mit auf. Kontextabhängige Verhaltenssteuerung und Hybridmoral liefern die Stichworte, mit denen dieses Zugleich bzw. dieser Zick-Zack-Kurs bezeichnet werden kann.

5. Viele Jugendliche besitzen ein ambivalentes Verhältnis zu Konflikten. Einerseits scheuen sie sich nicht, eigene Ziele bzw. die Befriedigung ihrer Bedürfnisse zu verfolgen, und nehmen dafür den Aufbau von Spannungen in Kauf, so dass man meinen könnte, sie suchen den Konflikt. Andererseits verleugnen sie häufig, selbst aktiv zu dessen Entstehung oder Verschärfung beigetragen zu haben, oder versuchen, die Konflikte mit Formen der Geheimhaltung, Beschwichtigung und Manipulation zu vermeiden bzw. entspannen. Zwischen beiden Modi wechseln sie hin und her. Es scheint ihnen wichtig zu sein, die Steuerung über den Verlauf von Konflikten zu behalten. Dafür vernebeln sie das Gelände. Erwachsene brauchen deswegen einen klaren Blick und eine gute Intuition dafür, was gerade an Konfliktbearbeitung möglich ist und wie man sich dafür positionieren muss.

6. Jugendliche nehmen die meisten Konflikte mit Erwachsenen unter dem Vorzeichen von Autonomieansprüchen wahr. Auch wo es sich um Regel- oder Disziplinkonflikte aufgrund von nicht ausreichend entwickelter Selbststeuerung handelt, behandeln sie die Interventionen von Erwachsenen häufig als Bedrohung ihrer Selbstbestimmungsansprüche. Oder anders: Sie halten Autonomieansprüche auch dort aufrecht, wo ihnen die Fähigkeiten zur Meisterung der damit verbundenen Aufgaben – Selbststeuerung und Selbstversorgung – noch fehlen oder sie nicht in der Lage sind, die dazu nötige Anstrengung aufzubringen. Spannungen zwischen Autonomieansprüchen und Autonomiefähigkeiten müssen in Kauf genommen werden.

7. Die Ausbalancierung von Normenbeachtung und Eigensinn bleibt eine ganze Weile lang prekär und pendelt sich in der Regel über Ausprobieren, Grenzverletzungen, Selbstzweifel und Diskussionen mit Peers und Erwachsenen ein. Eine zu starke Identifikation mit Normen und Ordnungssystemen kann zu zwanghaftem Verhalten führen und der Abwehr von Angst und Unsicherheit dienen. Ein zu viel an egozentrischer Orientierung führt irgend-

wann zu Konflikten mit den Vertreter*innen von Ordnungssystemen, die mit zunehmender Exklusion einhergehen. Dieser Eskalation entgegenzuwirken sollte das oberste Prinzip aller pädagogischen Aktivitäten darstellen.

8. Vielen Jugendlichen gelingt es innerhalb weniger Monate bzw. Jahre, ihren Eltern immer weitere Autonomiespielräume abzuringen. Wenn diese in einem Ausmaß und Tempo gegeben werden, die ihren Fähigkeiten entsprechen, häufig verbunden mit einem Vertrauensvorschuss, erweisen sich die meisten Jugendlichen als fähig, die gewonnenen Spielräume konstruktiv zu nutzen. Das gilt auch dort, wo sie Handlungen riskieren, die gefährlich sein können, und vor ihren Eltern geheim halten. Eltern können in den Augen ihrer Kinder beinahe nie so viel gewähren, wie diese fordern, und sollten das auch nicht tun. Aber sie müssen gleichzeitig mehr gewähren, als sie mit kritischem Bewusstsein erlauben könnten. Gleichzeitig erleiden die Jugendlichen bei ihren Autonomieexperimenten immer wieder auch Blessuren oder erschöpfen sich dabei in einem Ausmaß, dass sie zu Hause versorgt werden wollen und dort regredieren. Eltern wird demnach in mehrfacher Hinsicht ein schwieriger Spagat abverlangt, der wenig gesellschaftliche Anerkennung findet. Immerhin danken es Kinder ihren Eltern im weiteren Verlauf der Adoleszenz durch eine niedrigere Konfliktrate und ein Bekenntnis zur Familie als einem immer noch guten und wichtigen sozialen Ort.

9. Am Ort Schule werden die Autonomieansprüche und Mitbestimmungsmöglichkeiten von Jugendlichen am rigidesten begrenzt. Es gibt viele Regeln, begleitet von vielen Kontrollen. Man wird wie ein Kind behandelt. Was Familien gewähren, auch weil sie bereit sind, sich auf anstrengende Dehnungen von bisher etablierten Ordnungen einzulassen, meinen Schulen nicht zulassen zu können. Sie fördern damit Scheinkooperation, Unehrlichkeiten und Subversion. Trotzdem bleiben erstaunlich viele Jugendliche bei der Stange. Ob die Frustration durch die Institution Schule ein wichtiges

Korrektiv darstellt, weil es im Prozess des Erwachsenwerdens eben auch der redundanten Konfrontation mit unverhandelbaren Regeln bedarf, oder ob Familien aktuell kompensieren müssen, was Schulen in größerem Umfang gewähren könnten und müssten, stellt eine offene Frage dar. Es scheint aber, dass sich die Perspektiven von Familie und Schule im Umgang mit Autonomieansprüchen von Jugendlichen entkoppelt haben.

10. Jugendliche geraten mit der Lockerung von Bindungen an Eltern und bisher relevante Autoritätspersonen in ein Anerkennungsvakuum und versuchen dieses neu zu füllen. Dabei behandeln sie Anerkennung als ein knappes Gut, das nur von wenigen Meinungsführer*innen verteilt werden kann. Im Rahmen von Selbstprofilierungswünschen und Statusgerangel werden in Klassen und Cliquen immer wieder moralische Gebote missachtet, die Jugendliche bei klarem Bewusstsein hochhalten und von anderen einfordern würden (und eigentlich auch von sich selbst). Um Anerkennung zu gewinnen, ist man in Gruppenzusammenhängen allerdings bereit, auch Grausamkeiten zu begehen. Auch hier kann es passieren, dass sich Jugendliche gegen Einmischungen von Erwachsenen wehren und die Auseinandersetzung auf Grund von Schuld- und Schamgefühlen verweigern. Gleichzeitig sind Jugendliche zu tiefen Freundschaften, großer Hilfsbereitschaft und echter Loyalität in der Lage.

11. Für Jugendliche wie für Erwachsene gilt: Moralgefühl, Moralwissen, Moralmotivation und der konkrete Vollzug einer moralischen Handlung, der immer auch von Tagesform und begünstigenden Umweltbedingungen abhängt, stellen vier separate, wenn auch eng miteinander verbundene Einheiten dar. Ein fehlendes Glied in der Kette reicht aus, dass es zu Regelbrüchen oder Grenzverletzungen kommt. Es lohnt sich jeweils zu rekonstruieren, woran es gelegen hat, wenn möglich auch im Dialog mit dem/der Regelbrecher*in selbst. Aus dem Fehlen der moralischen Handlung und selbst aus dem Fehlen einer Moralmotivation darf man nicht

schließen, dass es kein Wissen um oder kein Gefühl für richtig und falsch gäbe.

12. Die meisten Jugendliche sind in der Lage, Gesetzesverstöße zu begehen und relativ selbstständig für sich zu verarbeiten. Sie können, sofern sie als Ausgleich und Kompensation wahrgenommen werden, sogar zeitgleich regelkonformes Verhalten unterstützen. Die große Mehrzahl probiert einzelne Delikte aus, beendet diese Phase aber von alleine. Nur wenige bedürfen dazu der Konfrontation und des Drucks von Strafverfolgungsbehörden. Insofern stellen Gesetzesverstöße einen die Gesellschaft belastenden, aber vermutlich notwendigen Entwicklungsschritt dar.

Literaturverzeichnis

Adam, A./Breithaupt-Peters, M. (2003/2010): Persönlichkeitsentwicklungsstörungen bei Kindern und Jugendlichen. Stuttgart
Albert, M./Hurrelmann, K./Quenzel, G. (2016): Die 17. Shell-Jugendstudie – Eine pragmatische Generation im Aufbruch. In: Diskurs Kindheits- und Jugendforschung, Heft 2, S. 141–146
Alt, C./Bayer, M. (2012): Aufwachsen in Disparitäten. In: Rauschenbach, T./Bien, W. (Hrsg.): Aufwachsen in Deutschland. AID:A – Der neue DJI-Survey. Weinheim, S. 100–118
Arendt. H. (1967): Vita activa oder vom tätigen Leben. München/Berlin
Augé, M. (1994): Orte und Nicht-Orte. Vorüberlegungen zu einer Ethnologie der Einsamkeit
Baer, U./Frick-Baer, G. (2018): Deine Würde entscheidet. Berlin
Baer, U. (2019): Was hoch belastete Kinder brauchen. Berlin
Balint, M. (1972): Angstlust und Regression. Reinbek bei Hamburg
Bammann, K. (2017): Tattoo you(th): Tätowierungen zwischen Mainstream und Identitätsfindung. In: UJ, Heft 7 & 8, S. 298–306
Bartels. G. (2013): Alice Munro hat ihr letztes Buch geschrieben. In: Der Tagesspiegel 13.12.2013. Berlin, S. 23
Bateson, G. (1988): Ökologie des Geistes. Frankfurt am Main
Baumann, M. (2019): Was wissen wir über Zwang in erzieherischer Absicht? In: ZJJ, Heft 3, S. 254–262
Beck, U. (1986): Risikogesellschaft. Auf dem Weg in eine andere Moderne. Frankfurt am Main
Becker, P. (1995): Seelische Gesundheit und Verhaltenskontrolle. Göttingen
Bernfeld, S. (1974): Kinderheim Baumgarten – Bericht über einen ernsthaften Versuch mit neuer Erziehung. In: ders.: Antiautoritäre Erziehung und Psychoanalyse. Ausgewählte Schriften, Band 1 (Hrsg. von Werder, L./Wolff, R.). Berlin, S. 94–215
Bell, R. R. (1967): Die Teilkultur der Jugendlichen. In: Friedeburg, L. v. (Hrsg.): Jugend in der modernen Gesellschaft, Köln-Berlin, S. 83–86 (Original 1961)
Bhahba, H.K. (2000): Die Verortung der Kultur. Tübingen
Bindel, T. (Hrsg.) (2011): Feldforschung und ethnographische Zugänge in der Sportpädagogik. Köln

Literaturverzeichnis

Bittner, G. (1983): Psychoanalytische Aspekte des Spiels. In: Gruppe, O./ Gabler, H./Göhner, U. (Hrsg.): Spiel, Spiele, Spielen. Schorndorf, S. 122-131
Bittner, G. (2016): Drama um Kaugummi. In: Datler, W./Finger-Trescher, U./ Gstach, J./Winniger, M. (Hrsg.): Innere und äußere Grenzen – Psychische Strukturbildung als pädagogische Aufgabe (Jahrbuch für Psychoanalytische Pädagogik 24). Gießen, S. 14–34
Böhnisch, L. (2003): Pädagogische Soziologie. Weinheim und München
Bohler, F./Schierbaum, A. (2010): Professionelles Fallverstehen. In: Zeitschrift für Sozialpädagogik, 8. Jg., S. 70–97
Bourdieu, P. (1992): Die verborgenen Mechanismen der Macht. Hamburg.
Bovet, G./Huwendiek, V. (2008): Leitfaden Schulpraxis. Pädagogik und Psychologie für den Lehrerberuf (5. Auflage). Berlin
Bundesarbeitsgemeinschaft Jugendschutz (2019) https://www.bag-jugendschutz.de/publikationen_aktuelle.html#pub9 (letzter Aufruf 22.12.2019)
Copeland, W. E./Adair, C. E. u. a. (2013): Diagnostic transitions from childhood to early adulthood. In: Journal of Child Psychology and Psychiatry 54, 791-811
Csikszentmihályi. M. (2008): Flow. Stuttgart
Cramer, S. (1998): Die Freunde vom Ponyhof. Ravensburg
Deci, E. L./Ryan, R. M. (1993): Die Selbstbestimmungstheorie der Motivation und ihre Bedeutung für die Pädagogik. In: Zeitschrift für Pädagogik 39, Heft 2, S. 223–238
Deutscher Bundestag/Wissenschaftlicher Dienst (2018): Mobbing an Schulen. Aktenzeichen WD9-3000-056.18. Berlin
Dornes, M. (1994): Der kompetente Säugling. Die präverbale Entwicklung des Menschen. Stuttgart
Dornes, M. (2000): Die emotionale Welt des Säuglings. Frankfurt am. Main
Dornes, M. (2012): Die Modernisierung der Seele. Frankfurt am Main
Douglas, M. (1980): Ritual, Tabu und Körpersymbolik. Sozialanthropologische Studien in Industriegesellschaft und Stammeskultur. Frankfurt
Douvan, E./Anderson, J. (1966): The adolescent experiment. New York
Dümmler, K. /Melzer, W. (2009): Gewalt in der Schule. In: Helsper, W./Hilbrandt, C./Schwarz, T.: Schule und Bildung im Wandel. Berlin und New York
Eckart, R./Reis, C./Wetzstein, T. A. (2000): »Ich will halt anders sein als die anderen!« – Abgrenzung, Gewalt und Kreativität in Gruppen von Jugendlichen. Opladen
Eckart, R. (2006): Authentisch sein und groß rauskommen. Widersprüche der Kulturproduktivität bei Jugendcliquen. In: Brachmann, B./Knüppel H./ Leonhard, J. F., Schoeps, J. H.: Die Kunst des Vernetzens. Berlin, S. 184- 98

Elias, N. (1939/1976): Über den Prozess der Zivilisation. Band 1 und Band 2. Frankfurt am Main
Erdheim, M. (1984): Die gesellschaftliche Produktion des Unbewussten. Frankfurt am Main
Eulenbach, M./Fraji, A. (2017): (K)ein Interesse an Jugendszenen? In: Diskurs Kindheits- und Jugendforschung, Heft 3, S. 367–372
Eulenbach, M./Fraji, A. (2018): »Szenen-Hopping« oder »eindeutige Selbstverortung« – Verändert sich die Zuordnung von Jugendlichen zu Szenen im Zeitvergleich? In: ZSE, Heft 1, S. 24–40
Fend, H. (2006): Neue Theorie der Schule. Wiesbaden
Ferchhofff, W. (2007): Jugendkulturen im 21. Jahrhundert. Lebensformen und Lebensstile. Wiesbaden
Ferchhoff, W. (2011): Neue Vergemeinschaftsformen von Jugendlichen in Gleichaltrigengruppen und Jugendkulturen. In: ZJJ, 1, S. 7–14
Fischer, P. (2013): Räume, Riten, Rebellen. Eine Milieustudie in der Wiener Skateboardszene. Diplomarbeit Universität Wien
Flaake, K. (2019): Die Jugendlichen und ihr Verhältnis zum Körper. (Das Jugendalter, hrsg. von Göppel, R.). Stuttgart
Fleer, B./Klein-Hessling, J. (2002): Konzepte der Qualität von Paarbeziehungen im Jugendalter. In: Zeitschrift für Entwicklicklungspsychologie und pädagogische Psychologie 34, S. 21–29
Fonagy, P./Gergely, E./Target, M. (2002): Affektregulierung, Mentalisierung und die Entwicklung des Selbst. Stuttgart
Freese, P. (1971): Die Initiationsreise. Studien zum jugendlichen Helden in der amerikanischen Gegenwartsliteratur. Neumünster
Freud, S. (1905/1987): Drei Abhandlungen zur Sexualtheorie. In: Freund, S.: Gesammelte Werke. Bd. V. (Fischer-Studienausgabe). Frankfurt S. 103–219
Gebhardt, W. Hitzler, R./Pfadhauer, M. (Hrsg.) (2000): Events: Soziologie des Außergewöhnlichen. Opladen
Geertz, C. (1994): Dichte Beschreibung. Frankfurt am Main
Gilligan, C. (1982): In a Different Voice: Psychological Theory and Women's Development. Cambridge, Massachusetts
Göppel, R. (2019): Das Jugendalter. Stuttgart
Goffman, E. (1973): Interaktion: Spaß am Spiel, Rollendistanz. München
Groos, T./Jehles. N. (2015): Der Einfluss von Armut auf die Entwicklung von Kindern. Werkstattbericht aus dem Projekt »Kein Kind zurücklassen«. https://www.bertelsmann-stiftung.de/de/publikationen/publikation/did/der-einfluss-von-armut-auf-die-entwicklung-von-kindern/ (letzter Aufruf 21.01.2010)
Grossmann, K. E./Becker-Stoll, F./Grossmann, K./ Kindler, H./Schieche, M./Spangier, G./Wensauer M./Zimmermann, P. (1989): Die Bindungstheorie. Modell, entwicklungspsychologische Forschung und Ergebnisse. Hamburg

Günther, M. (2011): Anlehnung und Autonomie, Kontrollbedürfnis, Risikobereitschaft, Sexualität und Gewalt. In. ZJJ, Heft 1, S. 15–23

Hegel, G. W. F. (1817/1986): Enzyklopädie der philosophischen Wissenschaften im Grundriss I. Werke 8. Frankfurt am Main, S. 142, S. 282

Heinz, W. (2015): Jugendkriminalität – Zahlen und Fakten. In: Bundeszentrale für politische Bildung/bpb (Hrsg.). Bonn 2015 www.bpb.de/politik/innenpolitik/gangsterlaeufer/203562/zahlen-und-fakten (letzter Zugriff 21.01.2020)

Heinz, (2016): Jugendkriminalität: Zahlen und Fakten. Abrufbar unter: http://www.bpb.de/politik/innenpolitik/gangsterlaeufer/203562/zahlen-und-fakten (letzter Zugriff 21.01.2020)

Hitzler, R./Niederbacher. A. (2010): Leben in Szenen. Formen juveniler Vergemeinschaftung heute (3. vollständig überarbeitete Auflage). Wiesbaden

Hoffman, Martin L. (1984): Empathy, its limitations, and its role in a comprehensive moral theory. In: Kurtines, W. L./Gewirtz, J. L.: Morality, moral behaviour and moral development. New York, S. 283–302

Hoffman, Martin L. (1991): Empathy, social cognition, and moral action. In: Kurtines, W. L./Gewirtz, J. L.: Handbook of moral behaviour and development. Bd.1, Hillsdale, NJ, S. 275–301

Hoffman, M. L. (2000): Empathy and moral development: Implications for caring and justice. Cambridge, MA

Honneth, A. (1998): Kampf um Anerkennung. Zur moralischen Grammatik sozialer Konflikte (2. Auflage). Frankfurt am Main

Jacobson, E. (1978): Das Selbst und die Welt der Objekte. Frankfurt

Jannan, M. (2015): Das Anti-Mobbing-Buch (4. Auflage). Weinheim

Jäger, R./Fischer, U./Riebel. J. (2007): Mobbing in Schulen. Zentrum für pädagogische Forschung der Universität Koblenz-Landau

Jehle, J.-M./Heinz, W. /Sutterer, P. (2016): Legalbewährung nach strafrechtlichen Sanktionen. Berlin

Jugend 2002 (2003): 14. Shell Jugendstudie. Zusammenfassung und Hauptergebnisse. https://www.stiftungspi.de/fileadmin/user_upload/Dokumente/veroeffentlichungen/E_und_C/Hurrelmann_Albert_2002_Shell_Jugendstudie.pdf (letzter Aufruf, 12.12.2019).

Juvonen, J./Graham, S. (2001) (Hrsg): Peer Harassment in School. New York

Kalteis, Nicole (2008): Moderner und postmoderner Adoleszenzroman. http://othes.univie.ac.at/919/1/2008-08-12_9205744.pdf (letzter Zugriff 28.01.2020)

Kandel, D. B./ Lesser G. S. (1972): Youth in two worlds. San Francisco

Kalthoff, H./Kelle, H. (2002): Pragmatik schulischer Ordnung. Zur Bedeutung von Regeln im Schulalltag. In: ZfPäd, 46, 691–710

Karazman-Morawetz, I./Steinert, H. (1995): Studie »Gewalterfahrungen im Generationenvergleich«. Bericht 2: Gewalterfahrungen von Jugendlichen durch »Autoritäten« im Generationenvergleich. Wien: Bundesministerium für Unterricht und Kulturelle Angelegenheiten.

Keller, M. (2005): Moralentwicklung und moralische Sozialisation. In Horster, D./Oelkers, J. (Hrsg.): Pädagogik und Ethik. Wiesbaden S. 149–172

King, V. (2002): Die Entstehung des Neuen in der Adoleszenz. Opladen

King, V. (2010): Adoleszenz und Ablösung im Generationenverhältnis. In: Diskurse der Kindheits- und Jugendforschung, Heft 7, S. 2–20

Klatetzki, T. (2019): Narrative Praktiken. Weinheim/Basel

Klein, M. (1972): Das Seelenleben des Kleinkindes. München

Kohut, H. (1979): Die Heilung des Selbst. Frankfurt am Main

Kohut, H. (1989): Wie heilt die Psychoanalyse? Frankfurt am Main

Körner, J. (1992): Einfühlung: Über Empathie. In: Forum der Psychoanalyse, Bd. 14/1, S. 7–12

Ko Rink, J. E./Dickscheit, J./Wittrock, M. (1998): Die Haltung von Gruppen Jugendlicher gegenüber sozialen Grenzen: Standardbild und Abweichungen. In: Sonderpädagogik, Heft 4, S. 184–191

Krappmann, L. (1983): Sozialisation durch Symbol- und Regelspiel. In: Gruppe, O./Gabler, H./Göhner, U. (Hrsg.): Spiel, Spiele, Spielen. Schorndorf, S. 106–122

Krappmann, L. (2000): Soziologische Dimensionen der Identität. Stuttgart

Kristeva, J. (1994): Die neuen Leiden der Seele. Hamburg

Krusche, D. (2002) (Hrsg.): Haiku. Japanische Gedichte. München

Lacan, J. (1986): Das Spiegelstadium als Bildner der Ichfunktion. In: Lacan, J.: Schriften I. Weinheim, S. 61–83

Laursen, B./Collins, W. A. (1994): Interpersonal conflict during adolescence. In: Psychological Bulletin 115, S. 197–209

Laursen B./Coy, K./Collins, W.A. (1998): Reconsidering changes in parent-child conflict during adolescence. In: Childhood Development, 69, S. 817–832

Leikert, S. (2007): Die Stimme. Transformation und Insistenz eines archaischen Objekts. In: Zeitschrift für Psychoanalyse 61, S. 463–492

Mahler, M./Pine, F./Bergman, T. (1989): Die psychische Geburt des Menschen. Fischer

Markus, H.R./Mullaly, P.R./Kitayama, S. (1997): Diversity in modes of cultural participation. In: Neisser, U./ Jopling, P. (Hrsg): The conceptual self in context. Cambridge, S. 13–61

Maschke S./Stecher, L. (2010): In der Schule. Vom Leben, Leiden und Lernen in der Schule. Wiesbaden

Mead, M. (1971): Der Konflikt der Generationen. Jugend ohne Vorbild. Olten

Meyer, M. (2012): Das Gehirn von Jugendlichen ist eine Baustelle. In: Prisma, April, S. 32–36

Mietzel, G. (2002): Wege in die Entwicklungspsychologie. Kindheit und Jugend. Weinheim

Mischel, W. (2015): Der Marshmallow-Test: Willensstärke, Belohnungsaufschub und die Entwicklung der Persönlichkeit. München

Müller, B. (1989): Rituale und Stil in Jugendkultur und Jugendarbeit. In: deutsche jugend, Heft 8/9, S. 313–322

Müller, B. (2010): Lebensentwurf und Migration. In: Zeitschrift für Sozialpädagogik, Heft 4, S. 396–415

Munro, A. (2013): Liebes Leben. Frankfurt am Main

Neuweg, H.-G. (2015): Das Schweigen der Könner. Münster

Niederberger, J. M. Niederberger-Bühler, D (1988): Formenvielfalt in der Fremderziehung: Zwischen Anlehnung und Konstruktion. Stuttgart

Nucci, E. (Hrsg) (2012): Conflict, Contradiction and Contrarian Elements in Moral Development and Education. Malwah NJ

Nunner-Winkler, G. (1993): Die Entwicklung der moralischen Motivation. In: Edelstein u. a. (Hrsg): Moral und Person. Frankfurt am Main, S. 278–303

Nunner-Winkler, G./Sodian, B. (1988): Children's understanding of moral emotions. In: Child Development, Jg. 59, S.1323–1338

Oberhausen 2016: Bericht der JGH. Abrufbar unter: https://www.oberhausen.de/de/index/rathaus/verwaltung/familie-schule-integration-und-sport/kinder-jugend-und-familie/jugendgerichtshilfe/jugendgerichtshilfe_eingebundene_dokumente/bericht_jugendgerichtshilfe.pdf

Offer, D./Offer, J. B. (1975): From teenage to young manhood. New York

Olweus, D. (2005): A useful evaluation design and effects of the Olweus Bullying Prevention Program. Psychology, Crime & Law, 11, 389–402.

Opp, G./Otto, A. (2016): »Ver-rückt und jenseits der Norm«. In: Wege zum Menschen, 68. Jg. S. 83–196

Otto, A. (2016): Peerkulturelle Praktiken zwischen Möglichkeitsraum und schulischer Ordnung. In: VHN 3, S. 225–236

Pally, M. (1994): Sex and Sensibility – Reflections on Forbidden Mirrors and the Wish of Censorship. New York

Patterson, G. R. (1982): Coercive Family Process. OR: Castalia

Patterson, G. R. & Stouthamer-Loeber, M. (1984): The correlation of family management practices and delenquency. In: Child Development, 55, 1299–1307

Peller, L. E. (1968): Das Spiel in Zusammenhang der Trieb- und Ichentwicklung. In: Bittner, G./Schmidt-Cords, E. (Hrsg.): Erziehung in früher Kindheit. München. S. 195–219

Peters, C. (2011): Skating the City – Feldforschung auf der Kölner Domplatte. In: Bindel, T. (Hrsg.): Feldforschung und ethnographische Zugänge in der Sportpädagogik. Köln, S. 144–156

Peters, U. H. (2007): Lexikon Psychiatrie, Psychotherapie, Medizinische Psychologie (6. Auflage), S. 200

Plener, P./Fegert, J. (2014): Suizidgefahr bei Kindern und Jugendlichen. In: DJI-Impulse Heft 2, S. 16–18

Polizeiliche Kriminalitätsstatistik (2018). Abrufbar unter: https://www.bka.de/DE/AktuelleInformationen/StatistikenLagebilder/PolizeilicheKriminalstatistik/PKS2018/pks2018_node.html (letzter Zugriff 21.01.2020)

Preiser, S. (1994): Jugend und Politik: Anpassung, Partizipation, Extermismus. In: Oerter, R./Montada, C. (Hrsg.): Entwicklungspsychologie. Weinheim, S. 874–884

Reemtsma, J. P. (2008): Vertrauen und Gewalt. Über eine besondere Konstellation der Moderne. Hamburg

Redl, F./Wineman, D. (1976): Die Steuerung des aggressiven Verhaltens beim Kind. Stuttgart

Reinders, H. (2005): Jugend, Werte, Zukunft. Landesstiftung Baden-Württemberg. Stuttgart

Reindl, M./Reinders, H./Gniewosz, B. (2013): Die Veränderung jugendlichen Autonomiestrebens, wahrgenommener elterlicher Kontrolle und erlebter Konflikthäufigkeit in der Adoleszenz. In: Zeitschrift für Entwicklungspsychologie und Pädagogische Psychologie, Jg. 45, Heft 1, S. 14–26

Rosenzweig, S. (1938): A general outline of frustration. Journal of Personality 7, S. 151–160. doi:10.1111/j.1467-6494.1938.tb02285.x

Ryan, R. M./Deci, E. L. (2017): Self-Determination Theory. New York

Salomo, B. (2019): Ben Salomo bedeutet Sohn des Friedens. München

Sass, E. (2013): Man hat gar nicht gemerkt, dass ihr eigentlich Kinder seid. Das Rockkonzert als Lerngelegenheit und Bildungslandschaft. In: deutsche jugend, Heft 1, S. 29–34

Sennett, R. (2008): Handwerk. Berlin

Schmidt, H. (2013): Normdurchsetzung in der offenen Kinder- und Jugendarbeit. In: deutsche jugend, Heft 9, S. 371–380

Schäfer-Vogel, G. (2007): Gewalttätige Jugendkulturen – Symptom der Erosion kommunikativer Strukturen. Berlin

Schierbaum, A. (2018): Weibliche Adoleszenz. Herausforderung im Jugendalter. Weinheim und München

Schmid, V. (2004): Die »Kleinschule« als pädagogischer Ort. Ein Beitrag zur Institutetik. In: Hörster, R./Küster H.U./Wolff, S. (Hrsg.): Orte der Verständigung. Freiburg, S. 277–300

Schröer, S. (2013): Hip-Hop als Jugendkultur. Berlin

Schwabe, M. (2004): Ein Augenblick der Prüfung. Provokationen als zweifache Herausforderungen zur Verständigung. In: Hörster, R./Küster H. U./Wolff, S. (Hrsg.): Orte der Verständigung. Freiburg, S. 210–231

Schwabe, M. (2019): Eskalation und De-Eskalation. Aggression und Gewalt in Einrichtungen der Jugendhilfe (6. Auflage). Weinheim und München

Schwabe, M. (2016): Auf dem Kaugummi des Bösen kann man nicht lange genug herumkauen. In: Datler, W./Finger-Trescher U./Gstach, J./Winniger, M. (Hrsg.): Innere und äußere Grenzen – Psychische Strukturbildung als pädagogische Aufgabe (Jahrbuch für Psychoanalytische Pädagogik 24). Gießen, S. 35–56

Schwabe, M. (2017): Die »dunklen Seiten« der Sozialpädagogik: Negatives, Ideale und Ambivalenzen. Ibbenbühren

Schwabe, M. /Stallmann, M./Vust, D. (2013): Freiraum mit Risiko. Niedrigschwellige Alternativen für sog. Systemsprenger*innen. Ibbenbühren

Segal, E.A. (2011): Social Empathy: A Model Built on Empathy, Contextual Understanding, and Social Responsibility That Promotes Social Justice. In: Journal of Social Service Research. Band 37, S. 266–277

Seligman, M. (1979): Erlernte Hilflosigkeit. München

Seiffge-Krenke, I./Burk, W. J. (2016): Früher Beginn. Aggression bei jungen Paaren. In: Der Psychotherapeut, 1, S. 2–8

Shute, R./Charlton, K. (2006): Anger or compromise? In: International Journal of Adolescense and Youth, 13, S. 55–69

Silverberg, S. B. et. Al. (1992): Adolescence and family interaction. In: Van Hasselt. V./Hensen, M. (Hrsg.): Handbook of social development. New York, S. 347–370

Simon, F. (2006): Die andere Seite der Gesundheit (2. Auflage). Heidelberg

Smetana, J. G. (1989) Adolescents' and Parents' Reasoning about actual Family Conflict. In: Child Development, Vol. 60, S. 1052–1067

Smetana, J. G. (2012): Adolescent parent conflict: Resistance and subversions as developmental process. In: Nucci, E. (Hrsg.): Conflict, Contradiction and Contrarian Elements in Moral Development and Education. Malwah NJ, S. 69–84

Steinberg (1996): Crossing paths – How your child's adolescence triggers your own life crisis. New York

Stangl, W. (2019): Beziehung zwischen Eltern und ihren jugendlichen Kindern. https://arbeitsblaetter.stangl-taller.at/JUGENDALTER/Eltern-Peers.shtml (letzter Aufruf 30.10.2019)

Stern, D. (1992): Die Welt des Säuglings. München

Stern, M. (2010): Stilkulturen. Performative Verbindungen von Technik, Spiel und Risiko in neuen Sportpraktiken. Berlin

Stigler, F. et al. (2014): Wie Gesetze die Raucherquote bei Jugendlichen senken. https://orf.at/v2/stories/2385671/2385667/ (letzter Aufruf 12.12.2019)

Sotiras, A./Toledo, J. B. (2017): Patterns of coordinated cortical remodeling during adolescence and their associations with functional specialization. In PNAS, March 28, 2017. https://www.ncbi.nlm.nih.gov/pubmed/28289224 (letzter Aufruf 12.12.2019)

Tappe, S. (2011): Eröffnung des sozialen Raumes durch das Skateboard. In: Bindel, T. (Hrsg.): Feldforschung und ethnographische Zugänge in der Sportpädagogik. Köln, S. 231-244

Textor, M. (2005): Piagets Theorie der kognitiven Entwicklung. In: https://www.kindergartenpaedagogik.de/fachartikel/psychologie/1226 (letzter Zugriff 24.01.2020)

Turiel, E. (1998): The development of morality. In: Damon, E./Eisenberg, N. (Hrsg): Handbook of child psychology. Vol. 3. New York, S. 863-932

Turiel, E. (2012): Resistance and Subversion in Everyday Life. In: Nucci, E. (Hrsg.) (2012): Conflict, Contradiction and Contrarian Elements in Moral Development and Education. Malwah NJ, S. 3-15

Uhlendorff, U. (2000): Sozialpädagogische Diagnosen. Band 2. Weinheim

Virilio, P. (1978): Fahren, Fahren, Fahren. Berlin

von Förster, H. (1993): Wissen und Gewissen. Versuch einer Brücke (4. Auflage). Frankfurt

von Glasersfeld, E. (1997): Wege des Wissens. Erkundungen durch unser Denken. Heidelberg

von Rosenberg, F. (2009): Kollektive Ver- und Bearbeitungsformen von Peergroups in der Schule. In: Zeitschrift für Qualitative Forschung,10. Jg, S. 115-127

von Salisch, M./Seiffge-Krenke, J. (2008): Entwicklungen von Freundschaften und romantischen Beziehungen. In. Silbereisen R. K. (Hrsg.): Entwicklungspsychologie des Jugendalters, Bd. 5, Göttingen, S. 421-459

Wendt, E.-V. (2016): Paarbeziehungen Jugendlicher und junger Erwachsener. In: Der Psychotherapeut, 1, S. 8-15

Wendt, E.-V. (2019): Die Jugendlichen und ihr Umgang mit Sexualität, Liebe und Partnerschaft. Stuttgart

Weyers, S. (2005): Delinquenz und Moral. In: Kriminologisches Journal, Heft 1, S. 3-17

Willems, D./van Santen, E. (2018): Opfer gleich Täter? Junge Menschen in Deutschland und Erfahrungen körperlicher Gewalt. In: Monatszeitschrift für Kriminologie und Strafrechtsreform, Heft 5, S. 46-59

Willenbrock. H. (2005): Achtung Pubertät: Hier wird total umgebaut. In: Geo Magazin »Pubertät«, Heft 9, 22-29

Literaturverzeichnis

Winkler. M. (2012): Erziehung in der Familie. Stuttgart
Winnicott, D. W. (1988a): Die Entwicklung der Fähigkeit zur Besorgnis. In: Aggressionen – Versagen der Umwelt und antisoziale Tendenz. Stuttgart, S. 132–139
Winnicott, D. W. (1988b): Der mühsame Weg durch die Flaute. In: Aggressionen – Versagen der Umwelt und antisoziale Tendenz. Stuttgart, S. 187–200
Winnicott, D. W. (1973): Vom Spiel zur Kreativität. München
Wohlfahrt, G. (1997): Zen und Haiku. Ditzingen
Wort & Bild-Verlag (2019): Jeder Fünfte ist tätowiert. https://www.presseportal.de/pm/52678/4382081 (letzter Aufruf 12.12.2019)
Zeiher, J./Starker, A. /Kuntz, B. (2018): Entwicklung des Raucher-Verhaltens bei Kindern und Jugendlichen. In. Journal of Health Monitoring, Heft 3, Seite 1–7
Ziehe, T. (2011): Zeittypische Sinn- und Handlungskrisen bei Jugendlichen. In: Zeischrift für Jugendkriminalrecht und Jugendhilfe, Heft 1, S. 24–28
Zinnecker, J. (1991): Jugend als Bildungsmoratorium. In: Melzer, W./Heitmeyer, W./Liegle, L./Zinnecker, J. (Hrsg.): Osteuropäische Jugend im Wandel. Weinheim und München